Demokratie und Kultur in Japan

AF889764

Makiko Hamaguchi-Klenner

Demokratie und Kultur in Japan

Politische Auseinandersetzungen um die Pflegeversicherung

PETER LANG
Frankfurt am Main · Berlin · Bern · Bruxelles · New York · Oxford · Wien

Bibliografische Information der Deutschen Nationalbibliothek
Die Deutsche Nationalbibliothek verzeichnet diese Publikation in der Deutschen Nationalbibliografie; detaillierte bibliografische Daten sind im Internet über <http://www.d-nb.de> abrufbar.

Das Forschungsvorhaben wurde von der Deutschen Forschungsgemeinschaft unterstützt.

Gedruckt mit Unterstützung des Fördervereins japanisch-deutscher Kulturbeziehungen e.V. (JaDe)

ISBN 978-3-631-56697-8

© Peter Lang GmbH
Internationaler Verlag der Wissenschaften
Frankfurt am Main 2007
Alle Rechte vorbehalten.

Das Werk einschließlich aller seiner Teile ist urheberrechtlich geschützt. Jede Verwertung außerhalb der engen Grenzen des Urheberrechtsgesetzes ist ohne Zustimmung des Verlages unzulässig und strafbar. Das gilt insbesondere für Vervielfältigungen, Übersetzungen, Mikroverfilmungen und die Einspeicherung und Verarbeitung in elektronischen Systemen.

www.peterlang.de

Danksagung

Diese Schrift wäre ohne die Unterstützung zahlreicher Experten für Sozialpolitik nicht möglich gewesen. Ihnen bin ich zutiefst verpflichtet. Namentlich danke ich in Deutschland Herrn Dr. Rudolf Vollmer, Herrn Siegfried Bader und Herrn Dr. Jörg Rudolf vom Bundesministerium für Gesundheit und Soziale Sicherung sowie Herrn Prof. Dr. Peter Weber-Schäfer an der Ruhr-Universität Bochum, in Japan Herrn Aoyanagi Shun, Direktor der Ärztekammer Japans, Herrn Funabashi Mitsutoshi, Direktor des Zentralverbandes der Volkskrankenversicherung, Herrn Prof. Furuse Tohru, Kinjō-Universität in Kanazawa, Herrn Prof. Igata Akihiro, Direktor des Aichi Health Plaza, zuvor im „Ihoshin“ des Ministeriums für Gesundheit und Wohlfahrt, Herrn Imoto Yoshitaka, Director of Old People´s Home Midnight Mission in Chiba, Herrn Kumaki Masato, Ministerium für Gesundheit und Wohlfahrt, Frau Prof. Motozawa Miyoko, Tsukuba-Universität, Herrn Nakani- shi Shigeru, Japan Life Insurance Osaka; Frau Takamizawa Takako, Schriftstellerin, Frau Prof. Ueno Chizuko der Tōkyō Universität, Herrn Yoshida Shigeyoshi und Herrn Satuma-Bayashi Yasuhiko des Japan Aging Research Center und in den USA Herrn Prof. Dr. John Creighton Campbell, Universitity of Michigan.

Für die finanzielle Unterstützung meines Projektes bedanke ich mich bei der Deutschen Forschungsgemeinschaft. Dem JaDe-Verein danke ich für die Unterstützung bei der Drucklegung.

Inhaltsverzeichnis

I. Einleitung und Überblick

Beurteilungen des politischen Systems wohl kaum eines anderen Landes weisen ein dermaßen breites Spektrum positiver, zuweilen sogar enthusiastischer bis hin zu extrem negativen Einschätzungen auf wie die bezüglich Japan. Diese Unterschiede lassen sich zum Teil durch die in Japans politischem System anzufindenden spezifischen Verbindungen zwischen modernen demokratischen Formen der staatlichen Herrschaftsorganisation und herkömmlichen kulturspezifischen, das politische Handeln bestimmenden Orientierungen erklären. Der Betrachter hat infolgedessen die Wahl zwischen „positiven" und „negativen" Merkmalen und kann je nach deren Gewichtung zu voneinander abweichenden Beurteilungen gelangen.

Freilich sind auch in Ländern, die bei der Beurteilung ihres politischen Systems im Allgemeinen wesentlich besser als Japan abschneiden, neben demokratisch wünschenswerte auch weniger vorteilhafte Merkmale anzufinden. Wenn Beobachter vor allem letztere fokussieren und den positiven Elementen ein nur geringes Gewicht beimessen, können selbst solche politische Systeme, denen im Allgemeinen Vorbildcharakter zugesprochen wird, unschwer eine kritische Beurteilung erfahren. Insofern kann die Meinungsvielfalt daher auch in der Person des jeweiligen Beobachters begründet sein, ein Sachverhalt, auf den Emil Durkheim bereits vor mehr als hundert Jahren verwies, als er feststellte, dass in wissenschaftliche Untersuchungen immer Vorurteile eingehen (Durkheim 1895).

Derartige Verzerrungen sind nicht selten dann anzufinden, wenn Beobachter ihre für ein bestimmtes Land gehegten Erwartungen oder Hoffnungen nicht erfüllt sehen. Erwartungen bezüglich Japans können z.B. aus unrealistischen Ansprüchen an ein zunächst bewundertes fernöstliches Land resultieren, das in besonderer Weise gesellschaftliche und kulturelle Ideale zu erfüllen habe. Sie können auch bestimmten politischen Ansprüchen entspringen. Ein Beispiel hierfür wäre, dass Japan aufgrund seiner jahrzehntelangen engen Verbindungen mit westlichen Ländern für den asiatischen Raum ein Demokratievorbild zu sein habe. Wenn Japan solche Erwartungen und Ansprüche nicht erfüllt, schlägt Bewunderung leicht in pauschale Skepsis um.

In jedem Fall sind die Unterschiede in den „Perzeptionen", d.h. im „Image", des politischen Systems Japans, erklärungsbedürftig. Hierunter wird im Folgenden, verhältnismäßig unspezifisch, dasjenige gesellschaftliche Teilsystem (vgl. Parsons 1971, S. 10 ff.) verstanden, das Adressat für gesellschaftliche Forderungen und zuständig ist für die Erstellung gemeinschaftlich verbindlicher Entscheidungen. Vor allem bilden sie eine Herausforderung, einen eigenständigen Standpunkt auf Basis empirischer Untersuchungen zu finden.

Hinzu wird zunächst, in Kapitel II, versucht, das Spektrum der in Japan und im Ausland anzufindenden Positionen abzustecken. Um die Untersuchung zu fokussieren, werden die Positionen nur zu einer überschaubaren Zahl von Elementen, die demokratische Systeme kennzeichnen, betrachtet. Ausgewählt werden diejenigen Merkmale, die in japanspezifischen Untersuchungen und Stellungnahmen eine besondere Bedeutung haben und wichtige „demokratische Postulate" verkörpern (vgl. z.B.: Guggenberger 1991/98, S. 81 ff.). Es handelt sich um „Herrschaft des Volkes", „Öffentlichkeit", „Partizipation" und „Effizienz". Die diesbezüglichen positiven und negativen in der Literatur anzufindende Einschätzungen von Japans politischem System werden gegenübergestellt. Außerdem werden solche Positionen berücksichtigt, die in dieser Hinsicht Änderungen als Folge bestimmter Entwicklungen konstatieren. Ausgehend von diesen Demokratiepostulaten werden sodann sieben Merkmale herauskristallisiert, auf deren Basis in Rahmen einer empirischen Untersuchung Aussagen zu Japans politischem System getroffen werden sollen.

Als Fallstudie werden die politischen Auseinandersetzungen um die „soziale Pflegeversicherung" (kōteki kaigo hoken) in den 90er Jahren gewählt, die auf der Grundlage zahlreicher in Japan geführter Interviews und einer Fragebogenaktion untersucht werden sollen. Fokussiert werden die in jener Phase ablaufenden Organisationsprozesse, Kommunikationsprozesse und Steuerungsprozesse. Es wird gefragt, in welchem Ausmaß den dergelegten Merkmalen Rechnung getragen wurde und ob und wie bestimmte japanspezifische Kulturelemente die Entscheidungsprozesse beeinflussten. Unter „Kultur" wird „politische Kultur" im weitesten Sinn verstanden (vgl. Fenner 1991, S. 565; Sontheimer 1971/84, S. 98 f.; von Beyme 1979/96, S. 60 ff.; Almond und Verba 1963).

Für die Wahl der politischen Auseinandersetzungen um die Pflegeversicherung als Beispiel waren mehrere Gründe maßgeblich:
- So stand mit der Pflegeversicherung eine verhältnismäßig überschaubare Komponente des japanischen Sozialversicherungssystems zur Debatte. Zudem erstreckten sich die Auseinandersetzungen über einen relativ kurzen Zeitraum, von ca. 1989 bis 1997.
- Die Auseinandersetzungen fanden in einem für Japan ungewöhnlichen politischen Umfeld statt. Die Liberal Demokratische Partei (LDP), die nahezu vier Jahrzehnte lang faktisch alleinherrschende Regierungspartei war, wurde im

Jahr 1993 abgelöst. Auf diese Weise vergrößerte sich der politische Spielraum für andere Parteien und neue sonstige politische Kräfte und Gruppierungen.

- Die einflussreiche Bürokratie, insbesondere das Finanzministerium, verlor wegen zahlreicher durch die Massenmedien aufgedeckter Skandale an gesellschaftlichem Rückhalt und Einfluss auf die Politik. Politiker konnten daher zunehmend selbstständiger agieren.
- Die wirtschaftlichen und gesellschaftlichen Konsequenzen der gesellschaftlichen Alterungsprozesse (kōreika shakai) wurden immer sichtbarer, zumal über sie ausführlich in den Medien berichtet wurde. Dies führte dazu, dass sich neben den „traditionellen“ politischen Akteuren auch „neue“ politische Gruppierungen mit der Pflegeversicherung befassten.
- Die engen Beziehungen Japans zu den USA kühlten sich ab, wodurch sich der japanischen Politik ein gewisser Spielraum für eigenständige Konzepte eröffnete.
- Schließlich wurden wichtig politische, gesellschaftliche und wirtschaftliche Reformen durchgeführt.

In Anbetracht dieser zeitbedingten Sonderheiten können die Ergebnisse der vorliegenden Untersuchung nicht unbedingt verallgemeinert werden. Es wird aber angenommen, dass unter den Bedingungen jener Phase bestimmte japanspezifische Elemente besonders prägnant zum Ausdruck kamen.

Zunächst werden in Kapitel III wichtige Grundlagen, die für das Verständnis der Pflegeversicherungsdebatte von Bedeutung sind, dargestellt. Hierzu gehören die spezifischen Rahmenbedingungen, unter denen die damaligen politischen Auseinandersetzungen stattfanden, und wesentliche Merkmale des schließlich verabschiedeten Pflegeversicherungsgesetzes. Dem schließt sich in Kapitel IV der Versuch an, die mit Hilfe empirischer Untersuchungen erhaltenen Informationen zum Ablauf der Pflegeversicherungsdebatte innerhalb des aus den sieben Merkmalen gebildeten Spannungsfeldes zu lokalisieren.

Einleitend hierzu werden die wichtigsten Elemente des an ausgewählte politische Akteure versandten Fragebogens vorgestellt, der sich zusammen mit der Chronolgie der Pflegeversicherungsdebatte in der Anlage befindet. Danach beginnt die Analyse der politischen Auseinandersetzungen. Technische Details der Pflegeversicherung werden nicht behandelt, es sei denn, sie waren Gegenstand der Debatte. Es wird auch nicht versucht, die schließlich verwirklichte Pflegeversicherung unter Hinzuziehung sozialpolitischer und versicherungspolitischer Kriterien zu bewerten. Wohl aber finden Beurteilungen dann Berücksichtigung, wenn sie den Verlauf der politischen Debatte beeinflussten. Vergleiche zu Pflegeversicherungskonzepten anderer Länder werden angestellt, wenn sich hierdurch bestimmte Merkmale der japanischen Pflegeversicherung verdeutlichen lassen. Die Ergebnisse der Untersuchung, die erlauben sollen, einen eigenständigen Standpunkt in Hinblick auf Japans politisches System der 90er Jahre zu leiten, werden im Schlußkapitel zusammengefasst.

II. Beurteilungen des politischen Systems Japans durch japanische und ausländische Beobachter

Japans politisches System wird unter Demokratieaspekten ganz unterschiedlich eingeschätzt. Im folgenden Kapitel wird versucht, diesbezügliche in Japan und im Ausland anzufindende Positionen vorzustellen. Um sie zu strukturieren, wird wie folgt vorgegangen. Von den zahlreichen, eine Demokratie kennzeichnenden normativen oder auch empirisch-deskriptiven Elemente werden vier ausgewählt, die in diesbezüglichen Untersuchungen der japanischen Politik eine besondere Bedeutung haben. Es handelt sich um A. die „Herrschaft des Volkes" (kokumin shuken) im Sinne der weitestmöglichen Verringerung von Differenzen zwischen Herrschenden und Beherrschten, B. die „Öffentlichkeit" politischer Prozesse, C. die „Partizipation" an politischen Entscheidungsprozessen und D. die im Einzelnen interpretationsbedürftige „Effizienz" politischer Prozesse. Die zur Verwirklichung dieser Postulate von japanischen und ausländischen Beobachtern bezogenen Positionen werden „positiven" und „negativen" Einschätzungen zugeordnet und in dieser Reihenfolge jeweils vorgestellt. Darüber werden solche Stellungnahmen betrachtet, die als Folge bestimmter Entwicklungen zu einer Änderung in der diesbezüglichen Einschätzung gelangen.

A. „Herrschaft des Volkes"

Aussagen über die „Herrschaft des Volkes" basieren im Allgemeinen auf Einschätzungen des Ausmaßes, in dem die Politik den „Volkswillen" reflektiert, des Funktionierens sog. Feedback-Prozesse zwischen politischen Akteuren und Bevölkerung, der Ausprägung der „politischen Kultur" und der demokratischen Legitimität. In Japan fällt besondere Bedeutung der Rolle der Bürokratie und der über Jahrzehnte hinweg regierenden LDP als Repräsentanten des „Volkes" zu. Einschätzungen, die die „Herrschaft des Volkes" in Japan verwirklicht sehen, beurteilen deren Rolle vorteilhaft. Umgekehrt werden negative Einschätzungen zumeist mit der Dominanz der Bürokratie und der LDP begründet – eine bemerkenswerte Diskrepanz in den Perzeptionen von Akteuren!

1. Positive Einschätzungen

Diejenigen, die das Postulat „Herrschaft des Volkes" für in Japan verwirklicht halten, sehen die gelungene Umsetzung des Volkswillen durch die Politik a) in der weiten Verbreitung sog. bottom-up-Entscheidungsprozesse in Politik und Wirtschaft, b) in dem dynamischen Einsatz einzelner Führungskräfte für Belange der Bevölkerung, c) in der „Volksnähe" der Bürokratie und d) in der „Volksverbundenheit" der LDP.

a) Bottom up-Entscheidungsprozesse, in deren Verlauf Vorschläge von der „Basis" eingebracht, auf darüber liegenden Ebenen ausführlich diskutiert und gegebenenfalls revidiert und schließlich von den Verantwortlichen verwirklicht werden, seien in der Wirtschaft in Form des „Ringi-Systems" (ringi seido) und in der Politik weit verbreitet. Weil im Verlaufe intensiver Abstimmungsprozesse die Differenzen in den Auffassungen der Beherrschten und der Herrschenden weitgehend beseitigt würden, erfüllten die Japans politisches System kennzeichnenden Organisationsformen und die mit ihrer Hilfe verwirklichten politischen Ergebnisse das Postulat der Herrschaft des Volkes. (Gakken 1990, S. 212 f.). In diesem Zusammenhang wird sogar von Japans *„five decades of real experience with mass participatory democracy"* gesprochen. Japan verfüge auf Grund des ausgeprägten Pflichtbewusstseins des Einzelnen gegenüber der zugehörigen sozialen Einheit über *„the world's most 'social society'"*. In der Geborgenheit kollektiver Lebensräume würden individuelle Anstrengungen nutzbar gemacht (Hrebenar 2000, S. 17 ff.).

Freilich handelt es sich bei den verfolgten Zielen zumeist weniger um übergeordnete gesellschaftliche Belange. So sollen sich Japans politische Entscheidungsprozesse durchaus mit Hilfe eines „rational choice model" erklären lassen. Wähler verhielten sich wie Investoren, die in unterschiedliche, mit Unternehmern vergleichbare Politiker investierten und für ihre „Investitionen" adäquate Kompensationen erwarteten. Japans politisches System , so wird unter Bezugnahme auf ein solches „investment model" zwischen Wählern und Investoren gesagt, *„displays an unmistakable instrumental quality"*(Ike 1978, S. 149).

Die von diesem System hervorgebrachten Ergebnisse werden von seinen Befürwortern freilich selten im Detail analysiert und unter Rückgriff auf klar definierte Kriterien kritisch hinterfragt und bewertet. Stattdessen wird pauschal auf die in wichtigen Entwicklungsphasen des Landes eindrucksvolle wirtschaftliche Performance verwiesen, die als Beleg dafür gilt, dass bei konkreten wirtschaftlichen und politischen Entscheidungen der Volkswille hinreichend Berücksichtigung fand. Der Bevölkerung ginge es in erster Linie um gute wirtschaftliche Ergebnisse, wirtschaftliche Dynamik und wirtschaftliche Stabilität. Der Sachverhalt, dass Japans politisches System in der Lage war, diese Ziele zu verwirklichen, sei Beleg genug, dass die Herrschaft vom Volk ausgeübt wird.

b) Politische Prozesse, die derartig wünschenswerte Ergebnisse hervorbringen, seien von äußerst dynamischen Individuen getragen. (Nakano Minoru 1995). Implizit wird unterstellt, dass Dynamik im Gegensatz zu Statik und Starrheit Ausdruck demokratischer Prozesse ist. Diese Dynamik sei, wie von anderer Seite ausgeführt, nicht unbedingt „kulturell“ begründet und auch nicht auf das angeblich in Japan vorherrschende „Konsensusprinzip“ zurückzuführen (Curtis 1999). Sie resultiere vielmehr aus der Initiative gewichtiger Persönlichkeiten, die in zahlreichen politisch relevanten Institutionen tätig sind. Es handele sich um eine enge, von Individuen in maßgeblichen Positionen vorangetriebene Zusammenarbeit zwischen „Staat“ und „Gesellschaft“, weniger dagegen, was zuweilen gesagt wird, um den Ausdruck eines „starken“ Staates. Dieses Zusammenspiel sei ein Merkmal der japanischen Demokratie und mache deren Stärke aus (ebenda, S. 228 f.).

Bei den Führungspersönlichkeiten könne es sich um Politiker, Beamte, Unternehmer oder Individuen aus sonstigen gesellschaftlichen Bereichen handeln. Sie übernehmen die Rolle des „Patrons“, der sich für die Interessen und Ziele seiner „Klienten“ einsetzt. Beziehungen zwischen ihnen und ihren „Klienten“ hätten ausgesprochen persönlichen, nur bedingt an die jeweiligen Institutionen gebundenen Charakter. Einen personellen Wechsel würden sie nicht ohne weiteres überstehen. Zumindest wären erhebliche Maßnahmen zur Vertrauensbildung erforderlich, damit sie von anderen Persönlichkeiten fortgeführt werden können. Für einen derartigen „Klientelismus“ (onko shugi) bildeten die regierende Partei und die bestehenden bürokratischen Strukturen das „Unterfutter“ (Hartmann 1992, S. 64). Entsprechende Persönlichkeiten würden vor dem Hintergrund eines von einer Partei beherrschten Systems, das von der Bürokratie abhängig ist (kanryō izon no ittō yūi shisutemu), tätig werden.

Ein Beispiel sei Hashimoto Ryūtarō, einer der „Bosse“ des LDP-„zoku giin“, d.h. ein LDP Abgeordneter im Parlament, der über ein einflussreiches Beziehungsgeflecht zwischen Politik, Bürokratie, Wirtschaft und lokalen Ebenen verfügt. Man spricht in diesem Zusammenhang auch von „Fachseilschaften“ oder „policy tribes“. Im Übrigen sei auf solche klientelistische Beziehungen auch die Herausbildung der politischen Faktionen (habatsu) zurückzuführen, d.h. der innerparteilichen Gruppierungen um jeweils eine politische Führungspersönlichkeit mit Zugriff auf staatliche Ressourcen und Personalstellen sowie besonderen Verbindungen zur Wirtschaft (ebenda).

c) In positiven Einschätzungen von Japans politischem System wird ferner Japans Beamtentum hervorgehoben. Sie beziehen sich in diesem Zusammenhang auf spezifische Feedback-Mechanismen (Inoguchi 1991, S. 185 ff.). Japans Bürokraten hätten bis in die 80er Jahre als maßgeblicher Akteur fungiert und hierbei überwiegend Entscheidungen getroffen, die dem Volkswillen entsprachen. Mit ihrer konfuzianischen Tradition bildeten sie Japans *„strongest asset - despite its faults - that the Japanese government possesses"* (Jameson 1997, S. 10 ff.).

In einem geschichtsbewusstem Land wie Japan kann es nicht verwundern, dass man nach den historischen Wurzeln der - bis vor kurzem - als volksnah und unbestechlich angesehenen Bürokratie sucht. Hierzu wird dargelegt, dass die „moderne" japanische Bürokratie ihren Ursprung im Beginn der Industrialisierung Ende des 19. Jahrhunderts hatte. Die damaligen Beamten stammten aus der niedrigen Samurai-Schicht, die zur Steigerung der Wohlfahrt des Volkes eine revolutionäre Modernisierung durchführen wollten Bei diesen „revolutionaries-turned-modernizing-bureaucrats" (Inoguchi 1991, S. 185 ff.) handelte es sich um die intellektuelle Elite. Es waren „verarmte Samurai", die, häufig aus Japans Provinzen kommend, den Eintritt in die unbestechliche Kaiserliche Tōkyō-Universität geschafft und später die noch schwierigeren Aufnahmeprüfungen der Ministerien mit dem Finanzministerium an der Spitze bestanden hatten. Sie bezogen ein Gehalt, das erheblich unter den in der Industrie erzielbaren Einkommen lag, genossen dafür aber ein enormes Ansehen in der Gesellschaft, weil sie aus Sicht der Bevölkerung eine wichtige „Mission" für das Land wahrnahmen (vgl. Barrington Moore 1969, S. 277 ff.).

Seit den 1980er Jahren büssten Beamte allerdings in vielen Bereichen, so der Landwirtschaft, im Bildungswesen und in der Verteidigung, ihre dominante Position ein. Eine Ausnahme hätte die Sozialpolitik gebildet, weil sie Politiker für kein besonders attraktives Betätigungsfeld hielten und sie daher der Kontrolle der Bürokratie beliessen (Campbell 1992). Die Schwächung der Beamten wird vor allem darauf zurückgeführt, dass die LDP sich wesentlich stärker als bisher an Gesetzgebungsprozessen beteiligte, die zuvor vor allem von Beamten initiiert und gesteuert wurden. Auch Unternehmer, die nicht zuletzt als Folge ihrer häufig langjährigen Stationierung in den westlichen Metropolen über ein erhebliches Selbstbewusstsein verfügten, waren zunehmend in politische Entscheidungsprozesse involviert. Im Übrigen standen politisch relevante Informationen als Folge der Entwicklung Japans zur Informationsgesellschaft breiten Bevölkerungsschichten zur Verfügung, denen hieraus zahlreiche Mitsprachemöglichkeiten erwuchsen, die sie gerne wahrnahmen.

Der Sachverhalt, dass die politischen Einwirkungsmöglichkeiten dieser Gruppierungen zuvor nicht so ausgeprägt waren, bedeutet aus Sicht der Befürworter des japanischen politischen Systems nicht, dass Japans Gesellschaft früher nur von der Obrigkeit verwaltet wurde. Man sah Japans Beamte vielmehr als Repräsentanten des Volkswillens an. So wird ausgeführt: „*...that the government has played a part in Japan's success story... Japan's civil servants cannot be divorced from their country's accomplishments in the economic field as well as in other public policy areas, such as crime control, environmental protection, and social welfare*" (Koh 1989, S. xi f.).

All diese positiven Einschätzungen konnten nicht verhindern, dass die Bürokratie Anfang der 90er Jahre in der Öffentlichkeit einer heftigen Kritik unterzogen wurde, wohl nicht zuletzt deswegen, weil im Zusammenhang mit der breiteren Partizipation bisher nur schwer durchschaubare bürokratische Prozesse transparenter wurden. Aufgrund zahlreicher bekannt gewordener Korruptionsfälle wurden Beamte schließlich pauschal als „arrogante unfähige Absolventen der Tōkyō-Universität" beschimpft. Mitte der 90er Jahre forderten Beobachter des japanischen politischen Systems allerdings ein Ende der öffentlichen Kampagnen. Japans Beamten seien nunmehr genug kritisiert worden: "*Most Japanese government officials are scrupulously honest and conscientious. They work hard, and are committed to their duties at all costs. They deserve ample praise.*" (Satō 1997, S. 9).

d) Bei den LDP Politikern, die seit Mitte der 1980er Jahre im Verhältnis zur □ürokratie an Einfluss gewannen, handelte es sich um Abgeordnete, die als Minister oder in sonstigen hochrangigen Positionen ein enges, auf persönlichen Bindungen beruhendes Beziehungsgeflecht zwischen Politik, Bürokratie, Wirtschaft und lokalen Regierungen aufgebaut hatten. Ihr besonderes Merkmal ist ihre Branchenbezogenheit. Je nach dem Ressort, in dem die betreffenden Politiker Erfahrungen sammeln konnten, führten sie Seilschaften für den Transportsektor, die Bauindustrie, die Landwirtschaft usw. an. Neben der Fähigkeit, unterschiedliche Personen und Interessen zu integrieren, ist ihre politische Durchsetzungsfähigkeit daher auch auf ihre fachliche Expertise zurückzuführen. Ihre politische Bedeutung für die Durchsetzung des Postulats „Herrschaft des Volkes" wird indessen in ihrer Verbundenheit mit der Basis, d.h. mit den lokalen Einheiten, in denen sie gewählt wurden, gesehen (Inoguchi und Imai 1987, S. 21 ff.).

Viele der derzeitigen führenden LDP Politiker haben einen ähnlichen Familienhintergrund wie die leitenden Bürokraten. Einige entstammen der verarmten

Samurai-Schicht oder dem Adel. Aus dieser Herkunft erklärt sich teilweise ihre konservative Grundhaltung. Trotzdem hätten sie eine Art „local grass root politicians" gebildet, die zwar konservative, aber doch demokratische und liberale Merkmale Japans verkörpern (Inoguchi 1991). Im Allgemeinen repräsentieren sie Kommunen mit einem verhältnismäßig starken konservativen Wählerstamm. Viele von ihnen sind Absolventen angesehener staatlicher Bildungsanstalten wie der Tōkyō-Universität, inzwischen aber auch berühmter Privatuniversitäten wie der Keiō-Universität.

Offensichtlich bilden die spezifische Kombination von Politikern, die tendenziell personengebundene „lokale" Interessen vertreten, mit der eher an nationalen Belangen ausgerichteten Bürokratie sowie der Sachverhalt, dass führende Politiker häufig ehemalige Spitzenbeamte sind, aus Sicht vieler Beobachter wichtige Voraussetzungen für eine die vielfältigen Interessen der Bevölkerung widerspiegelnde Politik. So hätten in der Phase des hohen Wirtschaftswachstums führende Politiker wie Kishi Nobusuke, Ikeda Hayato und Satō Eisaku gerade diejenigen Talente, die sie zuvor während ihrer bürokratischen Laufbahn erworben hatten, für eine erfolgreiche Wirtschaftspolitik einsetzen können. Wie wichtig die „richtige Vergangenheit" war, ließe sich aus Gegenbeispielen ersehen. Karrierepolitiker ohne Bürokratieerfahrung wie die Premierminister Tanaka Kakuei (1972 – 1974), Fukuda Takeo (1976 – 1978) und Ōhira Masayoshi (1978 – 1980) seien bei der Durchsetzung ihrer Vorhaben auf erhebliche Schwierigkeiten gestoßen (Nakasone 1995/98, S. 41 ff.).

Insofern wird die Zeit Mitte der 1980er Jahre als Wendepunkt in der japanischen Innenpolitik angesehen. In jener Phase (1982-1987) war Nakasone Yasuhiro Premierminister. In seiner inoffiziellen Rolle als „zoku-giin", d.h. eines einen Interessenverband repräsentierenden Parlamentariers, setzte er die Privatisierung ehemaliger Staatsbetriebe wie der Nationalbahn und der Nationalen Telefongesellschaft im Rahmen der sog. Administrativen Reform (gyōsei kaikaku) durch, wodurch der Einfluss der Bürokratie auf die Wirtschaft reduziert wurde. Er öffnete den japanischen Binnenmarkt noch stärker für amerikanische Produkte und pflegte ausgesprochen persönliche Beziehungen zu dem damaligen amerikanischen Präsidenten Ronald Reagan. Ihm gelang es, die Rolle der Politik im Rahmen der Wechselbeziehungen zwischen Politik und Bürokratie maßgeblich zu stärken, ohne aber die Bürokratie bei der Ausübung von Verwaltungsfunktionen zu schwächen. So pries er sie als in der Welt neben der Bürokratie Frankreichs effektivste Verwaltung (Nakasone1995/98, S. 41 ff.). Seinen Wunsch, entsprechend dem amerikanischen Präsidentenmodell, die Direktwahl des Präsidenten auch in Japan einzuführen, wodurch dem Premier noch sichtbarer eine Spitzenstellung zugewiesen worden wäre, konnte er jedoch nicht verwirklichen.

Vereinfacht gesagt, traten neben die den „Volkswillen“ repräsentierenden Bürokraten seit Mitte der 1980er Jahren angeblich ebenfalls mit den Interessen der Bevölkerung eng verbundene LDP-Politiker. Es handele sich um „two competing actors“, die den generellen Belangen der Bevölkerung, aber auch den spezifischen Interessen ihrer Wähler dienten. Für entscheidend wurde angesehen, dass beide Gruppierungen gemeinsam in eine Richtung gingen und miteinander harmonisierten statt sich gegenseitig zu bekämpfen (Inoguchi und Imai 1987, S. 214 ff.).

2. Skeptische Beurteilungen

Diejenigen, die das japanische politische System eher skeptisch einschätzen, fokussieren weniger die innerhalb dieses Systems erzielten Ergebnisse, d.h. sie beurteilen ein politisches System nicht unbedingt dann positiv, wenn dessen Ergebnisse den breiten Schichten der Bevölkerung nicht unwillkommen sind. Stattdessen basiert ihre Beurteilung stärker auf bestimmten demokratischen Idealvorstellungen.

Die unterschiedlichen in der Literatur anzufindenden „skeptischen“ Einschätzungen lassen sich Positionen zuordnen, die a) in Japans politischem System grundlegende Abweichungen von diesen Idealvorstellungen beobachten, b) diesbezüglich von westlichen Konzepten abweichende Sonderwege sehen, c) bei der Bevölkerung rückständige demokratiefeindliche Kulturelemente konstatieren und d) Japans „Demokratiedefizit“ auf die Bürokratie oder e) auf die lange Herrschaft der LDP zurückführen.

a) Von Beobachtern, die Japans politisches System für demokratisch unzulänglich halten, wird explizit oder zumindest implizit unterstellt, dass Demokratie nur in den in westlichen Ländern anzufindenden Ausprägungen existieren kann. Regionale Sonderformen, etwa eine „Demokratie japanischen Typus“, seien nicht möglich. Abweichungen von den konkreten westlichen Demokratieausprägungen gelten dementsprechend als „Demokratiedefizit“ (Kevenhörster 1993, S. 30).

In Japan werden von Kritikern zahlreiche derartige Abweichungen konstatiert. Entscheidende Mängel sieht man bereits in Japans Verfassung, weshalb sie nicht die Grundlage für demokratisches Verhalten bilden könne. So sei die von Abraham Lincoln aufgestellte Devise „of the people, by the people, for the people“, mit der grundlegende Elemente der Volkssouveränität zum Ausdruck gebracht würden, in Japan deswegen nicht verwirklicht, weil das japanische Volk am Entwurf der Verfassung nicht beteiligt war (Herzog 1993, S 12). Japan sei nichts anderes als eine „pseudo democracy“, denn: *“...the most serious shortcoming of the present constitution is its failure to ensure that government is conducted for the people. The common good is disregarded and all government organs operate for the benefits of special interests”* (ebenda, S. 15). In eine ähnliche Richtung zielt die Kritik, in Japan gäbe es keine Entscheidungsgewalt, die die Verantwortung für nationale Entscheidungen übernimmt. Demokratie könne daher in Japan nicht „funktionieren“ (Van Wolferen 1989).

b) Abweichend von dieser Position sehen andere Beobachter Japans politisches System als im Hinblick auf seine „rückständigen Kulturelemente“ entwicklungsfähig an. Ähnlich wie Deutschland gehöre Japan zu den „verspäteten Demokratien“ (Weber-Schäfer 1984, S. 137 ff.). Beide Länder hätten eine „demokratische Revolution von Oben“ durchgeführt. In Deutschland hätte es unter dem preußischen König und Bismarck, in Japan unter dem Meiji-Tennō und Fürst Itō Hirobumi, dem Urheber der Meiji-Verfassung, autoritäre Obrigkeiten gegeben. Sie hätten sich zwar durch eine effiziente Verwaltung und die Fähigkeit, neueste Technologien nutzbar zu machen, ausgezeichnet. Wirtschaftlicher Fortschritt sei aber nicht zusammen mit oder sogar zu Lasten der politischen Liberalisierung gegangen, da zur Beibehaltung der „dynastischen Ordnung“ eine politische Kultur der politischen Gehorsamkeit gefördert worden sei. Eine liberale Geisteshaltung hätte sich daher noch nicht durchsetzen können. Trotzdem wird dem politischen System Japans der demokratische Charakter nicht pauschal abgesprochen. Es handele sich vielmehr um einen „Sonderweg“ der Demokratie (ebenda).

c) Weitere Beobachter kritisieren, dass Japans Gesellschaft nicht die für eine funktionierende Demokratie erforderlichen Voraussetzungen aufweise. Sie sei durch zahlreiche „undemokratische“ Elemente gekennzeichnet, so durch ein ausgeprägtes Statusdenken, eine hohe Wertschätzung geregelter zwischenmenschlicher Beziehungen und einen „traditional way of thinking“ (Herzog 1993, S.16). Es fehle an einem liberalen Verständnis gesetzlicher Normen. Hierauf sei das “paradox of law” zurückzuführen, d.h. der Ansatz: “... *to explain the ultimate paradox of modern Japan as a society characterized by its solution to the fundamental challenge for all liberal states: How to create and preserve an ordered but free society...* “ (Haley 1991, S.199).

Dementsprechend werden bestimmte gesellschaftliche "Sonderheiten" Japans, die von japanophilen Beobachtern zuweilen bewundert werden, keineswegs als nachahmenswerte Merkmale angesehen. Sie gelten vielmehr als „rückständige" Kulturelemente, rückständig aus der Sicht an liberalen Prinzipien ausgerichteter Volkswirtschaften und Gesellschaften (Johnson 1985, S. 141 ff). Z.B. basiere Japans „non-adversarial" ausgerichtete Kultur auf einer Mischung leninistischer planwirtschaftlicher Elemente und westlicher Rationalität (ebenda, S 8).

Seit dem Zweiten Weltkrieg hätte sich am „rückständigen" Bewusstsein der japanischen Bevölkerung nur wenig geändert. Es seien sogar Versuche zu beobachten, den „völkischen Nationalismus" wieder zu beleben (Seifert 1997). Einige Gruppierungen wollten durch die Betonung der spirituellen traditionellen Kultur Japans Niedergang, der nicht durch die Industrialisierung, sondern durch die Ideen des Kommunismus und der Demokratie verursacht worden sei, aufhalten. Die Ideologie des Vorkriegsjapans (kokutai) und damit verbunden die religiös-politischen Ideen von der „Homogenität" des japanischen Volkes unter Führung des Tennōs, die zusammen mit anderen Entwicklungen zum Zweiten Weltkrieg geführt hätten, seien keineswegs ausgestorben (Antoni 1995, S. 53 ff). Artikel 1 der Nachkriegsverfassung hätte zwar festgelegt, dass der Tennō lediglich Symbolcharakter (shōchō) hat, den es im Interesse der Einheit der Nation aufrecht zu erhalten gelte. Zivile Sittlichkeit und Verbundenheit von Kaiser und Volk seien aber nach wie vor wichtige Werte.

d) Eine der wohl massivsten Kritiken sieht in der japanischen Bürokratie den Verursacher des „Demokratiedefizits". Sie belegt die Verstrickungen namentlich genannter Beamten in Korruptionsaffären (Hirose 1997). Auf diese Weise wird ein zuvor in der Bevölkerung kaum für möglich gehaltenes, zum Teil auf verwandtschaftlichen Beziehungen beruhendes Bereicherungssystem entlarvt. Über die engen Beziehungen zwischen Bürokratie, Politik und Wirtschaft im Rahmen des sog. „eisernen Dreiecks" (tetsu no sankakukei) war die Öffentlichkeit zwar sehr wohl informiert. Man sah in diesen Beziehungen aber eher Mechanismen, die dem reibungslosen Ablauf politischer Prozesse förderlich sind. Auch bestimmte Fehlentwicklungen waren bereits bekannt. Sie wurden aber eher als Symptome von strukturellen Defiziten (vg. Blechinger 1998 und Asano 1990) angesehen. Nunmehr wurde die Öffentlichkeit unvermittelt mit Fakten konfrontiert, die erkenntlich machten, dass ganz konkrete Personen aus persönlicher Habgier ein wie ein Syndikat funktionierendes Netzwerk errichtet hatten. Ministerialbeamte hätten nach ihrer Pensionierung im ca. 55. Lebensjahr als „Gesandte des Himmels" (amakudari) gegen hohes Entgelt spezifische Aufgaben innerhalb der Industrie wahrgenommen und hierbei ihre Verbindungen eingebracht.

Hintermänner (sōkaiya) seien gedungen worden, um in Aktionärsversammlungen Aktienkurse zu manipulieren und die Geschäftspolitik zu beeinflussen, und die Yakuza, die japanische Variante der Mafia, wäre zur brutalen Durchsetzung geschäftlicher Interessen eingesetzt worden. Zudem seien Gesetze von führenden Personen umgangen und öffentliche Mittel für private Zwecke verwendet worden (Hirose 1997).

Jedenfalls wurde die Bürokratie erstmals in der Geschichte Japans pauschal wegen ihrer Unkompetenz, ihres „Übermuts" und ihrer Korruptionsanfälligkeit kritisiert. Es war nicht von dem „effective feedback" des Volkswillen die Rede (Inoguchi 1991), sondern vom „Sektionalismus" (Sasaki Nobuo 1996, S. 66 f.). Vor dem Hintergrund solcher Enthüllungen wurde nur noch von dem „Mythos" einer kompetenten Bürokratie gesprochen (Sakaiya, 1997). Die Bürokratie habe in keiner Weise das in sie gesetzte große Vertrauen gerechtfertigt. Stattdessen repräsentiere sie wenig wünschenswerte institutionelle und gesellschaftliche Relikte.

Seit dem Zweiten Weltkrieg habe sie die vom „General Headquarter" der US-Alliierten geforderte Demokratisierung des Landes behindert (Shindō 1996, S. 130 ff.). Insofern hätte sie für den aus der Vorkriegszeit herrührenden starken Zentralismus, auf den die Probleme auch des derzeitigen politischen Systems Japans zurückführen seien, die Basis gebildet (Yawata 1997; Nakasone 1995/1998). Zwar würde die Zentralregierung nicht mehr so mächtig wie in der Vorkriegszeit sein. Sie würde z.B. nicht mehr die Präfekturgouverneure ernennen und dementsprechend keine direkte Kontrolle mehr über die Präfekturen ausüben. Nach dem Krieg sei vielmehr ein System der indirekten Kontrolle etabliert worden, wonach Gouverneure von den Bewohnern der Präfekturen gewählt würden. Präfekturen seien aber nach wie vor finanziell von der Zentralregierung abhängig, die ihnen „Subventionen" (hojokin) zuweist, Steuervergünstigungen gewährt und vor allem ihre Ausgaben überwacht. (Sakakibara 1997, S. 37).

e) Diejenigen, die die „Rückständigkeit des japanischen politischen Systems" auch in der langjährigen Herrschaft der LDP, d.h. der fehlenden Parteienkonkurrenz, sehen, kritisieren die unzureichende Etablierung eines „Zweiparteiensystems". Weil keine konkurrierenden Ansichten vorgetragen würden, sei die politische Diskussion unterentwickelt (Kevenhörster 1993). So hätten die in den Jahren 1955 bis 1994 sich in der Opposition befindenden Sozialisten nie ein echtes Gegengewicht zur LDP gebildet und seien nicht in der Lage gewesen, durch Vorschläge von Alternativen, politische Entscheidungen zu beeinflussen. Ironisierend wird Japans politisches System daher auch als „Einparteien-Demokratie" bezeichnet (vgl.: Pohl 1989, S 281). Dementsprechend wird die Rolle der „zoku-giin", die aus Sicht ihrer Befürworter politische Entscheidungsprozesse aufgrund ihrer Beziehungen zur Bürokratie und Wirtschaft „effizient" (kōritsu teki) und „volksnah" (taishū teki) lenken, keineswegs als positiv eingeschätzt. Klientelismus berge keine positiven Elemente. Es sei nichts anderes als strukturbedingte „Vetternwirtschaft" (vgl. Blechlinger 1998 und Asano 1990).

Problematisch werden in diesem Zusammenhang auch die Beziehungen zwischen LDP und den Kommunen beurteilt (vgl. Ike 1978). Letztere gehörten zwar zu den wichtigsten subnationalen Akteuren, die die Entscheidungen der Zentrale beeinflussen können. Hierin werden aber, anders als hätte vermutet werden können, kaum oder auch keine demokratischen Elemente gesehen. Es handele sich vielmehr um „Klientelbeziehungen". So erkauften sich LDP-Politiker in Tōkyō kommunale Wählerstimmen durch Geld (kinmyaku), d.h. durch Finanzzuweisungen für populäre kommunale Projekte, und durch die Pflege besonderer zwischenmenschlicher Beziehungen (jinmyaku). Um erfolgreich zu sein, hätte ein Politiker drei Voraussetzungen zu erfüllen. Er müsse Geld haben (kaban), eine angesehene familiäre Herkunft aufweisen (kanban) und über lokale Wurzeln verfügen (jiban). Diese Eigenschaften bildeten die Basis für lukrative Beziehungen zwischen Bürokratie, Politik und Wirtschaft, wie die aufgedeckten Skandale erkennen ließen.

Zahlreiche empirische Untersuchungen würden derartige Beziehungen belegen. Als ein typisches Beispiel für die „Demokratie japanischer Prägung", speziell für die Vertretung kommunaler Interessen in Tōkyō durch die LDP, werden die Beziehungen zwischen der Zentrale und dem Heimatort des ehemaligen Premiers Tanaka Kakueis gesehen (Fukuoka 1985). Der entsprechende Wahlkreis hätte konservative Politiker unterstützt und als Gegenleistung über seine lokale „Sponsorgruppen" (kōenkai) finanzielle Zuweisungen erhalten. In diesem Zusammenhang wird geradezu von einem „Kōenkai-System" gesprochen, das den Motor für Japans korruptes politisches System bilde und die Wurzel für die schlechte „politische Kultur" (seiji fūdo) sei. Zum Mitteltransfer bediene man sich üblicherweise öffentlicher Unternehmen, die in den jeweiligen Wahlkreisen investierten (ebenda).

3. Wandel in den Bewertungen

Die dargelegten positiven und negativen Einschätzungen sind sicherlich zeitbezogen. Sie fokussieren aber nicht unbedingt eine bestimmte Zeitphase und versuchen auch nicht, die Systemausprägungen als Abhängige von bestimmten Entwicklungen zu sehen. Daneben gibt es Perzeptionen, die explizit auf Änderungen in den relevanten Rahmenbedingungen Bezug nehmen und Japans politisches System als veränderlich betrachten. Ihre Bewertungen sind daher einem Wandel unterworfen. Im Folgenden werden Auffassungen vorgestellt, die Verbindungen zwischen Japans politischem System und a) der Entwicklung der bilateralen Beziehungen zu den USA, b) den politischen Änderungen nach der Abwahl der LDP im Jahr 1993 und c) den gesellschaftlichen Alterungsprozessen sehen.

a) Aus Sicht einiger Beobachter haben die bilateralen Beziehungen zwischen Japan und den USA einen erheblichen Einfluss auf den „Demokratiegehalt" politischer Prozesse in Japan. So wird die Meinung vertreten, dass die USA Mitschuld an Japans unterentwickelter Nachkriegsdemokratie hätten und insofern für Japans „non mature" Demokratie verantwortlich seien (Asai 1990). Durch die Akzeptierung des Tennō-Systems, die nach dem Korea-Krieg unvermittelt positive Bewertung japanischer konservativer Kräfte und die Rehabilitation von Kriegsverbrechern wie Kishi Nobusuke hätten die USA: *„...the undemocratic idiosyncracies and tendencies of Japanese domestic politics"* konserviert (ebenda, S. 4). Auch der Sachverhalt, dass die japanische Verfassung von der amerikanischen Besatzungsmacht erstellt wurde, wird als abträglich angesehen (Kobayashi 1982/87).

Implizit wird damit unterstellt, dass es in der Hand der USA läge, in welchem Ausmaß sich die demokratischen Kräfte in Japan entwickeln. In der Tat sehen vor allem diejenigen Gruppierungen, die dem sozialistischem und kommunistischem Spektrum zuzuordnen sind, die USA als wichtigen Verbündeten der konservativen Strömungen, die eine echte Demokratisierung Japans verhindern wollen (ebenda). Dementsprechend wird Japans Demokratiedefizit nicht allein durch überkommene demokratiefeindliche Strukturen erklärt (Johnson 2000), sondern auch durch die Unterdrückung der in Japan durchaus existenten demokratischen Kräfte durch die USA. Japans demokratische Kräfte hätten sich freier entwickeln können, wenn die USA ihre bisherige Politik geändert und ihre Einflussnahme auf Japan verringert oder, noch besser, aktiv die Demokratisierung des Landes unterstützt hätten.

Auch die an nationalen Werten orientierte und auf eine militärische Erstarkung Japans ausgerichtete Politik des Premierministers Koizumi Junichirō wird auf die Einflussnahme der USA zurückgeführt (vgl. Die Zeit, 21.10.04). Die Forderung der USA, militärisch mehr Präsenz zu zeigen, stellt sicherlich den innerhalb Japans bis Anfang der 90er Jahre unter den meisten nationalen und subnationalen Akteuren unterschiedlicher politischer Richtungen herrschenden Konsensus in Frage, wonach Japan von jeglichen Militäraktionen Abstand zu nehmen hat. Japan befindet sich insofern ähnlich wie noch vor kurzem Deutschland in einer Art „Transformationsphase" seiner nationalen Sicherheitspolitik (Gespräch mit Verteidigungsminister Struck).

Allerdings werden hierzu nicht nur kritische Positionen vorgetragen. So wird zwar dargelegt, dass hierdurch eine Integration Japans in die asiatische Region erschwert wird. Man verweist darauf, dass Japans Eingehen auf die Forderung der USA, sich am „Kampf gegen den Terrorismus" zu beteiligen, und vor allem die angedeutete Bereitschaft, nach einem eventuellen Abzug amerikanischer Truppen aus dem südostasiatischen Raum bestimmte militärische Aufgaben zu übernehmen, von z.B. China als Provokation angesehen wird. Hierdurch würde die von breiten Bevölkerungsschichten gewünschte engere Kooperation im ostasiatischen Raum erschwert.

Es ist indessen ähnlich wie in Deutschland, wo der vollzogene sicherheitspolitische Wandel inzwischen von einem größerem Teil der Bevölkerung getragen wird, zu beobachten, dass auch in Japan nunmehr eine stärkere Berücksichtigung der militärischen Wünsche der USA von einem nicht unerheblichen Teil der japanischen Bevölkerung akzeptiert wird. Dementsprechend könnten Japans spezifische Bindungen an die USA unter diesem Aspekt als „demokratisch" legitimiert angesehen werden. Tatsächlich erfolgte die Entsendung von 550 japanischen Soldaten in den Irak im Jahr 2004 zwar im Wesentlichen auf Druck der USA. Noch kurz zuvor wäre der Widerstand bei der Bevölkerung erheblich gewesen. Im ostasiatischen Raum hatte es aber in jener Zeit Entwicklungen gegeben, die von Japans öffentlicher Meinung aufmerksam beobachtet wurden. Hierzu gehörten Nordkoreas Erfolge bei der Aufrüstung, dokumentiert durch einen erfolgreichen Raketenversuch Richtung Japan, wodurch der Glaube der japanischen Bevölkerung erschüttert wurde, von keinem Land attackiert zu werden, und Chinas zunehmend entschiedenere Haltung in Bezug auf ungeklärte Territorialfragen. Seither wird nicht nur innerhalb der LDP, die noch Anfang der 90er Jahre Japans Rüstungstechnologie als die modernste der Welt einstufte und dementsprechend keine Steigerung der Militärausgaben für erforderlich hielt (vgl. Ishihara 1992), für eine Erhöhung der Militärausgaben plädiert. Selbst die

Kommunistische Partei Japans sieht sich veranlasst, ihre sicherheitspolitischen Vorstellungen, die militärischen Vorhaben bisher entschieden entgegenstanden, zu überdenken (Gespräch mit einem Mitglied der Kommunistischen Partei). Dies ließe sich als Indiz dafür werten, dass bestimmte Inhalte der japanischen Politik gegenüber den USA als Folge geopolitischer Änderungen bei Japans Bevölkerung inzwischen auf weniger Widerstand stoßen oder sogar willkommen sind.

b) Durch das vorübergehende Ende der Jahrzehnte andauernden LDP Herrschaft im Jahr 1993 wurden bisher als stabil geltende Rahmenbedingungen für Japans politisches System geändert. Noch 15 Jahre zuvor war Japans Demokratie als „Karaoke Democracy“ bezeichnet worden. Man sprach von: *„...an apt description of the Japanese political system in which Prime Ministers and Cabinets changed while policy directions remained largely unchanged"* (Purendra und Inoguchi 1997, S. 2). Damals erwartete man, rein hypothetisch, von einem eventuellen Machtverlust der LDP, dass: *„...Japanese politics will remain volatile, as the nation's active political players adjust to new power relations, new institutional frameworks and new issues of importance in domestic and international environments..."* (ebenda, S 10).

Als dann die Alleineinherrschaft der LDP tatsächlich zu Ende ging, sah man dementsprechend grundlegende Änderungen in der politischen Landschaft voraus. Als Folge des politischen Wechsels beobachtete man nämlich eine entscheidende Schwächung der, wie es hieß, vier tragenden Säulen des bisherigen „Herrschaftssystems“: *„ a pervasive public consensus; the presence of large interest groups with close links to political parties; bureaucracy of immense prestige and power; and a system of one-party dominance“* (Curtis 1999, S.39 ff.). Über die Richtung der Änderungen war man sich indessen nicht im Klaren. So wurde betont: *"Es bleibt abzuwarten, ob das Ende der LDP-Vorherrschaft im Jahr 1993 und die neue Phase heterogener Koalitionsregierungen diese Politisierung der Entscheidungsstrukturen wieder teilweise zugunsten einer stärkeren Position der Ministerialbürokratie aufhebt oder ob die Heterogenität der Koalition den Interessengruppen neue Wege politischer Einflussnahme eröffnet“* (Kevenhörster 1995, S 226).

Auch von anderen wurde die Aufbruchstimmung nicht unbedingt geteilt. So wurde Skepsis dahingehend geäußert, dass Japan seine „Konsensuskultur“ aufgeben könne, ohne über einen tragfähigen Ersatz zu verfügen: *„Mag in Österreich und Schweden eine graduelle Verschiebung hin zu offenerem Konfliktaustrag und gesteigertem Konfliktaufkommen von den bestehenden Institutionen*

(Parlament, Parteien, Verbänden) vermutlich aufgefangen und verarbeitet werden, wie sie es auf geringerem Sockel schon immer getan haben, so könnte ein Konsensus auszehrender Wandel in Japan eine qualitativ neue Adjustierung des politischen Prozesses erzwingen" (Hartmann1992, S. 205). Ein anderer Einwand bezieht sich auf mögliche Einflussgewinne des "zoku-giin-Systems": *„Because of Hashimoto's administrative reform, the bureaucracy has become weaker, but there are no politicians that can take the leadership. The Zoku is still dominant in the LDP and they are against reform*" (Mishima 1998, S. 968 ff.).

c) Von den gesellschaftlichen Alterungsprozessen erwartet man die Teilnahme „neuer" politischer Akteure, die sich weniger als die bisherigen Akteure an Erfolgen der Industrie orientieren. Ein „anderes" Bewusstsein und „andere" Wertvorstellungen würden zum Tragen kommen (Nitta und Matsubara 1992). Freilich sei es nötig, den für entsprechende Änderungen erforderlichen geistigen Freiraum zu schaffen (Sasaki Takeshi 1993). Das Änderungspotential für gesellschaftliche Werte und Ziele schätzte man verhältnismäßig groß ein. Der finanzpolitische Spielraum zur Durchsetzung sozialpolitischer Ziele im Zusammenhang mit gesellschaftlichern Alterungsprozessen wurde dagegen äußerst gering angesetzt. 95 % der Budgetausgaben lägen bereits fest. Im Einflussbereich der Politik befänden sich daher faktisch nur 5 % des Budgets. Dies sei der „interessante" Bereich, nur in diesem Bereich bestände Handlungsspielraum. Daher würden sich auch der Wechsel in der Parteienlandschaft und der Machtwechsel zwischen Politik und Bürokratie finanzpolitisch nur in diesem kleinen Bereich niederschlagen.(Campbell 1992).

B. Öffentlichkeit

Zur Öffentlichkeit politischer Entscheidungsprozesse können vor allem Massenmedien beitragen. Von diesen werden im Folgenden insbesondere Japans Tageszeitungen untersucht, die eine ausgesprochen große Leserschaft finden. Mitte der 1980er Jahre z.B. wurden 68 Mio. Exemplare verkauft (Yamamoto und Fijitake 1987/1993, S. 18 ff.).

Der Sachverhalt, dass eine besonders große Zahl von Pressepublikationen nachgefragt wird, braucht allerdings nicht unbedingt ein Indiz dafür zu sein, dass eine kritische Berichterstattung erfolgt und die Bevölkerung umfassend informiert wird. Auch die Auflagenzahl staatlicher Tageszeitungen in kommunistischen Ländern war eindrucksvoll groß. Zur Beurteilung von Massenmedien sind zusätzliche Kriterien hinzuziehen. Das politische System eines Landes wurde einmal als „Knochen“, dessen Wirtschaft und weitere sozioökonomische Elemente als „Fleisch“ und Informationen als „Nerven“ bezeichnet (Kevenhörster 1982). Insofern wären Massenmedien als „Nerven“ einzustufen. Hinzu kommen weitere Funktionen. Sie können „Verstärker“ sein, indem sie bestimmte Informationen akzentuieren, als „Transformator“ wirken, wenn sie Informationen verändern, durch Selektierung als „Sieb“ funktionieren oder durch Abschwächung Funktionen eines „Adapters“ ausüben. Denkbar ist auch, dass sie als „Gehirn“ unabhängig agieren und als „Herz“ den Informationsfluss in Gang halten und steuern.

1. Positive Einschätzungen

Positive Einschätzungen von Japans Massenmedien nehmen Bezug auf a) deren effiziente Wahrnehmung von Aufgaben der Massenkommunikation, b) das von ihnen vertretene breite Meinungsspektrum, c) deren eigenständige Informationskanäle und d) die ausführliche, sachlich-informative Berichterstattung.

a) Japans Tageszeitungen erfüllten in ganz besonderer Weise wichtige Aufgaben der „Massenkommunikation“ (masu komi), ein Ausdruck, der erst nach dem Zweiten Weltkrieg aus den USA importiert wurde (Okada 1987/97, S. 12 ff). Danach hätten sich die modernen empirischen Methoden zur Untersuchung der Wirkung von Massenmedien in Japan entwickelt (Takeuchi u.a. 1987/1997, S. 3 ff.). Allerdings hätte man bereits in den 30er Jahren in Japan über soziale Funktionen von Zeitungen im Sinne von Lasswill geforscht. So sei zwischen Vermittlerfunktionen (baikai kinō) und Lenkungsfunktionen (yūdō kinō) unterschieden und auf Basis empirischer Untersuchungen beobachtet worden, dass der Großteil der japanischen Leserschaft politisch interessiert und recht eigenständig ist, jedoch eine Schwäche für Sensationsnachrichten habe. Vergleichbare Analysen in der 50er Jahren hätten ergeben, dass Japans Massenmedien bereits damals hervorragende Kommunikationsleistungen erbrachten (ebenda).

b) Positiv wird die Vielfalt der japanischen Presse hervorgehoben: *„Structurally, at least, the Japanese media appears to be exceedingly divers, independent, and excessable to many social groups and voices. They are lively and have often persued government corruption and wrong doing“* (Krauss 1996, S. 356 f.). Das breite Meinungsspektrum der Presse wird unter anderem darauf zurückgeführt, dass japanische Zeitungen ganz unterschiedliche Geistesströmungen repräsentierten, von denen sich einige eher Konzepten der Massengesellschaftstheorie zuordnen lassen, andere marxistischen und bestimmten sozialpsychologischen Denkkategorien (Okada 1987/97, S. 12 ff.).

Die Zeiten, in denen Japans Presse seiner Leserschaft nichts weiter als „amtliche Mitteilungen“ (ofuregaki) vermittelte, wie es während des Shogunats der Fall war, seien lange vorbei. Bereits in den 70er Jahren des 19. Jahrhunderts seien Zeitungen gegründet worden wie die Yokohama Mainichi Shimbun und die Tōkyō Nichi Nichi Shimbun, die ihre Aufgabe weniger in der Übermittlung amtlicher Erlasse als in der Unterstützung der damaligen Politik unter den Stichworten „Aufblühen der Zivilisation“ (bunmei kaika) und „Produktionssteigerung in der Industrie“ (shokusan kōgyō) sahen. Bald sei sogar eine Zeitung erschienen, die sich an den freiheitlichen Idealen der Bürgerrechtsbewegung (jiyū minken undō) orientierte und gegenüber der Regierung eine kritische Position einnahm. Sie soll bei der Bevölkerung auf ein großes Interesse gestoßen sein und hohe Wachstumsraten verzeichnet haben (Uchikawa 1983/97, S. 4 ff.).

Die Berichterstattung hätte sich freilich während des Russlandkrieges und des Ersten und Zweiten Weltkrieges geändert. Während dieser Zeit versuchte die Regierung, Zeitungen als Propagandamittel einzusetzten – im Allgemeinen erfolgreich, weil diese nur dann wirtschaftlich überleben konnten, wenn sie sich nicht den Zielen des Kriegsjournalismus entgegensetzten. Vor dem Hintergrund der Vorkriegsentwicklungen wäre es jedoch falsch, jene Phasen als typisch für die Berichterstattung „japanischer Prägung“ anzusehen (ebenda).

c) Die wichtigen Tageszeitungen verfügen über solide eigenständige und extensive Infrastrukturen zur Informationsgewinnung. Ihnen steht eine große Zahl von Auslandskorrespondenten zur Verfügung, von denen freilich ein Drittel in den USA stationiert ist. Es wird dargelegt, dass ihre Informationskanäle sie in die Lage versetzen, qualitativ hochwertige Informationen zu liefern, die die Bevölkerung bei ihrer Meinungsbildung unterstützen. Zum Beispiel lagen der Berichterstattung der sechs wichtigsten Tageszeitungen über den nordkoreanischen Raketentest zum Teil ganz unterschiedliche Quellen zu Grunde (Eigene Untersuchung im Jahr 1994).

Für Tageszeitungen, z.B. für die beiden meistgelesenen Zeitungen „Yomiuri Shimbun" und „Asahi Shimbun“, die miteinander heftig konkurrieren, bilde die Qualität der Informationen einen wichtigen Wettbewerbsparameter (Tawara, 1992). Es gelänge ihnen, ihre Leserschaft mit umfassenden Informationen zu versorgen, ohne im Meinungsspektrum übereinzustimmen. Im Gegenteil, z.B. Yomiuri Shimbun und Asahi Shimbun verträten im Hinblick auf wichtige Entwicklungen häufig extrem voneinander abweichende Auffassungen. Die Asahi Shimbun z.B. kritisierte Anfang der 90er Jahre Japans militärische „peace keeping operations“ (PKO). Die Yomiuri Shimbun dagegen unterstützte entsprechende Aktionen (ebenda).

d) Anerkennung findet der sachliche Stil der Tageszeitungen. Z.B. hätten sowohl die Asahi Shimbun als auch „The Japan Times“ über einen Skandal um Tanaka Kakuei „ohne grelle Polemik, mit vorsichtiger Zurückhaltung“ berichtetet (Pohl 1981). Sogar für die Werbung habe man einen besonderen Stil entwickelt und auf diese Weise eine neue Kultur geschaffen und Japans Gesellschaft geformt (Yamamoto und Fujitake 1987/1993, S. 200).

Zusammenfassend wird Japans Presselandschaft von denen, die sie positiv beurteilen, wohl gleichermaßen „Gehirn“ und „Herz“ zugestanden. Akzente würden gesetzt, ohne Informationen übermäßig zu selektieren, zu filtern, zu übertreiben oder abzuschwächen.

2. Skeptische Beurteilungen

Skeptiker nehmen die obigen positiven Argumente zur Kenntnis, vertreten aber die Ansicht, dass sie a) nur oberflächlich seien und die „Natur“ der japanischen Presse nicht erfassten. Auch sei b) die Tagespresse „zu effizient“ im Sinne der Regierung und c) weise rückschrittliche „asiatische“ Merkmale auf.

a) Es wird nicht in Abrede gestellt, dass in den wichtigsten Tageszeitungen unterschiedliche voneinander abweichende Meinungen vertreten werden. Es handele sich aber hierbei um eine Art „surface impression“. Tatsächlich fände aber eine Manipulierung statt. Statt von Diversität solle man realistischerweise von Zentralisierung und Konzentration sprechen. Die hierfür erforderliche organisatorische Basis bilde das „reporters club system“ (kisha kurabu seido) (Kraus 1996, S. 357; Sugiyama 1996, S. 120 f.), das paradoxerweise in den 70er Jahren als „press release system“ aus den USA übernommen wurde. Es handelt sich hierbei um von Regierungs- und Unternehmensorganen einberufene Treffen, bei denen eingeladenen Journalisten Informationen ausgehändigt werden. Hierbei würde, anders als in den USA, durch eine geschickte Auswahl der Informationen die Meinung der Journalisten manipuliert. Darüber hinaus fänden Mechanismen Anwendung, mit deren Hilfe Journalisten veranlasst werden, sich bei ihren Veröffentlichungen an die vorgegebenen Richtlinien zu halten. So ist die Zulassung zu entsprechenden Treffen für den Informationsfluss zwischen Regierung, Unternehmen und Presse aber auch für die Karriere der Journalisten äußerst wichtig. Letztere müssten aber damit rechnen, in Zukunft zu solchen Treffen dann nicht mehr eingeladen zu werden, wenn ihre publizierten Stellungnahmen bei den betreffenden Regierungsstellen und Unternehmen keinen Anklang finden.

Außerdem hätten sich dem kritischen Journalismus abträgliche persönliche Beziehungen zwischen „zuständigen Journalisten“ (bankisha) und Politikern herausgebildet. Der „business-like“ Charakter, der in den USA die Beziehungen zwischen Politikern und Journalisten kennzeichnet, fehle in Japan. Stattdessen müssten ihre Beziehungen so eng sein, dass sie *„morgens zusammen frühstücken und abends zusammen unter ein Moskitonetz kriechen können“* (Sugiyama1996, S. 120). Derartige intensive „informale“ Beziehungen würden, trotz der starken Diversifizierung der Presse, die grundsätzlich Pluralität und konkurrierende Meinungen erwarten lassen sollte, eine eigenständige Berichterstattung, wie sie in den USA üblich sei, ausschließen: *„What may be distinctive about the media system in Japan is not that non pluralist and controlled elements exist – they do in all democracies – but rather that in Japan the institutions of newspapers and broadcast journalism, business and the state connect in such a way that their informal process have often wound up limiting the pluralism and autonomy that the formal structure should provide“* (Krauss 1996, S. 358). Eine Alternative zu einem solch homogenen Pressesystem könne der Rundfunk nicht bieten, weil: *"...the oligarchy of national newspapers not only dominates the press but also has close connections with and instruments over broadcasting"* (ebenda, S. 357).

b) Als Folge ihrer ausgesprochenen "Konformität" (kakuitusei) sei die japanische Presse aus Sicht der Regierung äußerst funktionsfähtig: *„If the role of the newspapers is to serve as a transmission belt of government ideas to the people, than the Japanese newspapers are most efficient“* (Thayer 1975, S. 301). Freilich ist diese pauschale Kritik schwer mit der Beobachtung zuweilen derselben Autoren vereinbar, dass die japanische Presse eine starke „Linkstendenz“ aufweise. Es wird sogar behauptet, dass die gesamte Presse von 200 Kommunisten gesteuert würde. Da die japanische Regierung über Jahrzehnte von einer Partei gestellt wurde, in keiner Weise kommunistisches Gedankengut nachgesagt werden kann, mutet der Vorwurf der Konformität der Presse mit der japanischen Regierung erstaunlich an. Allerdings wird ausgeführt: *„...there is something more fundamental than the freedom in form and comment. That is the urge to conform."* (ebenda, S. 303). Vieles erinnere an George Orwells Aussagen. Die japanische Presse sei „effizient“, aber nicht im Sinne einer kritischen Auseinandersetzung mit der Politik, wie es in der amerikanischen Berichterstattung üblich sei (ebenda, S. 284 ff), sondern wie oben erwähnt: *„as a transmission belt of the government“*.

c) Der "Journalismus japanischer Prägung", beeinflusst von Japans politischer Kultur, weise „asiatische" Merkmale auf. So seien die Pressestrukturen auf Landes- und Provinzebene monopolistisch, und Journalisten seien gegenüber Autoritäten in Politik, Verwaltung und Wirtschaft ausgesprochen unterwürfig (Yamashita 1996, S. 2 ff). Insofern könne man den „westlichen" Journalismus mit dem „asiatischen" Journalismus kontrastieren. Ersterer nähme eine aufklärische Position ein. Seine Grundlage bilde die bürgerliche Revolution mit ihrem Einsatz für Pressefreiheit und individuelle Freiheiten. Japanische Zeitungen seien dagegen im wesentlichen nichts weiter als „Amtszeitungen" (goyō shinbun) und spiegelten alte „asiatische" Werte wie Präferenzen für Gefühl und Harmonie wider. Sie basierten nicht auf dem Rechtsdenken und der Logik westlicher Berichterstattung (ebenda, S. 7 ff).

3. Wandel in den Bewertungen

Als Folge konkreter Entwicklungen sehen weitere Beobachter Veränderungen in den Rahmenbedingungen für Japans Massenmedien. Hierzu gehören a) die Verringerung der Einflussnahme der Politik auf die Medien, b) die Verabschiedung gesetzlicher Bestimmungen zur Veröffentlichung von Informationen, **c)** der zunehmender Einfluss von Werbeagenturen auf das Informationssystem und d) die Entwicklung hin zu einer „Informationsgesellschaft".

a) Die Änderungen in der Parteienlandschaft Anfang der 90er Jahre hätten auch auf die Medienpolitik Einfluss. Dies lässt sich an einem Beispiel aus Rundfunk und Fernsehen illustrieren. Der für die Überwachung der privaten Fernseh- und Rundfunkanstalten zuständige Hauptgeschäftsführer des Verbandes Privater Sendeanstalten (Nihon minkan hōsō renmei) wurde bisher von den für Massenmedien zuständigen „zoku-giin" aus der Gruppe pensionierter Beamter des Ministeriums für Post- und Fernmeldewesen ausgewählt. Faktisch wurden auf diese Weise bewährte LDP-Mitglieder mit der Beaufsichtigung privater Sendeanstalten beauftragt. Im März 1994 wurde indessen beschlossen, entsprechende Positionen in Zukunft nicht mit „amakudari", sondern mit Persönlichkeiten aus dem privaten Mediensektor zu besetzen. (Okamura 1994, S. 66).

b) Kritiker der japanischen Medienlandschaft, die bemängelten, dass der Öffentlichkeit Informationen über Verwaltungsprozesse nur unzureichend zugänglich gemacht wurden, obwohl die Bürokratie das öffentliche Leben Japans maßgeblich beeinflusste, hätten in den 90er Jahren gewichtige Erfolge erzielt. Tonangebend unter ihnen sei vor allem der Sozialdemokrat Kan Naoto, der zusammen mit ausgetretenen liberal gesinnten Politikern aus der LDP und die „Sakigake"-

Partei gegründet hatte. Diese kleine Partei, die zum wichtigen Motor der „administrative reform“ wurde, konzentrierte sich unter anderem auf die Offenlegung von bisher als „Interna“ behandelten Informationen. So wurde dargelegt: *„...starting in September 1995 at Sakigake's insistence, government deliberative councils (shingikai) and the like began to disclose the minutes of their meetings. At the same time, the ruling parties set out to discuss the disclosure of special cooperations financial statements"* (Nakano Kōchi 1998, S. 304). Ihren gesetzlichen Rahmen fanden entsprechende Aktivitäten im Jahr 1999 mit der Inkraftsetzung des Informationsgesetzes. Später, im April 2001, wurde der "Disclosure of Official Information Act" (jōhō kōkai hō) ratifiziert. Die Bestimmungen sahen vor, dass auf Anfrage interne Verwaltungsinformationen der Öffentlichkeit zugänglich zu machen sind. Die Transparenz von Verwaltungsprozessen wurde auf diese Weise erhöht. Von den neuen gesetzlichen Möglichkeiten wurde umfassend Gebrauch gemacht. Ministerien und Ämter verzeichneten zahlreiche Anfragen vor allem seitens der Medien. (Horibe 2002, S. 494 ff.). Man folgte damit einer Praxis, die bereits in den 80er Jahren von einer allerdings nur kleinen Zahl von Kommunen eingeführt worden war, die Informationen über Verwaltungsvorgänge der Öffentlichkeit zugänglich machten (jōhō kokai jōrei) (ebenda).

c) Änderungen in der Informationsvermittlung zeichnen sich im Zusammenhang mit der wachsenden Dominanz von Werbeagenturen ab. „Dentsū“ und „Hakuhōdō“, Japans größte Werbeagenturen, auf der Weltrangliste Nummer 1 und Nummer 4, pflegen enge Beziehungen zum Journalismus. Dies wird unter anderem aus den diesbezüglichen Kapitalverflechtungen ersichtlich. So hielten Anfang der 90er Jahre die beiden größten Nachrichtenagenturen Japans, „Kyōdō Tsūshinsha“ und „Jiji Tsūshinsha“, 48,4% der Anteile von Dentsū (Görtzen 1995, S. 46). Umgekehrt besaßen die beiden Werbeagenturen Kapitalbeteiligungen an Filmgesellschaften und Medienforschungsgesellschaften sowie an Rundfunk- und Fernsehanstalten, auch im Ausland. Auf diese Weise seien sie in der Lage, Einfluss auf die politische Berichterstattung zu nehmen.

Eine Stärkung des kritischen Journalismus sei hiervon allerdings nicht zu erwarten, eher das Gegenteil. Vieles deute darauf hin, dass an die Stelle kritischer politischer Inhalte eine neue „Unterhaltungskultur“ tritt und Werbung und Information zu einem einheitlichen Komplex verschmelzen: *„I do not regard advertising as entertainment or an art form, but as a medium of information“* (Ogilvy 1983, S. 7. Zit aus: Moeran 1996, S.1) oder kritischer: *" Advertising becomes information when there is no longer anything to choose from."* (Adorno 1991, S.

73. Zit. aus: ebenda). Mit dem Öffentlichkeitspostulat dürfte eine solche Entwicklung schwer vereinbar sein.

d) Die elektronische Informationsvermittlung biete zusätzliche Informationen und erschwere derer Bündelung und einheitliche Ausrichtung durch die „Politik". Nicht nur Politik wüssten die Chancen der elektronischen Informationsvermittlung zu nutzen. Japans Premierminister Koizumi z.B. richtete ein „Mail Magazine" unter dem Titel „Löwenherz" (raion hāto) ein, in dem den Lesern seine Politik einfach und unterhaltsam erklärt wird. Im Jahr 2002 empfingen ca. zwei Mio. Bürger regelmäßig seine Nachrichten, die, wie sonstige Öffentlichkeitsarbeiten der Regierung, „mini comi" genannt werden, im Gegensatz zu den Massenmedien „masu comi". Auch innerhalb der Bevölkerung würden die neuen Medien eingesetzt. Z.B. entsteht unter Japans älterer Bevölkerung ein elektronisches Netzwerk, in dessen Rahmen unter anderem politische Meinungen ausgetauscht werden, was als Ausdruck von Japans „reifer Gesellschaft" (seijuku shakai) zu werten sei (Sakaiya und Sekimoto 1996, S. 12 f). Hierdurch erhielten Japans traditionelle Presseorgane erhebliche Konkurrenz, und Japans Bevölkerung habe zunehmend selbständig Zugriff auf relevante Informationen.

C. Partizipation

In Bezug auf das Partizipationspostulat sind vergleichbare Unterschiede in den Einschätzungen zu finden. Bemerkenswert sind die in einigen Fällen stark voneinander abweichende Bewertungen gleicher Sachverhalte.

1. Positive Einschätzungen

In positiven Einschätzungen wird argumentiert, dass politische Prozesse keineswegs allein von der Zentrale initiiert und durchgesetzt würden, weil a) regionale Verwaltungseinheiten häufig einen erheblichen politischen Spielraum hätten, b) „grass root"-Aktivitäten, Bürgerbewegungen und ehrenamtliche Tätigkeiten, weit verbreitet seien und c) ansonsten „subtile" japanspezifische Partizipationsmethoden zur Anwendung kämen.

a) Japan habe eine lange Tradition der präfekturalen und kommunalen Selbstverwaltung. Verhältnismäßig selbstständig agierende regionale Verwaltungseinheiten seien bereits früher nur lose an die Zentrale gekoppelt und durchaus in der Lage gewesen, ihre Interessen durchzusetzen. Z.B. wird behauptet, dass Japans dezentralistische Tradition stärker als die der USA oder Europas sei. Die überkommene Selbstverwaltung sei im Rahmen der forcierten Zentralisierung während der Meiji-Regierung zwar beschnitten worden. Es hätte aber immer wieder Entwicklungen gegeben, die erkennen ließen, dass die Wurzeln von Japans politischem System in der regionalen Selbstverwaltung liegen. Ein Beispiel sei die oben dargelegte Vorreiterrolle einiger Kommunen bei der Offenlegung von Informationen über administrative Vorgänge. Vor diesem Hintergrund sprechen einzelne japanische Beobachter begeistert von Japans angeblich hoch entwickelter „Gemeindekultur" (chiiki bunka) und weisen ihr sogar in einer künftigen Weltordnung eine besondere Rolle zu. In einer „borderless economy" würden nationale Grenzen an Gewicht verlieren und regionale Verwaltungseinheiten an Bedeutung gewinnen. Japans Kommunen könnten dann durchaus die Basis für die „United States of Japan" bilden (Hiramatsu 1992, S. 263 und The Nikkei Weekly, 12.07.99).

b) Partizipation fände nicht allein auf der regionalen Verwaltungsebene statt. Viele Bürger engagierten sich in NGOs (non government organisations) und beteiligten sich über zahlreiche auf lokaler Ebene gebildete Organisationen indirekt an Fragen von nationaler Bedeutung. Als eine erfolgreiche Organisation gilt die „Co-op". Hierzu wurde Ende der 90er Jahre ausgeführt: *„...while in many industrial countries consumer cooperatives are struggling to survive and find a meaningful role, those organisations are thriving in Japan"* (Grubel 1999, S. 303).

Hinzu kämen Bürgerbewegungen, vor allem Protestbewegungen, die zum Teil eine lange Tradition aufweisen. Kristallisationspunkte bildeten spätestens seit den 60er Jahren vor allem umweltpolitische und sicherheitspolitische Belange, für die sich einzelne Bevölkerungsgruppen bei lokalen Verwaltungen oder auch der Zentralregierung einsetzten (Sasaki-Uemura 2001). Ein weiteres Beispiel seien ehrenamtliche Tätigkeiten. Besondere öffentliche Aufmerksamkeit erhielt der Einsatz ehrenamtlicher Helfer nach der Erdbebenkatastrophe in Kobe. Freilich versuchen die entsprechenden Organisationen, anders als die Protestbewegungen, eher selten, bestimmte politische Ziele durchzusetzen. Entsprechende Entwicklungen wurden auch in der westlichen Presse aufmerksam beobachtet: *„civil movements in Japans are getting stronger"* (The Economist, 13.07.99, S. 54).

c) Die Partizipation in Japan nähme Formen an, die nicht ohne weiteres mit in westlichen Ländern üblichen Kategorien zu erfassen seien. Man stuft sie als zwischen dem europäischen Korporatismus und dem amerikanischen Pluralismus liegend ein (Nakano Minoru 1988, S. 315 ff.) oder versteht sie als Synthese von Neokorporatismus und Pluralismus (Foljanti-Jost 1991, S. 165 ff.).

So fände Partizipation auf mindestens drei politischen Ebenen statt. Auf Regierungsebene würden Berater als „Volksvertreter" in zahlreiche „Sachverständigenkommissionen" (shingikai) berufen werden – insofern wäre es falsch, die Zentrale stets als „repressives" Element anzusehen. Auf der mittleren Ebene wären Mitglieder von Interessengruppen wie Gewerkschaften, Arbeitgeberverbänden, Ärzteverbänden tätig. Auf der kommunalen Ebene würde die Bevölkerung in der Selbstverwaltung mitwirken, als Mitglied von NPOs an spontanen „grass roots"-Initiativen teilnehmen oder auch nur als „conscientious observer" partizipieren.

2. Skeptische Beurteilungen

In skeptischen Beurteilungen werden die Aktivitäten auf kommunaler Ebene in „grass roots"-Organisationen und Protestbewegungen zwar nicht abgestritten. Es wird aber die Ansicht vertreten, dass diese „von oben" verordnet und weit davon entfernt seien, spontane Ausdrucksformen der japanischen Gesellschaft zu bilden. Es handele sich vielmehr um einen „patterned pluralism" (Muramatsu und Krauss 1987, S. 516 ff.) im Rahmen einer „non-adversial" bzw. „plan-rational political culture" (Johnson 1982). So enthalte die Gemeindekultur keinerlei fortschrittliche Elemente. Sie sei sogar eine der wichtigsten Ursachen für Japans Rückständigkeit. In Kommunen orientiere man sich nämlich kaum an Sachfragen. Personen und deren Beziehungen zueinander ständen insbesondere in ländlichen Kommunen im Mittelpunkt (Flanagan 1991, S. 143 ff.). So heißt es auch, dass der „dörfliche Individualismus" des „Kōenkai-Systems" sachbezogene politische Auseinandersetzungen verhindere (Ōtake Hideo 1994, S. 262). Einige Beobachter gehen sogar so weit, pauschal jegliche echte Partizipation zu verneinen. Japans politisches System sei durch das Fehlen politischer Einflussmöglichkeiten von Gewerkschaften, Verbänden und Oppositionsparteien gekennzeichnet (Van Wolferen 1989), weshalb man von einem „Pseudo-Pluralismus" sprechen müsse.

3. Wandel in den Bewertungen

Neben pauschalisierenden positiven und skeptischen Sichtweisen sind Beurteilungen anzufinden, die Änderungen in gewichtigen Voraussetzungen für die politische Partizipation kontrastieren. Genannt werden: a) das Ende der LDP-Herrschaft Anfang der 90er Jahre, b) die wachsende Berücksichtigung des internationalen Umfeldes und c) das vermutete zunehmende politische Interesse der Bevölkerung.

a) Die LDP-Dominanz wurde seit langem als großes Hindernis nicht nur für die Durchsetzung des Postulats „Herrschaft des Volkes", sondern auch für eine breitere Partizipation angesehen. Dementsprechend erhoffte man sich schon früh, in den 70er Jahren, von der Ablösung der LDP einen diesbezüglich tief greifenden Wandel (Curtis 1975, S. 33 ff.). Es zeigte sich, dass diese Erwartungen zu Recht gehegt wurden. Jedenfalls seien nach der Schwächung der LDP, nachdem „neue“ politische Akteure die Politik beeinflussten, wichtige „liberale“ Gesetzesvorhaben verwirklicht worden. Hierzu gehörten das Ende der 90er Jahre in Kraft getretene „NPO (Non Profit Organisations)-Gesetz“, das Verwaltungsreformgesetz, das „Grundgesetz zur gemeinsamen Beteiligung von Mann und Frau in der Gesellschaft“ („Basic Law for a Gender-equal Society“) sowie das oben dargelegte „Gesetz zur Veröffentlichung von Informationen“.

Das „NPO-Gesetz“ wurde von den Reformern als Schlüssel für Japans Wandel von der „bürokratischen Politik“ zur „demokratischen Politik“ angesehen. Freilich wurden seine positiven Wirkungen nach Ansicht von Beobachtern durch die Bestimmung abgeschwächt, dass NPOs keine politischen Zwecke verfolgen dürfen (Nakano Kōichi 1998, S. 305). Das „Verwaltungsreformgesetz“, das eine Reduzierung der Zahl der Ministerien von 23 auf 15 bildete, war unter Premier Koizumi die Basis für Strukturreformen, die auf eine „Dezentralisierung“ (chihō bunken) und „Deregulierung“ (kisei kanwa) abzielten.

b) Ein Novum bildeten Proteste japanischer Aktivisten auf der internationalen Bühne. Z.B. nahmen in Genf japanische Globalisierungsgegner gegen bestimmte wirtschaftspolitische Entscheidungen Stellung. Für derartige „Aktivisten“ hatte man damals noch kein „politikwissenschaftliches“ Klassifizierungsschema gebildet. Sie galten insofern als „rote Zahlen“ der Demokratie (Hayakawa 1999, S. 1 ff.). Um auch sie der Analyse zugänglich zu machen, wurde vorgeschlagen, „fünf Bühnen der Demokratie“ zu unterscheiden, nämlich die „kommunale, die regionale, die nationale, die internationale und die transnationale Ebene“ (Nakano Minoru 1995).

c) Es wurde beobachtet, dass zunehmend „neue“ Gruppierungen an der Gestaltung der Politik Interesse zeigten. Hieraus wurde geschlossen, dass das bisherige Pluralismuskonzept, worunter die Teilnahme allein der etablierten Kräfte verstanden wird, zu eng ist. Seine Anwendung liefe auf die gedankliche Monopolisierung der politischen Szene im Namen des Pluralismus hinaus. Um den neueren Entwicklungen durch geeignete konzeptionelle Ansätze Rechnung zu tragen, sei der Akteurbegriff zu erweitern und für „neue“ Gruppen und Organisationen zu öffnen. Zu diesen „neuen“ Akteuren gehörten Protestbewegungen, sonstige politische Gruppen und Initiativen, für die der Arbeitgeberverband „Keidanren“ (keizai dantai rengōkai: Federation of Economic Organisations) Mittel zur Verfügung stellt wie der „one percent club“, dessen Mitglieder ein Prozent ihres Einkommens zur Förderung ziviler Tätigkeiten einsetzen (Japan Update, Vol. 1, Nr. 1, Januar 1996).

D. Effizienz

Das Effizienzpostulat bedarf, wie oben angedeutet, einiger Erläuterungen. Demokratischen Entscheidungsprozessen, ihrem Ablauf und ihren Ergebnissen wird im Allgemeinen eine besondere Effizienz zugesprochen (Bogumi 2001, S. 171), unter anderem deswegen, weil sie, anders als autoritäre Entscheidungen, vielfaltige Interessen und damit auch Informationen berücksichtigen und Korrektive aufweisen. Effizienz bedeutet im Zusammenhang mit demokratischen Prozessen nicht allein Wirtschaftlichkeit im betriebswirtschaftlichen Sinne. Sie wird auch in enger Beziehung zur „Rationalität“ gesehen, die als ein wesentlicher Teil demokratischer Prozesse angesehen wird, weil politische Akteure nach dem effizientesten Wege suchten (Downs 1957, S. 5 f.). Schließlich betrachten Almond und Verba unter Berufung auf Platon Kulturelemente im Sinne von „civic virtue“ als Basis für *„the effectiveness and stability of the democratic policy“* (Almond und Verba 1963, S. vii).

Das Effizienzpostulat kann in Konkurrenz mit den oben dargelegten drei Postulaten stehen, insbesondere dann, wenn unter Effizienz in erster Linie eine günstige Relation zwischen Kosten und Erträgen verstanden wird. In diesem Falle können im Interesse der weiteren Postulate Einschränkungen als sinnvoll erachtet werden. So ist denkbar, dass die Partizipation einer großen Zahl unterschiedlicher Akteure das Finden einvernehmlicher Entscheidungen erschwert und hinauszögert und zu komplexen, unter Kostengesichtspunkten nicht besonders sinnvollen Ergebnissen führt. Umgekehrt sind Fälle vorstellbar, bei denen autoritär und daher reibungslos umgesetzte Entscheidungen zwar als „effizient“ eingeschätzt werden, unter Partizipationsgesichtspunkten und den sonstigen oben dargelegten Kriterien aber eine schlechte Bewertung erhalten, weil bestimmte Gruppierungen von der politischen Beteiligung ausgeschlossen wurden. Insofern können zwischen dem Effizienzpostulat und den weiteren Postulaten Zielkonflikte bestehen. Im Folgenden wird aber von der generell vertretenen Annahme ausgegangen, dass „funktionsfähige“ Demokratien in der Lage sind, politische Entscheidungsprozesse in einer Weise zu gestalten, dass sie hinreichend „effizient“ ablaufen und unter Effizienzgesichtspunkten sinnvolle Ergebnisse hervorzubringen. Es wird akzeptiert, dass gegebenenfalls bestimmte von der breiten

Mehrheit der Bevölkerung getragene Abstriche im Hinblick auf „radikalere“ Anforderungen hinsichtlich „Herrschaft des Volkes“, „Öffentlichkeit“ und „Partizipation“ vorgenommen werden.

Zahlreiche Stellungnahmen zu Japans politischem System stellen einen Bezug zwischen Effizienz und japanspezifischen Kulturelementen her. In diesbezüglich politischen Beurteilungen wird unterstellt, dass bestimmte kulturelle Merkmale wie Konsensusbereitschaft und politischen Akteuren gemeinsame Präferenzen für sparsame Lösungen dazu beitragen, politische Prozesse zu beschleunigen und wirtschaftlich wünschenswerte Lösungen hervorzubringen. Freilich werden auch die Auffassungen vertreten, dass bestimmte kulturelle Werte diesem entgegenstehen oder dass als Folge bestimmter Entwicklungen diesbezüglich ein Wandel zu beobachten ist.

1. Positive Einschätzungen

Positive Einschätzungen beziehen sich a) auf bestimmte angeblich effizienzsteigernde Kulturmerkmale, b) die besondere Rolle der japanischen Bürokratie und c) Japans „schlanken Staat“.

a) Spezifische Elemente wie „social commitment and social service”, „standardisation of organisation in the Buddhist tradition“(Dumoulin Heinrich 1996. S. 71 ff.) und aus dem Konfuzianismus resultierende Merkmale wie „dutifulness“,“ hierarchy“,“ the character of elites“, „rationality“ (Dore 1996, S. 17 f.) wirkten besonders effizienzsteigernd. Ähnliche Effekte hätte Japans angeblich „harmonious democracy“, die einen Ausglich zwischen individuellen und kollektiven Interessen suche.

Genannt werden auch weniger präzisierte „characteristics of Japanese culture“. Sie bilden „Geheimnisse des japanischen Erfolges“. Zu diesen Charakteristika gehörten Eigenschaften wie „multilayered“, „homogeniety“, „Japanization“ und „pragmatism“ (Gakken 1990, S.24 f.).

b) In Anbetracht der gewichtigen Rolle der japanischen Bürokratie zumindest vor den 90er Jahren kann es nicht verwundern, dass der bereits im Zusammenhang mit anderen Postulaten ausführlich untersuchten Bürokratie besondere „Effizienz“ zugesprochen wird. So scheint diesbezüglich geradezu eine japanische Version des Luhmannschen Funktionalismus gesehen zu werden, wenn ausgeführt wird, dass Japans Bürokratie die in einer komplexen Industriegesellschaft wahrzunehmenden Funktionen „effizient“ erfüllt. Luhmann erfasst Beiträge und

„Leistungen“ einzelner Akteure in Input-Output-Modellen (vgl. Luhmann 1981, S. 81). Beamte seien „Diener des Volkes“ und trügen demokratischen Postulaten Rechnung. Ursachen bestimmter politischer Misserfolge seien nicht in Japans Bürokratie zu suchen. Misserfolge seien vielmehr auf den ausgeprägten Zentralismus und die Dominanz der LDP zurückzuführen. Das bedeute freilich nicht, dass die Bürokratie nicht zu reformieren wäre. Es ginge darum, sie den als Folge der Globalisierung geänderten Rahmenbedingungen anzupassen und ein neues Gleichgewicht zwischen politischem System und „neuen“ Rahmenbedingungen zu finden (Muramatsu Michio 1994).

c) Geradezu als Effizienzindikator von Japans politischem System wird Japans Sozialpolitik wegen der angeblichen „Schlankheit“ des Staates angesehen. Versteht man unter dem Ideal eines „schlanken Staates“ die weitestgehende Beschränkung des Staates auf hoheitliche Aufgaben und die Delegierung all der Aufgaben an Private, die von diesen unter Wettbewerbsbedingungen besser als vom Staat erfüllt werden (Kevenhörster1995, S. 218 ff.), so kommt der japanische Staat diesem Ideal, zumindest was seine Sozialpolitik anbelangt, nach Ansicht von Beobachtern recht nahe. Man hätte in den 60er Jahren zwar mit dem Aufbau eines japanischen „Wohlfahrtstaates“ begonnen, aber bald gefordert, hierbei ökonomische Rationalität walten zu lassen. In den 70er Jahren, nach der Erdölkrise, sei der Ruf laut geworden, sich in der Sozialpolitik am Effizienzdenken auszurichten. Später, als man mit der drückenden Soziallast der alternden Gesellschaft konfrontiert wurde und im Ausland beobachtete, dass Soziallasten den politischen Handlungsspielraum des Staates immer stärker einengen, sei an die Stelle der politischen Forderung nach Verwirklichung eines Wohlfahrtsstaates das Ziel des Aufbaus einer „Wohlfahrtgesellschaft“ getreten. Hierunter wurde verstanden, dass neben dem Staat auch die Familie, die Nachbarschaft, die Kommunen, freiwillige Organisationen, die Wirtschaft und Individuen Verantwortung zu tragen haben (Thränhardt 1995, S. 69 ff.).

Auch in anderen Politikbereichen würde man sich am Prinzip des „schlanken“, flexiblen und offenen Staates ausrichten. Der Staat wolle vor allem als Vermittler, Koordinator und Informator wirken und verfolge das Prinzip der staatlichen „Minimalität“. Über lange Zeit hinweg hätte Japan jedenfalls demonstriert, dass es über Konzepte zur Verwirklichung guter wirtschaftlicher Leistungen verfügt. Wegen seiner Effizienz sei Japan westlichen Ländern zur Orientierung zu empfehlen (Foljanty-Jost 1995, S. 10 ff.).

2. Skeptische Beurteilungen

Solchen positiven Einschätzungen stehen pauschalisierende skeptische Beurteilungen der Bürokratie und der Rolle des Staates entgegen. Z.B. wird kritisiert: *„...material prosperity for Japan has come at a heavy cost – the gradual dismantling of the postwar democratic revolution in the name of efficiency in pursuit of all-out growth"* (Victoria 1997, S, 352).

Hierfür sei die Bürokratie verantwortlich, die sich zahlreicher informeller Kanäle zur reibungslosen und konsensusorientierten Herbeiführung von Entscheidungen bediene. Dadurch werde das Prinzip der „democratic accountability" verletzt. Nakasone, der eine „schlichte und effiziente Regierung" (kanso de kōritsu teki na seifu) etablieren wollte und in diesem Zusammenhang umfassende Privatisierungen einleitete, sei es nicht gelungen, die Bindungen zwischen Politik, Bürokratie und Wirtschaft zu reduzieren. Nicht einmal Hashimoto, der diese „eiserne Dreieck-Beziehungen" Kontrollen unterwerfen wollte, sei erfolgreich gewesen. Der Grund dafür sei gewesen, dass er sich zur Durchführung seiner Reformen auf die Unterstützung der Bürokratie und der „zoku-giin" verlassen hätte. Damit hätte er zwangsläufig mit seinem Reformvorhaben scheitern müssen (Nakano Kōichi 1998, S. 300 ff.).

Auch die effiziente Funktionsweise des „schlanken" Staates wird in Frage gestellt. Verwiesen wird in diesem Zusammenhang unter anderem auf das extensive Fiscal Investment and Loan Program, in dessen Rahmen umfangreiche, von der Öffentlichkeit nur wenig kontrollierte Mittel für staatliche und kommunale Vorhaben eingesetzt werden (Doi und Hoshi 2002).

3. Wandel in den Bewertungen

Es sind zahlreiche Hinweise darauf zu finden, dass das Effizienzkriterium für den Ablauf politischer Prozesse und deren Ergebnisse an Bedeutung gewinnen wird. So sprach die Außenministerin Kawaguchi Junko in ihrer Antrittsrede von der Notwendigkeit, im Lande das Kostenbewusstsein (kosuto ishiki) zu erhöhen, um die Klientel (kokyaku), d.h. das Volk, besser zu befriedigen (koizumi@mmz.kantei.go.jp: Lion Heart, Feb 2002). Auch wird die Auffassung vertreten, dass Japan in wichtigen Handlungsfeldern zwar erhebliche Leistungen erbracht, das Verbraucherinteresse aber vernachlässigt habe (Kevenhörster 1995, S.228).

In Anbetracht des zunehmenden Wohlstands mögen derartige Kritiken und Forderungen erstaunen. Es gibt indessen unübersehbare Fakten, die dazu beitragen, dass die Effizienz politischer Lösungen für immer wichtiger angesehen wird. So nimmt in Japan, wie auch in anderen Ländern, die internationale Konkurrenz an Intensität zu mit der Folge, dass nicht zuletzt wegen der wachsenden Informationsmöglichkeiten die Höhe der Kosten und Renditen, da international vergleichbar, immer wichtiger wird. Vor allem würden im Zusammenhang mit der gesellschaftlichen Alterung die Ansprüche der Gesellschaft an das Sozialprodukt wachsen, woraus sich ein zusätzlicher Zwang zur Effizienzerhöhung ergibt.

Hiervon werden, wie Gespräche mit unterschiedlichen Akteuren ergaben, konkrete Konsequenzen erwartet. Z.B würden eine Dezentralisierung und Stärkung der Kommunen dann an politischem Gewicht gewinnen, wenn der Staat auf diese Weise insgesamt effizienter agieren kann. NPOs dürfte ein größerer Freiraum gewährt werden, wenn Politiker überzeugt sind, dass von ihnen besonders wirtschaftliche Lösungen angeboten werden und der Staat finanziell entlastet wird. Möglicherweise wird hiervon sogar die Personalpolitik der Ministerien und sonstiger Regierungsstellen berührt, die bisher vorzugsweise Absolventen staatlicher Universitäten auf höhere Positionen beriefen. Wenn sich herausstellen sollte, dass Absolventen sonstiger Universitäten wirtschaftlich sinnvollere und flexiblere Konzepte ausarbeiten als die bisher rekrutierten Absolventen, könnten erstere in Zukunft bevorzugt werden.

Auch ein Wandel im Wählerverhalten wird nicht ausgeschlossen. Wenn jüngere Kandidaten, die zur öffentlichen Austragung von Konflikten bereit sind und ihre Entscheidungen transparent machen, als effizienter angesehene Lösungen anbieten, dürften sie mehr Chancen haben als Konkurrenten der „traditionellen“ Schule, die im Interesse der Einvernehmlichkeit kostenungünstige Kompromisse vorziehen. Insofern bleibt abzuwarten, ob in Zukunft weiterhin effiziente Lösungen von „informellen“ politischen Prozessen, von der sorgfältigen Pflege zwischenmenschlicher Beziehungen und der langjährigen gegenseitigen Verbundenheit erwartet werden oder ob man eher auf die offene Austragung von Konflikten um konkurrierende Ansätze zwischen Mitgliedern einer „neuen“ Politikergeneration setzt.

E. Herauskristallisierung von sieben Merkmalen

Abschließend soll die zu den Demokratiemerkmalen vorgefundene Bandbreite der Beurteilungen dargestellt werden. Hierzu werden diejenigen Aspekte bzw. Merkmale, insgesamt sieben, fokussiert, die wie die empirischen Untersuchungen der Pflegeversicherungsdebatte zeigen, in den politischen Auseinandersetzungen während der 90er Jahre von besonderer Bedeutung waren. Dies sind im Zusammenhang mit dem Herrschaftspostulat vier Merkmale:

1. Es gibt ein intensives, zuweilen einem Machtkampf ähnelnden Wechselspiel zwischen „Politik" und Bürokratie, den beiden maßgeblichen politischen Akteuren. Gemäß der positiven Einschätzungen haben sich im Laufe der historischen Entwicklung zwischen der „Politik", die lange Zeit durch die LDP repräsentiert wurde, und der Bürokratie auf der einen Seite und der Bevölkerung auf der anderen Seite komplexe aber wirkungsvolle Rückkoppelungsmechanismen herausgebildet. Skeptiker sprechen dagegen von einem wie ein Syndikat funktionierendem Netzwerk zwischen Politik und Bürokratie, das die Verwirklichung des Volkswillen erschwert oder sogar verhindert. Diejenigen, die diesbezüglich Änderungen beobachten, verweisen insbesondere auf die aus der heftigen Kritik an den Beamten und dem Machtverlust der LDP resultierende Schwächung beider Akteure, als deren Folge sich die Bedingungen für deren Zusammenarbeit aber auch Konkurrenz miteinander ändern.

2. Die LDP, die die „Politik" per se darstellt, verfügt auf kommunaler Ebene über eine starke Wählerbasis, die ihre lokalen Interessen mit Hilfe spezifischer Organisationsformen zum Teil unmittelbar durchsetzen kann. Von den Befürwortern dieses Systems wird hervorgehoben, dass sich auf diese Weise Wähler geradezu entsprechend dem „rational choice model" verhalten und wie „Investoren" in Politiker investieren, die hierfür adäquaten Gegenleistungen zu erbringen haben. Kritiker sehen hierin ein Geflecht von Klientelbeziehungen, basierend auf Geld und intransparenten persönlichen Beziehungen, das kaum die Voraussetzungen dafür bietet, der Gesamtbevölkerung dienende Entscheidungen zu treffen. Ein Wandel wird insbesondere von der zunehmenden finanziellen und administrativen Selbstständigkeit der Kommunen erwartet.

3. „Politik" und Bürokratie bilden zusammen mit wichtigen Vertretern der Industrie das „eiserne Dreieck", wobei dem Finanzministerium als Bindeglied eine besondere Bedeutung zukommt. Von diesem „Dreieck" werden wichtige Entscheidungen, auch solche, die in anderen westlichen Ländern im Rahmen des Korporatismus geregelt werden, getroffen. Eine positive Beurteilung erfährt dieses Beziehungsgeflecht, weil auf diese Weise sowohl übergeordnete Interessen als auch partikuläre Interessen Berücksichtigung fänden und umfassendes Fachwissen genutzt würde. Skeptiker se-

hen hierin die Basis für Manipulation und Korruption und damit für Entscheidungen, die dem Interesse der Bevölkerung zuwiderlaufen. Die Schwächung der Bürokratie nicht zuletzt als Folge der Reformen und die personellen Änderungen in der Politik trügen zur Entkoppelung der drei Gruppen bei.

4. Wenn es schwer fällt, politische Entscheidungen im Rahmen der üblichen Institutionen und Prozesse zu erzielen, werden „informelle" Kanäle genutzt und dynamische Persönlichkeiten als Vermittler hinzugezogen. Einige Beobachter halten diese Praxis für eine wichtige Voraussetzung für die stärkere Berücksichtigung von Interessen der Bevölkerung. Andere kritisieren dieses öffentliche Debatten scheuende Verhalten, das darauf abziele, hinter verschlossenen Türen zu einem Konsensus zu gelangen, als rückständig. Der derzeit zu beobachtende Wandel scheint eine Schwächung der bisherigen Konsensusorientiertheit zur Folge haben, was darauf hinauslaufen könnte, dass zunehmend offenere, freilich auch konfliktgeladenere Debatten geführt werden.

Die drei weiteren Merkmale beziehen sich auf bestimmte, besonders wichtige Aspekte der Postulate „Öffentlichkeit", „Partizipation" und „Effizienz".

5. Massenmedien, vor allem Tageszeitungen, sind stark verbreitet und bilden ein äußerst bedeutendes Informationsmedium für die Öffentlichkeit. Im positiven Sinne wird auf das breite Meinungsspektrum, die eigenständigen Informationskanäle konkurrierender Medien und derer sachlich-informativen Stil verwiesen. Skeptiker betonen dagegen die Konformalität der Presse, ihre angeblich immer noch ausgeübte Funktion eines Sprachrohrs für die Regierung und gewisse „rückschrittliche asiatische" Merkmale. Veränderungen könnten sich unter anderem aus gesetzlichen Bestimmungen zur Offenlegung von Informationen und dem zunehmenden Einfluss von Werbeagenturen ergeben.

6. Man partizipiert häufig auf eine andere Weise an politischen Prozessen als in westlichen Ländern. Positiv wird hervorgehoben, dass es zahlreiche Ebenen gäbe, auf denen die unterschiedlichsten Bevölkerungsgruppen am politischen Geschehen teilnehmen. Diese Art der Partizipation würde von den diesbezüglichen in der westlichen Literatur entwickelten Denkmodellen nicht oder nur unzureichend erfasst werden. Dagegen wird eingewandt, dass die in diesem Zusammenhang häufig als positiv bewertete Gemeindekultur, die den Individuen zahlreiche politische Beteiligungs-

möglichkeiten bietet, keinerlei fortschrittliche Elemente enthalte. Diejenigen, von denen massivere Einflussnahmen wünschenswert wären wie Gewerkschaften und Oppositionsparteien seien dagegen politisch unbedeutend. Man müsse daher von einem „Pseudo-Pluralismus“ sprechen. Einen Wandel sieht man in der zunehmenden Partizipation „neuer“ Gruppen und Organisationen.

7. Dem Effizienzpostulat würde unter anderem dadurch Rechnung getragen, dass man in politischen Debatten explizit oder auch nur implizit auf kulturelle Gemeinsamkeiten zurückgreift. Entscheidungsprozesse würden dadurch beschleunigt, und es würden „bessere“ Ergebnisse erzielt werden. Anerkennend wird auf Japans sogenannten „schlanken Staat“ verwiesen. Dagegen wird auch eingewandt, dass es große Bereiche in Japans Wirtschaft und Gesellschaft gäbe, in denen der Staat dominiere und dort im Vergleich mit privaten Wirtschaftssubjekten hohe volkswirtschaftliche Kosten verursache. Nicht zuletzt die gesellschaftlichen Alterungsprozesse, insbesondere die auf die Gemeinschaft zukommenden Kosten der Seniorenversorgung, würden in Zukunft zu einer höheren Gewichtung des Effizienzpostulats im engeren betriebswirtschaftlichen Sinne führen.

III. Ausgewählte Fakten zur Pflegeversicherungsdebatte

Um eine Basis für die sich anschließende empirische Untersuchung der Pflegeversicherungsdebatte zu schaffen, werden A. wichtige Rahmenbedingungen, unter denen die untersuchten politischen Auseinandersetzungen stattfanden, dargelegt. Dem schließt sich B. ein Überblick über ausgewählte Merkmale des Pflegeversicherungsgesetzes an.

A. Wichtige Rahmenbedingungen der Pflegeversicherungsdebatte

Bei den Rahmenbedingungen handelt es sich zum Teil um Konstellationen politisch relevanter Sachverhalte, die einen Bruch mit dem bisherigen, das politische Umfeld kennzeichnenden Größen bedeuten. Im Einzelnen wird auf 1. die besondere politische Dynamik nach dem Machtverlust der LDP, 2. die Schwächung der Bürokratie, 3. die Entwicklung der Beziehungen zwischen Japan und den USA und 4. die Reaktion der Bevölkerung auf die demographischen Entwicklungen eingegangen.

1. Politische Dynamik nach dem Machtverlust der LDP

Die Mehrheit der Wähler hatte sich für nahezu vier Jahrzehnte für die LDP entschieden, weil man von ihr wirtschaftliche und gesellschaftliche Stabilität sowie die Einbindung Japans in den westlichen Wirtschaftsraum und in westliche Bündnissysteme erwartete. Zwar wurde die LDP viele Jahrzehnte lang mit Schmiergeldaffären in Verbindung gebracht, weshalb wiederholt die engen und für alle Seiten lukrativen Beziehungen zwischen LDP, Bürokratie und Wirtschaft kritisiert wurden. Trotzdem wurde deren „Alleinherrschaft" lange Zeit nicht ernsthaft in Frage gestellt.

Anfang der 90er Jahre aber war die diesbezügliche Sensibilität innerhalb der japanischen Öffentlichkeit derartig gestiegen, dass die immer größere Zahl publik gemachter Schmiergeldaffären von LDP-Mitgliedern im Jahr 1993 zur Abwahl der LDP als Regierungspartei führte und eine für das moderne Japan ganz ungewöhnliche Phase politischer Instabilitäten einleitete. An die Stelle der von der LDP gestellten Regierung trat eine von sieben Oppositionsparteien der LDP gebildete Koalitionsregierung unter Hosokawa Morihito (vgl. Chronologie im Anhang). Seine Regierung wurde damals von 71% der Bevölkerung unterstützt, von denen die meisten einen grundlegenden politischen Wandel erwarteten. Der wohl wichtigste Hoffnungsträger für „einen neuen Beginn der japanischen Politik“ war Hosokawas „Neue Japan Partei“ (vgl. Hamaguchi-Klenner 2000a, S. 127 und 143 ff.).

Die Enttäuschung und Empörung der Anhänger dieser Partei und der Bevölkerung generell waren groß, als kurz nach Regierungsübernahme ein in der Vergangenheit liegender Korruptionsskandal Hosokawas aufgedeckt wurde. Er musste im April 1994 zurücktreten. Sein Nachfolger war Hata Tsutomu, unterstützt von Ozawa Ichirō und der „Kōmeitō“ („Clean Government Party“). Hata versuchte, eine stabile Regierung ohne die Sozialistische Partei und ohne die liberale „Sakigake“ („Neue Harbinger Partei“) zu bilden. Nur nach drei Monaten erwies sich sein Vorhaben als nicht tragfähig. Danach im Juni 1994, arrangierte sich der Sozialist Murayama Tomiichi überraschend mit der LDP, die zuvor, seit 1955, ihr Erzfeind gewesen war, und mit der Sakigake und bildete, unterstützt von diesen beiden Parteien, eine Regierung. Damit wurde das Land, nach Katayama Tetsu (1947-1948), das zweite Mal nach dem Ende des Zweiten Weltkrieges von einem Sozialisten geführt, allerdings nur bis Januar 1996. Das Ende der Murayama-Regierung wurde durch verschiedene Entwicklungen herbeigeführt. Das Erdbeben in Kōbe und der Giftgasanschlag der Aum-Sekte absorbierten ihre Energien, die sie zur Durchführung wichtiger Reformen hätte einsetzen wollen. Hinzu kam, dass die Sozialistische Partei durch Streitigkeiten über den einzuschlagenden Kurs, die schließlich im Jahr 1996 zur Abspaltung ihrer linken Faktion führten, geschwächt wurde. Sie wechselte ihren Namen, zum zweiten Mal in ihrer Geschichte, und nannte sich „Sozialistische Demokratische Partei Japans“ (SDP), um sich das Image einer bürgerlichen Partei zu geben.

Unter diesen Bedingungen gelang es der LDP unter Führung von Hashimoto Ryūtarō innerhalb einer Koalition mit den Sozialisten und der Sakigake die Oberhand zu gewinnen und im Januar 1996 den Premierminister zu stellen. In den Parlamentswahlen vom September 1997 wurde er als Regierungschef bestätigt. Danach arbeitete er beharrlich zusammen mit konservativen Kräften an der Wiederherstellung der „alten“ Machtverhältnisse in der japanischen Politik, die man häufig als das „55-System“ bezeichnet, da die LDP im Jahr 1955 gebildet wurde. Sicherlich gab es gegen diese Kehrtwendung Widerstand, der sich aber leicht überwinden ließ, weil sich ein großer Teil der Bevölkerung, die große Hoffnung auf einen Wandel in der japanischen Politik und Gesellschaft gesetzt hatte, in ihren Erwartungen getäuscht sah. Die Aufbruchstimmung war vorbei. Routine und Fachwissen waren wieder gefragt, auch wenn man sich hierzu auf die konservativen politischen Kräfte der Vergangenheit stützen musste.

Auch Hashimotos Amtszeit war durch Korruptionsskandale belastet. Hierzu gehörte der skandalöse Umgang mit Blutkonserven, wodurch sich der HIV-Virus in Japan verbreitete. Seine Verschleierung durch die zuständige Bürokratie wurde als typisches Produkt der Vetternwirtschaft zwischen Politik, Bürokratie, Industrie und Medizin bezeichnet (Asahi Shimbun, 04.05.96). Die zunehmende Kritik veranlasste Hashimoto, im November 1996 seinen Gesundheitsminister Kan Naoto von der liberalen Sakigake durch Koizumi Junichirō zu ersetzen, obwohl dieser zuvor zu seinen Kritikern gehörte. Hinzu kamen Schmiergeldaffären, in die Mitarbeiter des Gesundheitsministeriums, lokale Behörden und Pflegeeinrichtungen verwickelt waren. Zu ihnen gehörte auch der Vize-Gesundheitsminister Okamoto Nobuharu, ein maßgeblicher Fachmann für die Altenpolitik, der als Initiator der Pflegeversicherung unter Fachleuten bekannt ist. Er musste Ende 1997 abdanken.

Viele der in jener turbulenten Zeit maßgeblichen und sich als „Reformer" aufführenden Persönlichkeiten wie Hata, Ozawa und Hashimoto gehörten zu der ehemaligen „Takeshita-Faktion" der LDP, der mächtigsten und mit der Wirtschaft des Landes eng verbundenen Gruppierung innerhalb der LDP. Hosokawa und Koizumi entstammten traditionellen Politikerfamilien und verfügten in ihren Wahldistrikten über nachhaltigen Rückhalt. Sie hatten in ihrer Vergangenheit wiederholt Ministerposten inne gehabt und enge Kontakte zu maßgeblichen Mitarbeitern der betreffenden Ministerien geknüpft. Insofern lassen sie sich kaum zu den „neuen" politischen Kräften zählen. Trotzdem repräsentierten sie weitgehend den damaligen „Reformgeist". So waren Hosokawa, Hata und Ozawa aus der LDP ausgetreten, weil sie deren konservative Politik nicht vertreten und Reformen durchsetzen wollten. Sicherlich verbanden sie mit ihrem Austritt aus der LDP Karrierenhoffnungen, die sie außerhalb der LDP besser verwirklichen zu können glaubten. Hashimoto und Koizumi verblieben in der LDP, versuchten aber dort „Reformen" durchzusetzen und galten daher als „LDP-Reformer". Ihr besonderes Interesse, fachlich und politisch, galt der Gesundheitspolitik. Beide waren zuvor Minister für Gesundheit und Wohlfahrt, ebenso wie früher Hashimotos Vater, weshalb ihr Gewicht in der Diskussion um die Pflegeversicherung besonders groß war. Hashimotos Eintreten für die Einführung der Pflegeversicherung im Jahr 1993 war daher ein deutliches politisches Signal (Hashimoto 1993; vgl. Hamaguchi-Klenner 2000a, S. 146 ff.).

2. Schwächung der Bürokratie und Verabschiedung neuer Gesetze

Die Zeit zwischen 1993 und 1997 war durch Forderungen nach „administrativen Reformen" (gyōsei kaikaku) gekennzeichnet. Es ging um die Stärkung der politischen Führung gegenüber der Bürokratie, die Durchsetzung des Pluralismus in politischen Prozessen, die Erhöhung der Transparenz, die Dezentralisierung des hierarchisch gegliederten politischen Systems usw. (vgl. Hamaguchi-Klenner 1999, S. 91 ff.). Genährt wurden solche Forderungen durch immer neue Finanzskandale, die den „eisernen Dreieck-Verbindungen" zwischen Politik, Bürokratie und Wirtschaft zugeschrieben wurden. Es wurde, wie oben dargelegt, die Frage aufgeworfen, ob die den Elitenuniversitäten entstammenden Beamten, die in der Vergangenheit die wichtigste Stütze der japanischen Politik und Wirtschaft bildeten, überhaupt ausreichende Kompetenz und Effizienz aufwiesen. Sogar die Legitimität des in Japan verwirklichten politischen Systems wurde in Frage gestellt (vgl. Sakaiya 1997; Jameson 1997).

Die Kritik richtete sich insbesondere gegen das Finanzministerium, das in der Vergangenheit die besten und effizientesten Fachleute rekrutierten konnte und auf Grund seines Einflusses auf Finanzentscheidungen bei allen Gesetzen das letzte Wort hatte. Vor diesem Hintergrund ist bemerkenswert, dass der mit dem Finanzministerium in der Vergangenheit eng kooperierende Unternehmerverband „Keidanren" es wegen der immer schärfer werdenden Kritik an den Mitarbeitern im Finanzministerium für ratsam hielt, in politischen Fragen zumindest vorübergehend zurückhaltender zu agieren. Wohl deswegen beteiligte er sich nur wenig an den Debatten um die Pflegeversicherung. Weil sich die öffentliche Kritik nicht gleichermaßen gegen alle Ministerien richtete, konnten andere Ministerien wie das „Ministerium für Gesundheit und Wohlfahrt" (im Folgenden: Gesundheitsministerium) die Schwächung des Finanzministeriums nutzen, um eigene Vorhaben durchzusetzen. So hatte das Gesundheitsministerium verhältnismäßig großen Spielraum bei der Konzipierung und Durchsetzung der Pflegeversicherung. Jedenfalls nutzten seine Mitarbeiter zahlreiche offizielle und inoffizielle Kanäle zur Umsetzung ihrer politischen Initiativen.
Die von öffentlichen Medien vorangetriebenen Kampagnen gegen Arroganz, Korruptionsanfälligkeit und Inkompetenz der Bürokraten hinterließen tiefe Spuren. Viele Beamte zogen sich zurück, um sich nicht durch erneute Fehler der öffentlichen Kritik auszusetzen. Andere wurden durch die massiven öffentlichen Vorwürfe zur Selbstkritik und Hinterfragung ihrer Rolle als „Diener des Volkes" veranlasst. Einige besonders gewissenhafte Beamte erklärten der Verfasserin in Interviews, dass sie die Kritiken als angemessen empfanden. Weil Führungspositionen in der Bürokratie vor allem von Absolventen der „Tōkyō-Universität" besetzt waren, richtete sich die öffentliche Kritik vor allem gegen diese. Absolventen der privaten „Keiō-Universität", die für ihre „westliche" Orientierung und für ihren liberalen Geist bekannt war, gelang es dagegen, zu Lasten der traditionellen, den „japanischen Geist" verkörpernden überwiegend juristisch ge-

schulten Absolventen der Tōkyō-Universität an Bedeutung zu gewinnen. Hashimoto, sein Konkurrent Ozawa und Koizumi, die wichtigsten „Reformer" jener Zeit, sind Absolventen der Keiō-Universität.

Trotz oder wegen der politischen Turbulenzen zeichneten sich die 90er Jahre durch erhebliche gesetzgeberische Aktivitäten aus. Viele von diesen verbesserten nach Ansicht von Beobachtern die Voraussetzungen für demokratische Prozesse. So sei zwar mit der Etablierung der „zweiten", wieder aus konservativen Kräften bestehenden Hashimoto-Regierung im Dezember 1994 der Inhalt der Reformen „verdünnt" worden (Vgl. Yoshida 1998, S. 30 ff.). Jedoch seien damals die Rahmenbedingungen für eigenständige Initiativen geschaffen. Zu den entsprechenden Gesetztesvorhaben gehören das im 1994 verabschiedete Steuerreformgesetz, wodurch die Verbrauchssteuer ab April 1997 auf 5% angehoben wurde, um den Spielraum zur Finanzierung der Pflegeversicherung zu vergrößern, das im Jahr 1995 erlassene politische Reformgesetz, wodurch neue Wahlbestimmungen und Spendenrichtlinien zur Verhinderung der Vetternwirtschaft erlassen wurde, das Versicherungsgewerbegesetz, das den japanischen Versicherungsmarkt öffnete, das Haushaltsreformgesetz aus dem Jahr 1996, das unter anderem zum Ziel hat, die öffentlichen Subventionen zu reduzieren, das hier untersuchte „Soziale Pflegeversicherungsgesetz" aus dem Jahr 1997, das Verwaltungsreformgesetz aus dem Jahr 1998, wodurch die Zahl der Ministerien vermindert wurde, und aus dem Jahr 1999 das Gesetz zur Förderung der Bildung Nichtprofitorientierter Organisationen (NPO), das Gesetz zur Offenlegung von Informationen, das Dezentralisierungsgesetz, das mehr Machtbefugnisse an die Kommunen delegierte sowie das Gleichbeteiligungsgesetz von Mann und Frau, das beiden in der Gesellschaft aber auch in der Pflege gleiche Pflichten auferlegte und gleiche Rechte einräumte.

3. Japan-US-Friktionen

In Anbetracht der engen Verknüpfung der Wirtschaft und Politik Japans mit den USA, konnte es nicht ausbleiben, dass das Vorhaben zum Ausbau des Sozialversicherungssystems von der amerikanischen Regierung und von amerikanischen Unternehmen aufmerksam registriert wurde. Die Beziehungen der USA zu Japan waren nach dem Ende des Kalten Krieges komplexer geworden und resultierten schließlich in einer US-Politik gegenüber Japan, die auch als „Japan Bashing" beschrieben wurde. Die USA machten deutlich, dass sie weder die Kosten noch die Verantwortung für Japans nationale Sicherheit in dem gleichen Umfang wie bisher tragen wollten. Sie warfen Japan vor, seine wirtschaftliche Entwicklung zu Lasten der amerikanischen Wirtschaft voran zu treiben, weil es die

Lasten der nationalen Sicherheit den USA aufbürde und eine „protektionistische“ Wirtschaftspolitik betriebe. Japan solle seine Wirtschaft endlich „deregulieren“ und ausländischen, vor allem amerikanischen Unternehmen Chancen am japanischen Markt eröffnen, mehr Produkte aus den USA abnehmen, stärker in den USA investieren und, vor allen Dingen, einen größeren Teil der militärischen Verantwortung zu tragen.

Zu diesen handfesten wirtschaftlichen Forderungen kamen Vorwürfe hinzu, dass Japans Demokratie „unterentwickelt“ und „anders“ sei. (Vgl. Hamaguchi-Klenner 2000a, S. 60 ff.).
Vor diesem Hintergrund begannen viele Intellektuelle, sich mit der „demokratischen Kultur“ Japans auseinanderzusetzen, sei es als Verteidiger oder als Kritiker, womit die Debatte über die „Theorien über Japaner“ (sog. Nihonjin ron) wieder aufflammte (vgl. ebenda, S. 273 ff.).

Konkrete Interessen und Konzepte hatten die USA auch bezüglich Japans sozialen Sicherheitsystems. Zahlreiche amerikanische Lebensversicherer boten am japanischen Versicherungsmarkt bereits Anfang der 90er Jahre Produkte für Pflegeleistungen an. Japanische Kunden erwerben auf diese Weise Ansprüche auf Leistungen, die sie im Falle der Pflegebedürftigkeit (yōkaigo) geltend machen konnten. Pflegebedürftigkeit wurde versicherungstechnisch als eine Art „Unfall“ behandelt. Als Anfang der 90er Jahre erkennbar wurde, dass der „Pflegemarkt“ (kaigo shijō) in naher Zukunft enorme Wachstumsraten aufweisen wird, gewann dieser für japanische aber auch amerikanische Versicherungsunternehmen an Attraktivität (Jiyū kokumin sha 1992, S. 881).

Im Jahr 1994 fanden Verhandlungen zwischen den USA und Japan über den Versicherungsmarkt statt (Asahi Shimbun Abendausgabe, 11.01.94 und 01.06.94), der ebenso wie der Markt für Kraftfahrzeuge, Telekommunikationsgeräte und medizinische Geräte zu den „Friktion“ (masatsu)-Themen gehörte. Die USA bestanden auf einer Deregulierung und beanspruchten für ihre Lebensversicherer sogar Quoten. Die Gespräche waren für die USA allerdings nicht allzu erfolgreich (The Japan Times, 13.01.94 und 14.01.94). Immerhin fassten einzelne amerikanische Versicherer über ihre in Japan gegründeten Tochtergesellschaften am japanischen Markt Fuß. Einige von ihnen gehörten zu den insgesamt 22 Versicherungsfirmen, denen das Finanzministerium im Oktober 1994 eine Lizenz zur Versicherung des Pflegerisikos erteilte (The Japan Times, 01.10.94). Bemerkenswerterweise wurde die von amerikanischen Interessenvertretern geforderte „Deregulierung“ von den bereits in Japan angesiedelten amerikanischen Lebensversicherungsfirmen nicht unbedingt begrüßt. Für sie hätte eine „Deregulierung" nämlich bedeutet, dass sie sich in Japan der Konkurrenz von Lebensversicherungen mit Hauptsitz in den USA hätten stellen müssen.

Im Verlaufe der Auseinandersetzungen wurde der japanischen Regierung von den amerikanischen Verhandlungspartnern vorgeworfen, japanische Versicherungsfirmen im Pflegebereich zu subventionieren. Im Jahr 1996 verlangten sie den Beginn von Verhandlungen, in denen es um den Schutz ihrer am japanischen Versicherungsmarkt errungenen Marktanteile gehen sollte. Japanische Versicherungsfirmen sollten erst dann in den sich entwickelnden Markt für Pflegeleistungen eintreten dürfen, nachdem „the complete liberation" der sonstigen Märkte verwirklicht worden war. Es ging um die Märkte für Stahl, Filme und Halbleiter. Der Versicherungsmarkt bildete aus Sicht der USA allerdings das wichtigste Thema. Es hieß: *„...the insurance dispute is expected to be taken up as the biggest bilateral trade issue when Clinton meets with Prime Minister Ryutaro Hashimoto"* (The Japan Times, 04.04.96).

In Anbetracht dieser Auseinandersetzungen ist nicht auszuschließen, dass die massiven von den amerikanischen Regierungsvertretern vorgebrachten Forderungen mit ein Grund dafür gewesen waren, dass man die Altenpflege in das Sozialversicherungssystem einbeziehen wollte. Freilich sprach sich hierfür auch die öffentliche Meinung aus. So ergab eine im Oktober 1994 von der American Family Life Insurance zusammen mit der Mainichi Shimbun durchgeführte Umfrage, dass 86% der Befragten die Einführung einer Pflegeversicherung forderten (Mainichi Shimbun, 04.10. 94).

Deren Einführung wurde auch als Maßnahme angesehen, sich von den nach dem Zweiten Weltkrieg maßgeblich von den USA konzipierten Prinzipien für das japanische Sozialsystem zu lösen. Amerikanische Fachleute hatten damals das sog. „Maßnahmensystem" (sochi seido) durchgesetzt, das bei Bedürftigkeit nur geringe, vom Staat gewährte Sozialhilfeleistungen vorsah. Man berief sich hierbei auf Artikel 89 der japanischen Verfassung, der Eingriffe des Staates in den privaten Wohlfahrtsbereich verbot (vgl. Oberländer 2000, S. 1054 f.). Im Vergleich mit den Sozialsystemen der meisten anderen westlichen Länder galt Japans Sozialsystem inzwischen indessen als äußerst rückständig. Die Einführung der „sozialen" Pflegeversicherung bedeutete daher zumindest in diesem Segment des Systems der sozialen Sicherheit die Abkehr vom „Maßnahmensystem" und die Einführung des sog. „Vertragsystems" (keiyaku seido).

4. Demographische Entwicklung

Gesellschaftliche Alterungsprozesse (kōreika shakai) verbunden mit Geburtenrückgang (shōshika) führen zur steigenden Belastung des Sozialhaushaltes und können die politische und gesellschaftliche Stabilität des Landes sowie dessen Wirtschaftskraft beeinträchtigen. In Japan ist der Anteil der Steuern und der Ausgaben für die medizinische Versorgung sowie der Altersversorgung am Volkseinkommen im Vergleich mit einigen westlichen Ländern zwar gering. Er betrug im Jahr 1996 37.2%, in Schweden belief er sich dagegen auf 70% und in Großbritannien auf 46.2%. Nur in den USA lag er mit 36.5% unter dem entsprechenden japanischen Anteil (Asahi Shimbun, 21.05.96). Trotzdem befürchtete man in Anbetracht bestimmter demographischer Tendenzen, bald an die Grenzen der sozialen Belastbarkeit zu stoßen.

So erwartete man, dass der Anteil der Personen, die 65 Jahre und älter sind, von damals ca. 19% auf 25% im Jahr 2015 steigen wird. Unvermittelt musste man erkennen, dass Japans seit dem Jahr 1984 höchste Lebenserwartung in der Welt aus Sicht der sozialen Belastbarkeit auch ihre Nachteile hat. So ging man davon aus, dass die Aufwendungen für die medizinische Versorgung der Senioren von 5.5 Trillionen Yen im Jahr 1989 auf 16 Billionen Yen im Jahr 2000 steigen (The Japan Times, 19.12.89) und in Zukunft noch drastischere Erhöhungen notwendig werden. Um die zu erwartende Belastung zumindest teilweise aufzufangen, wurden unterschiedliche Finanzierungskonzepte diskutiert. So begann bereits im Jahr 1989 die Debatte darüber, ob die Mehrwertsteuer zur Finanzierung von Maßnahmen im Zusammenhang mit der „alternden Gesellschaft“ zu erhöhen sei (Jiyū kokumin sha 1992, S. 880).

Ein großer Teil der japanischen Bürger bezeichnete in einer im Jahr 1991 durchgeführten Befragung die „Angst vor dem Alter“ als „Nationalsorge“. Vor dem Hintergrund der bereits beobachteten und in Zukunft erwarteten demographischen Entwicklungen hielt man sogar das gesamte Sozialsystem für reformbedürftig. Ein wichtiger neuer Baustein sollte jedoch die Pflegeversicherung bilden, von der die Kosten der Pflege älterer Menschen ganz oder teilweise übernommen werden sollten. So fanden die politischen Debatten um die Pflegeversicherung in der Öffentlichkeit außenordentliche Beachtung. Sie berührten die Interessenlage nahezu jeder japanischen Familie, weil man in der Familie Pflegebedürftige hatte oder in absehbarer Zeit selbst mit dem „Pflegerisiko“ rechnen musste.

B. Wichtige Merkmale des japanischen Pflegeversicherungsgesetzes

Das Gesetz zur Sozialen Pflegversicherung wurde im Dezember 1997 verabschiedet. Seine Inkraftsetzung erfolgte ca. zweieinhalb Jahre später, im April 2000. Ein halbes Jahr vor der Einführung, im Oktober 1999, wurde mit der medizinischen Begutachtung (yōkaigo nintei) derjenigen begonnen, die einen Pflegeantrag (yōgaiko shinsei) stellten. Die Beitragserhebung bei Personen, die über 65 Jahre alt waren, wurde erst ein halbes Jahr nach seiner Einführung aufgenommen.

Die Soziale Pflegeversicherung wird in Japan, ähnlich wie in Deutschland, als „fünfte Sozialversicherung" bezeichnet. Die „erste" Sozialversicherung ist die Krankenversicherung, die bereits zu Beginn der 20er Jahre eingeführt wurde, allerdings erst wesentlich später, im Jahr 1961, den Charakter einer Pflichtversicherung erhielt. Im Jahr 1947 wurden die gesetzliche Unfallversicherung und die gesetzliche Arbeitslosenversicherung, im Jahr 1959 die gesetzliche Rentenversicherung geschaffen.

Die Pflegeversicherung ist eine Pflichtversicherung. Allerdings sind im Gegensatz zu Deutschland, wo jeder Arbeitnehmer Beiträge zu zahlen hat, nur Personen ab dem 40sten Lebensjahr versicherungspflichtig. Man unterscheidet zwei Kategorien von Pflichtversicherten. Zur „Kategorie I" gehören Personen über 65 Jahre, zur „Kategorie II" Personen zwischen 40 und 64 Jahren. Anspruch auf Pflegeleistungen hat grundsätzlich jeder, der Pflegeversicherungsbeiträge zahlt. Personen der Kategorie I erhalten Leistungen, wenn altersbedingte körperliche oder geistige Behinderungen nachgewiesen werden und für die Aktivitäten des täglichen Lebens gänzlich oder teilweise Hilfe benötigt wird. Anders als in Deutschland, wo grundsätzlich nur drei Stufen der „Pflegebedürftigkeit" (yōkaigo) unterschieden werden, gibt es in Japan fünf Pflegestufen und eine Stufe bei „Hilfsbedürftigkeit" (yōshien). Letztere entspricht der „O-Stufe" der Pflegebedürftigkeit in Deutschland, bei der aber, anders als in Japan, keine Leistungen gewährleistet werden. Personen der Kategorie II haben nur dann Anspruch auf Pflegeleistungen, wenn sie eine altersbedingte Krankheit nachweisen können. Grundlage für die Inanspruchnahme von Versicherungsleistungen ist jeweils ein Vertrag zwischen Versicherungsträgern und Versicherten. Damit tritt das oben dargelegte „Vertragssystem" an die Stelle des „Maßnahmensystems", gemäß dem nur Sozialhilfeempfängern und wenig Verdienenden nach Überprüfung ihrer altersbedingten Behinderung und ihrer individuellen wirtschaftlichen Lage Unterstützung gewährt wird.

Die Leistungen werden aus drei Quellen finanziert. Dies sind die im Rahmen des Umlageverfahrens erhobenen Beiträge der Versicherten (45%), Steuermittel (45%) und die auf dem Wege der Selbstbeteiligung an den Kosten der Pflegedienstleistungen in Höhe von 10% eingenommenen Mittel. Um Bürger in die Lage zu versetzen, für die zusätzlichen Kosten als Folge der Pflegebedürftigkeit aufkommen zu können, werden sie zur privaten Vorsorge z.B. im Rahmen von Versicherungen angehalten. Insofern könnte das japanische Finanzierungskonzept als eine Kombination des sog. „Bismarckschen Umlageverfahrens", des „Skandinavischen Steuersystems" und des in angelsächsischen Staaten verbreiteten „Kapitaldeckungsverfahrens" angesehen werden.

Versicherungsbeträge von Arbeitnehmer werden grundsätzlich, wie in Deutschland, je zur Hälfte von Arbeitnehmern und Arbeitgebern getragen. Unterhaltsberechtigte Ehegatten werden beitragsfrei mitversichert, sofern sie kein eigenes Einkommen erzielen. Die Beiträge werden, abhängig von der Einkommenshöhe, in fünf Stufen erhoben, nicht wie in Deutschland, wo einheitlich 1.7% des Bruttolohnes einbehalten werden. Für die der Kategorie II angehörenden Versicherten in Japan werden die Beiträge nach dem gleichen Bemessungsverfahren wie bei der Krankenversicherung festgelegt und von den Krankenversicherungen zusammen mit den Krankenversicherungsbeiträgen erhoben. Träger der Krankenversicherungen sind die Nationale Krankenversicherung und andere genossenschaftlich organisierte Organe. Die von Krankenversicherungen erhobenen Beiträge werden landesweit zusammengelegt. Für die Erhebung der Versicherungsbeiträge von den der Kategorie I angehörenden Personen sind dagegen die Kommunen (shichōson) zuständig. Basis für die Bemessung der Versicherungsbeiträge bildet grundsätzlich die Rente. Von ca. 70% der Senioren über 65 werden Beiträge automatisch von der Rente abgezogen werden. Wenn die Rente unter einem bestimmten Niveau liegt, zur Zeit 15,000 Yen pro Monat, sind die Beiträge von den Rentnern direkt an die Gemeinden zu überwiesen. Viele Bürger sollen nach den vorliegenden Informationen jedoch ihre Versicherungsbeiträge nicht zahlen.

Die vom Staat zur Verfügung gestellten Mittel werden vom Zentralstaat, den 47 Präfekturen und den ca. 3000 Kommunen (Stand: 2000), zu denen die 23 Sonderdistrikte von Tōkyō gezählt werden, zur Verfügung gestellt. 50% der Bezuschussung der Pflegeversicherung tragen der Zentralstaat und jeweils 25% die Präfekturen und die Gemeinden. Die Eigenbeteiligung in Höhe von 10% aller in Anspruch genommenen pflegerischen Leistungen soll die Nachfrage nach Pflegeleistungen dämpfen. Sie kann auf eine erhebliche Belastung hinauslaufen. Die Pflegeversicherung wurde nämlich unter anderem deswegen eingeführt, um

Schluss mit der sog. „sozialen Hospitalisierung" (shakai teki nyūin), d.h. der Dauerstationierung von Pflegebedürftigen in Krankenhäusern, für deren Kosten die Krankenkassen aufzukommen haben, zu machen. Vorrang soll die „häuslicher Pflege" (zaitaku kaigo) erhalten, wodurch die Krankenversicherungen entlastet, die Pflegeberechtigten aber in Höhe ihrer Eigenbeteiligung belastet werden. Weil die Zahl der Pflegeheime zunächst noch gering war, wurde eine zwischen Krankenhaus und Pflegeheim liegende Institution („ryōyō gata byōshō gun") geschaffen. Für den Aufenthalt in dieser Einrichtung übernimmt die Pflegeversicherung die Kosten, an denen Pflegebedürftige ebenfalls in Höhe von 10% beteiligt werden.

Die Kommunen, sind ähnlich wie die Krankenkassen in Deutschland, im Hinblick auf Pflegeaufgaben die maßgeblichen Schaltstellen. Sie ziehen, wie dargelegt, die Beiträge der Versicherten der Kategorie I ein, erhalten von den Krankenversicherungen die Leistungen der Versicherten der Kategorie II und begleichen die für die Durchführung von Pflegeaufgaben entstandenen Kosten. Gemeindeverwaltungen sind Adressat für Anträge auf Pflegebedürftigkeit. Sie bestellen den staatlich geprüften „Care Manager" (kea manejā) und sonstige Beauftragte. Der Care Manager und der Hausarzt sind Gutachter bei der Festlegung der Pflegebedürftigkeit, die durch den Computer einheitlich beurteilt wird. Die zweite Beurteilung wird vom „Begutachtungsausschuss" (kaigo nintei shinsakai) vorgenommen. Der Care Manager erstellt darüber hinaus einen sog. „Care Plan" (kea puran), der die unterschiedlichen Angebote privater Pflegedienststellen und sonstiger Anbieter auf Kommunenebene koordiniert und dem jeweiligen Bedarf („needs") anpasst. Einige Beobachter bezeichnen diese Praxis als „kommunale Integration" (chiiki tōgō) (Vollmer 2003, S. 697 ff.), im Unterschied zur Handhabung in Deutschland, wo auf Landesebene unabhängige Ärzte und Pfleger des Medizinischen Dienstes der Krankenversicherung (MDK) für die Begutachtung zuständig sind.

Pflegeleistungen werden unter anderem von gemeinnützigen Wohlfahrtsverbänden, den neuen NPOs, den bezahlten und nicht bezahlten freiwilligen Altenpflegern und zunehmend von gewinnorientierten privaten Unternehmern im Rahmen des sog. „Silver Business" angeboten. Man legt Wert auf eine, wie es heißt, „pluralistische Trägerlandschaft" (Oberländer 2000), die vor allem ambulante Dienste anbietet, um Familien von der Pflege zu entlasten. Die häusliche Pflege wird der stationären Pflege vorgezogen. Ziel ist die Schaffung eines gemeinschaftlichen Wohlfahrtsnetzes, das für die Pflege, die medizinische Versorgung und das Wohlergehen der Senioren im weitesten Sinne zuständig ist. Ein solches Wohlfahrtsnetz umfasst neben ambulanten Diensten Gruppenhäuser für Verwirrte, betreutes Wohnen, Pflegeheime aber auch spezielle Institutionen, die die „Selbstständigkeit“ (jiritsu) der Senioren fördern sollen.

Grundsätzlich soll eine landesweit einheitliche Versorgung gewährleistet sein, für die letztlich das Gesundheitsministerium die Verantwortung trägt. Dieses legt Richtlinien für diesbezügliche Aktivitäten der Kommunen fest, kontrolliert die in einer nationalen Datenbank erfassten Leistungsanträge, überprüft anhand landesweit einheitlicher Maßstäbe die Qualität der Leistungen unterschiedlicher Anbieter von Pflegediensten und verhängt gegebenenfalls Sanktionen, wenn Anbieter die vorgegebenen Qualitätsnormen nicht erfüllen.

Durch diese einheitliche Kontrolle ist freilich kein landesweit einheitliches Pflegeangebot sichergestellt. So gibt es diesbezüglich große Unterschiede zwischen Großstädten und ländlichen Regionen. In einzelnen ländlichen Regionen, z.B. in Tōwa-chō in der Yamaguchi-Präfektur oder Kiwa-chō in der Mie-Präfektur, führte die Stadtflucht dazu, dass der Seniorenanteil (Personen über 65) bei über 50% liegt. Der Bedarf an Pflegeleistungen ist dementsprechend außerordentlich hoch, nicht zuletzt deswegen, weil auch am Lande die Tendenz zu Kernfamilie besteht und immer weniger ältere Menschen, im Landesdurchschnitt inzwischen nur ca. 30%, in Drei-Generationen-Haushalten leben. Weil viele Frauen berufstätig sind, können Familien nur mehr begrenzt für ihre älteren Familienangehörigen Sorge tragen. In denjenigen Fällen aber, in denen Familienangehörige zur Pflege bereit wären, dies ist in der Regel die Ehefrau oder die Schwiegertochter, fehlen die finanziellen Anreize, weil, anders als in Deutschland, im ambulanten Bereich keine Geldleistungen gewährt werden. Vielen ländlichen Kommunen werden daher erhebliche Lasten aufgebürdet, durch die sie mangels ausreichender finanzieller Ausstattung überfordert sind. In diesen Fällen können sie bei der Zentrale Subventionen beantragen.

(Die obigen Angaben sind Veröffentlichungen des Gesundheitsministeriums, des Kemporens und des JARCs entnommen.)

IV. Kritische Überprüfung der Pflegeversicherungsdebatte anhand ausgewählter Kriterien

Im folgenden Kapitel wird versucht, die Debatte um die Pflegeversicherung innerhalb des Spektrums voneinander abweichender Einschätzungen des politischen Systems Japans, d.h. der sieben in Abschnitt E des zweiten Kapitels abgeleiteten Merkmale zu lokalisieren. Die zum Teil sehr umfangreichen und in die Tiefe gehenden Antworten auf den Fragenbogen und die in zahlreichen Interviews mit wichtigen Akteuren gewonnenen Einsichten sollen dazu dienen, ein eigenständiges Bild von Japans politischem System abzuleiten.

Hierzu werden zunächst A. die Grundzüge des an ausgewählte Akteure versandten Fragebogens erläutert. Die Fragen selbst und eine detaillierte Chronologie der Debatte sind dem Anhang zu entnehmen. Dem schließen sich in den Abschnitten B. bis H. die Analysen zu den sieben Merkmalen an.

A. Einige Erläuterungen zum Fragebogen zur Beurteilung der Pflegeversicherung

Um eine Grundlage zur eigenständigen Beurteilung der Pflegeversicherungsdebatte zu schaffen, wurde im September 2001 an 90 ausgewählte japanische Akteure ein neunseitiger Fragebogen zur Pflegeversicherung versandt. Als Rücklaufzeit waren drei Wochen vorgesehen. Die verhältnismäßig kurze Frist wurde gesetzt, weil längere Zeiträume erfahrungsgemäß eher zur Reduzierung der Rücklaufquote führen und die Fragebögen rechtzeitig vor den von der Verfasserin geplanten vertiefenden Interviews im Oktober jenes Jahres ausgewertet sein sollten. Die Fragebögen wurden an solche Akteure geschickt, die als Entscheidungsträger oder als fachliche Kapazitäten als unverzichtbar für ein entsprechendes Meinungsbild anzusehen sind. Viele von diesen waren der Verfasserin aus früheren Gesprächen bekannt. 43 der angeschriebenen Personen und Institutionen beantworteten den Fragebogen. Zumeist wurde sehr ausführlich und mit großem Engagement zu den einzelnen Fragen Stellung genommen. Häufig wurden zusätzlich interne Papiere oder Veröffentlichungen gesandt, um die vertretene Position zu verdeutlichen. Zu denjenigen, die keine Stellung bezogen, gehörten Personen, die der Verfasserin gut bekannt sind und auf zukünftige Gelegenheiten für ausführliche Diskussionen verwiesen sowie Personen, die ihre Meinung, weil sie bereits in der Öffentlichkeit kritisiert worden waren, nicht noch einmal im Rahmen dieser Fragebogenaktion vortragen wollten.

Ziel der Befragung war es, Verhaltensweisen und persönliche Meinungen offen zu legen, von denen sich auf den Grad der Verwirklichung der auf sieben Merkmale aufgeschlüsselten demokratischen Postulate schließen lässt, und Werturteile zu eruieren, die den vermutlich auch kulturbasierten Stellungnahmen und Denkweisen der Akteure zugrunde lagen. Es wurde nach Informationen gesucht, die in öffentlichen Stellungnahmen oder in der Presse nur begrenzt oder gar nicht zu finden waren und Erklärungen dazu bieten, weshalb ganz bestimmte Lösungen getroffen und andere verworfen wurden. Es zeigte sich, dass die jeweiligen „offiziellen" Positionen lediglich von den Vertretern der Kommunistischen Partei und der Japanischen Ärztekammer abgegeben wurden. Die anderen befragten Akteure vertraten durchaus auch ihre „persönliche Meinung", wobei sie freilich davon ausgingen, dass sie persönlich nicht genannt werden – eine Haltung, die in Japan nicht unüblich ist. Die mit großer Sorgfalt verfassten Antworten waren lebendig, bezogen deutlich Position und vermittelten die Dynamik der Debatte um die Pflegeversicherung. Manche Stellungnahmen standen derartig konträr zueinander und bezogen ausgesprochen differenzierte Positionen, dass es erstaunen muss, wie überhaupt ein von maßgeblichen Gruppen getragenes Gesetz zustande kommen konnte.

Im Folgenden sind die Akteure, die den Fragebogen beantworteten, in der Reihenfolge des Eingangs ihrer Antworten aufgelistet. 1. Kommunistische Partei Japans (Nihon kyōsan tō); 2. Zentralverband der nationalen Krankenversicherungen (Kokumin kenkō hoken chūōkai); 3. Stiftung für Rentenfonds (Nenkin shikin unyō kikin); 4. Japanische Ärztekammer (Nihon ishikai); 5. Rotes Kreuz Japan (Nihon seki jūji); 6. Arbeitgeberverband Bund der Wirtschaftsorganisationen (Keidanren); 7. Arbeitgeberverband Industrie- und Handelskammer Japan (Nihon shōkō kaigisho); 8. Gewerkschaft der Senioren und Gewerkschaft der Pensionierten Lehrer (Nihon taishoku kyōshokuin und Nihon taishokusha dantai renmei); 9. Japan Lebensversicherung in Osaka; 10. Forschungsinstitut (NGO): Wonderful Aging Club; 11. Forschungsinstitut (NGO): Foundation of Social Development for Senior Citizens; 12. Forschungsinstitut (NGO): Japan Well Aging; 13. Forschungsinstitut (Think Thank): International Longevity Center, Japan; 14.und 15. zwei Vertreter des Forschungsinstituts (NGO): Japan Aging Research Center; 16. Forschungsinstitut für Gesundheit und Umwelt in Matsue;17. Japan NGO Council on Aging; 18. Präfektur Tōkyō; 19. und 20. zwei Antworten aus der Verwaltung von Mie-Präfektur; 21. Stadtverwaltung von Fukui; 22. Stadtverwaltung Nara; 23. Stadtverwaltung Kyōto; 24. und 25. zwei Antworten aus der Stadtverwaltung Tsu; 26. Stadtverwaltung Hagi; 27. Professor und Direktor eines Gesundheitszentrums für Senioren, früher verantwortlich für die Pflegeversicherung in der Sachverständigenkommission für

Medizin und Versicherung „Ihoshin" im Gesundheitsministerium; 28. Mitarbeiter der Pflegeabteilung im Gesundheitsministerium; 29. Professor und Fachmann für Humane Wohlfahrt in Sapporo; 30. Professor und Altenheimdirektor der Chiba-Präfektur; 31. Professor und Vize-Direktor der Nationalen Akademie für Wohlfahrt und Kultur; 32. Professor an der Wohlfahrtsakademie in Urawa; 33. Professor und Fachmann für Humanities in der Ibaragi-Präfektur; 34. Mitarbeiter des Arbeitsamtes in Oga, Akita-Präfektur; 35. Mitarbeiter der Körperschaft für Soziale Wohlfahrt in Yamagata-Präfektur;36. Journalist bei Kyōdō Tsūshin; 37. Verband der Hausfrauen in Sendai; 38. Schriftstellerin und Frauenaktivistin; 39. Professorin der Tōkyō-Universität; 40. Professor und Spezialist für das deutsche Sozialsicherungssystem; 41. Professorin und Spezialistin für das deutsche Sozialsicherungssystem; 42. und 43. zwei Care Manager.

B. Merkmal 1: Wechselspiel zwischen „Politik" und Bürokratie – Verwirklichung des Volkswillens oder Syndikatsbeziehungen?

Oben wurde dargelegt, dass das beschriebene Wechselspiel zwischen „Politik" und Bürokratie der Verwirklichung des „Volkswillens" dienen könnte oder auch auf nichts anderem beruht als auf einem wie ein Syndikat funktionierenden Netzwerk mit dem mächtigen Finanzministerium an der Spitze. Auch diesbezügliche Umbewertungen sind in der Literatur anzufinden. Um zu einer eigenständigen Position zu gelangen, wird auf der Basis der Befragungsergebnisse untersucht, 1. welche Rolle „Politik" und Bürokratie im Verhältnis zu sonstigen Akteuren zu Beginn der Debatte einnahmen, 2. wie sich die Beziehungen zwischen „Politik" und Bürokratie im Gesetzgebungsprozess gestalteten und 3. welche Beziehungen innerhalb der Bürokratie zu beobachten waren. Danach wird den Fragen nachgegangen, ob 4. die von der Bürokratie einberufenen Sachverständigenkommissionen (Shingikai) „bottom up" Funktionen wahrnahmen und 5. wie „Politik" und Bürokratie ein von ihnen und weiteren Akteuren letztlich getragenes Ergebnis erzielten. Darüber hinaus wird 6. auf das besondere Engagement Hashimotos, eines in Bezug auf soziale Frage ungewöhnlich kompetenten Regierungschefs und ehemaligen Bürokraten einzugehen sein.

1. „Politik" und Bürokratie als Hauptakteure in politischen Prozessen

Generell gelten „Politik" und Bürokratie mit dem mächtigen Finanzministerium an der Spitze als maßgebliche Akteure. Während der Pflegeversicherungsdebatte trugen Stellungnahmen aus dem akademischen Bereich und ausführliche Berichte der Medien über Alterungsfragen der Gesellschaft zwar dazu bei, dass in der

Öffentlichkeit ein sozialpolitischer Handlungsbedarf konstatiert wurde, lange bevor „Politik“ und Bürokratie entsprechend tätig wurden. Letztere waren insofern nicht Initiatoren der Debatte. Trotzdem wird von den Befragten generell die Auffassung vertreten, dass die maßgeblichen Diskussionen um die Einführung der Pflegeversicherung nicht durch „Fachleute“ und Medien, sondern von „oben“, wie es bei politischen Entscheidungsprozessen in der Vergangenheit üblich war, ausgelöst wurden. Dementsprechend wurden als wichtigste Entscheidungsträger auch bei der Pflegeversicherung die „Politik“ und die Bürokratie genannt.

Auf die Frage nach den „wichtigsten Teilnehmern“ an der Pflegeversicherungsdebatte wurden an erster Stelle das Gesundheitsministerium und seine Sachverständigenkommissionen, d.h. die „Bürokratie“, und an zweiter Stelle die „Politik“, konkret die damalige Koalitionsregierung aus LDP, SDP (Sozialistische Demokratische Partei) und Sakigake angegeben. Es folgten an dritter Stelle die japanische Ärztekammer (Nihon ishikai), an vierter Stelle „Akademiker“, an fünfter Stelle Interessengruppen, NPOs und Bürgerinitiativen sowie einzelne Parteien wie die LDP, die SDP und die Kommunistische Partei sowie an sechster Stelle schließlich die Sozialen Wohlfahrtekommissionen (Shakyō), der Dachverband der Gewerkschaften „Rengō“ (Japanese Trade Union Confederation), der Keidanren, das Finanzministerium, Massenmedien und die Stadtverwaltung Tōkyō.

Von dieser Reihung wichen die Antworten auf die Frage, welcher von diesen Akteuren die Diskussion dominierte und letztlich seine Forderungen und Interessen durchsetzte, geringfügig ab. An erster Stelle standen zwar wiederum das Gesundheitsministerium und seine Sachverständigenkommissionen. An zweiter Stelle wurde indessen nicht die Koalitionsregierung, sondern die LDP genannt. An dritter Stelle folgte, wie oben, die Ärztekammer. An vierter Stelle standen die „Frauenverbände“. Es folgten an fünfter Stelle die Koalitionsregierung und an sechster Stelle das Finanzministerium, der Rengō, der Krankenschwesterverein, die NPOs und unterschiedliche sonstige Interessengruppen.

2. Konkurrenz zwischen „Politik“ und Bürokratie im Gesetzgebungsprozess

„Politik“ und Bürokratie bereiteten nach den Befragungsergebnissen zunächst weitgehend unabhängig voneinander diesbezügliche Gesetzesentwürfe vor. Sie wetteiferten geradezu miteinander, um als erster den besseren Entwurf vorzustellen. Die Initiative hierzu ging indessen, wie bei vielen anderen Gesetzesentwürfen zuvor, nicht von der „Politik", sondern von der Bürokratie aus. So wurden konkrete Maßnahmen zur Verbesserung der Lage der Pflegebedürftigen bereits im Juli 1989 in dem Bericht des zuständigen Beratungsausschusses des Gesundheitsministeriums vorgeschlagen (Nichii sōken 1997, S. 12). In diesem Bericht, an dessen Erstellung der später wegen einer Schmiergeldaffäre zurückgetretene Okamitsu Nobuharu, Direktor der Abteilung für Gesundheit und Wohlfahrt alter Menschen im Gesundheitsministerium, maßgeblich mitgewirkt haben soll, wurde die Finanzierung der Pflegeaufgaben nach dem Umlageverfahren empfohlen. Darüber hinaus wurden quantitative Zielvorstellungen für die Altenpflege im Rahmen des sog. „Goldplans" bekannt gegeben. Dem Bericht schlossen sich interne Stellungnahmen von unterschiedlichen Sachverständigenkommissionen und „Teams" innerhalb des Gesundheitsministeriums an.

Ein wichtiger Schritt hin zur Pflegeversicherung bildete das unter Federführung des Gesundheitsministers erstellte und im September 1991 verabschiedete „Gesundheitsreformgesetz für alte Menschen", wodurch die Basis für den im folgenden Jahr einzurichtenden ambulanten Pflegedienst durch Krankenschwestern gelegt wurde (ebenda, S. 76). Ein Jahr später wurde ein Konzept für eine „soziale" Pflegeversicherung von einer informeller Forschungsgruppe im Gesundheitsministeriums im Rahmen des sog. „Gesamtplans für alte Menschen" (kōreisha tōtaru puran kenkyūkai) entwickelt (ebenda, S. 4 und S. 12 f.).

Die „Politik" reagierte erst zwei Jahre nach den ersten Initiativen der Bürokratie. So unterbreitete im Dezember 1991 die „Sektion für Soziales" (shakai bukai) innerhalb der LDP Vorschläge, die darauf abzielten, die personellen Voraussetzungen dafür zu schaffen, dass Gesundheit und Wohlfahrt einer alternden Bevölkerung auch in Zukunft sichergestellt sind (ebenda, S. 78). Im folgenden Jahr schlug die Demokratisch Sozialistische Partei (DSP) vor, eine soziale Pflegeversicherung einzuführen, die auch Geldleistungen vorsah. Seither gehörten die Mitglieder der DSP, die später in die „Sakigake" eintraten, zu den aktiven Befürwortern einer Pflegeversicherung. Auch innerhalb der LDP setzten sich bestimmte Gruppierungen nachhaltig für die Einführung einer Pflegeversicherung ein. Ein großes Gewicht hatte in diesem Zusammenhang die im Jahr 1993 veröffentlichte Broschüre des ehemaligen Gesundheitsministers Hashimoto zur Pflegeproblematik älterer Menschen, in der diesbezügliche Vorstellungen seiner Faktion, der Keiseikai, bekannt gegeben wurden (Hashimoto 1993). Für diese Schrift warb Hashimoto sogar im Fernsehen.

Danach wurden auch die weiteren die Koalitionsregierung bildenden Parteien auf diesem Gebiet tätig. Sie bildeten ein „Wohlfahrtsprojektteam", das in zahlreichen Sitzungen, so tagte es allein zwischen September 1994 und Juni 1995 acht Mal, seine Vorstellungen zur Pflegeversicherung konkretisierte. Die LDP und die Sakigake, die den Gesundheitsminister stellen, sollen hierbei tonangebend gewesen sein.

3. Konkurrenz, Kooperation und Arbeitsteilung innerhalb der Bürokratie

Innerhalb der Bürokratie waren die Beziehungen durch Konkurrenz, Arbeitsteilung und Kooperation geprägt. So konkurrierten bei Gesetzgebungsprozessen nicht allein Bürokratie und „Politik" miteinander. Auch Ministerien wetteiferten zuweilen um den „besseren" Entwurf. Oben wurden Initiativen aus dem Gesundheitsministerium vorgestellt. Daneben befassten sich andere Ministerien, vor allem das Finanzministerium, mit dem Vorhaben. So schlug die Sachverständigenkommission des Finanzministeriums, die „Versicherung-Shingikai", im Januar 1990 eine Pflegeversicherung vor, die eine Finanzierung auf der Basis des Kapitaldeckungsverfahrens anvisierte (ebenda, S. 76). Es handelte sich hierbei faktisch um ein Gegenkonzept zum umlagefinanzierten Ansatz des Gesundheitsministeriums. Vier Jahre später, Ende 1994, kooperierte freilich das Finanzministerium mit dem Gesundheitsministerium und dem Innenministerium und stellte mit dem „Neuen Goldplan" (shin gōrudo puran) ein von der Bürokratie gemeinsam getragenes Konzept zur Pflegeversicherung vor.

In den folgenden Jahren soll sich das Finanzministerium eher mit Finanzierungsfragen der Pflegeversicherung und mit dem „Pflegemarkt" befasst haben. So sollte die Pflegeversicherung zum Teil durch eine Erhöhung der Mehrwertsteuer finanziert werden, die, wie oben dargelegt, im Jahr 1997 auf 5% angehoben wurde (Asahi Shimbun, 24.04.96). In Anbetracht des großen Marktes für Pflegeleistungen (silver service market), der in der zweiten Hälfte der 90er Jahre auf ca. 9 Billionen Yen geschätzt wurde (Nichii sōken 1997, 2. Teil, S. 71 ff.), blieb dem Finanzministerium nicht verborgen, dass sich zahlreiche private amerikanische Versicherungsfirmen gute Geschäfte mit Japans alternder Bevölkerung erhofften und daher auf den japanischen Markt drängten (Asahi Shimbun, 06.12.95; 04.04.96). In diesem Zusammenhang wurden, wie in den Ausführungen zu den Beziehungen zwischen Japan und den USA dargelegt, intensive Gespräche mit amerikanischen Delegierten geführt, die ihr Vorhaben der Öffnung des japanischen Versicherungsmarktes für amerikanische Firmen nur begrenzt durchsetzen konnten.

Die Ausarbeitung „technischer" Vorschläge zur Pflegeversicherung scheint das Finanzministerium später dem Gesundheitsministerium überlassen zu haben, das diesbezügliche verhältnismäßig freie Hand bekam. Weil die öffentliche Kritik an der Bürokratie vor allem gegen das Finanzministerium gerichtet war, fiel es dem Gesundheitsministerium nicht schwer, innerhalb der Bürokratie eine wichtige Rolle zu übernehmen. Diesbezüglich war dann eine gewisse Arbeitsteilung zu beobachten. Das Innenministerium scheint nach den vorliegenden Antworten weniger mit der Erarbeitung umfassenderer Konzepte befasst gewesen zu sein. Es richtete stattdessen sein Augenmerk auf die Erstellung und Finanzierung einer für die Altenpflege erforderlichen Infrastruktur (Nihon Keizai Shimbun, 21.10.97). Hierzu arbeitete es eng mit den Kommunen zusammen, die nach den vorliegenden Entwürfen vor allem für die konkrete Abwicklung der Pflegeversicherung verantwortlich waren, und vertrat deren Interessen.

Das „MITI“ (Ministry for International Trade and Industry), in vielen vorherigen gesetzgeberischen Prozessen federführend oder zumindest tonangebend, verhielt sich bei den Diskussionen um die Pflegeversicherung bemerkenswerterweise zurückhaltend. Seine Mitwirkung wurde erst nach der Inkraftsetzung des Pflegegesetzes im Jahr 1997 in der Öffentlichkeit wahrgenommen, als es wohl nicht zuletzt auf amerikanischen Druck hin forderte, Hilfsmittel zur Altenpflege in größerem Umfang als zuvor zu importieren (Nihon Keizai Shimbun, 09.07.98).

Zu den sonstigen Verwaltungsinstitutionen, die sich an den entsprechenden Diskussionen beteiligten, gehören das „Sōmuchō“ (Management and Coordination Agency), das „Sōrifu“ (Prime Minister`s Office) und das „Keizai Kikakuchō“ (Economic Planning Agency). Bereits im Juni 1991 erstellte das Sōmuchō einen Bericht zu den Aufgaben und Perspektiven einer alternden Gesellschaft (Nichii sōken 1997, S. 76). In den folgenden Jahren führte es zahlreiche Forschungsprojekte und Symposien zu Japans zukünftiger Sozialversicherung durch (ebenda, S. 78). Das Sōrifu nahm unter anderem Umfragen zur Pflegeversicherung vor. Eine solche Befragung aus dem Jahr 1995 ergab z.B., dass 80% der Befragten die Einführung der Pflegeversicherung und 60% die Zahlungen von Geldleistungen befürworteten (Nihon Keizai Shimbun, 12.12.95). Anders als das Sōmucho, das sich energisch für die Einführung der Pflegeversicherung einsetzte, verhielt sich das Sōrifu ebenso wie das Keizai Kikakuchō diesbezüglich zurückhaltend. Auch letzteres führte Umfragen bei der Bevölkerung durch und beobachtete z.B., dass mehr als 80% der Männer erwarteten, im Alter von ihren Frauen gepflegt zu werden (ebenda, 24.02.95).

4. „Bottom up"-Prozesse im Rahmen von Shingikais

Wie bei den sonstigen Gesetzgebungsprozessen waren die von den Ministerien einberufenen „Shingikais" wichtig für die Initierung der Pflegversicherungsdebatte, die Einholung von Ideen, die Angleichung unterschiedlicher Auffassungen und die Erarbeitung konsistenter Konzepte. Durch die Einbeziehung von Repräsentanten zahlreicher gesellschaftlicher Gruppierungen erfüllten sie nach Ansicht der meisten Befragten „bottom up"-Funktionen. Besonders die vom Gesundheitsministerium gebildete „Sachverständigenkommission für die Gesundheit und Wohlfahrt alter Menschen", (im Folgenden: „Rōkenshin"; rōjin hoken fukushi shingikai; Council of Health and Welfare for the Aged), deren Mitglieder im einzelnen aus der Chronologie im Anhang zu ersehen sind, nahm entsprechende Aufgaben für die Pflegeversicherung wahr.

Das von ihr vorgeschlagene Konzept für die Pflegeversicherung sah die Finanzierung auf Basis des Umlageverfahrens vor (Asahi Shimbun, 03.12.94; Nihon Keizai Shimbun, S. 15.02.95). Außerdem machte es erstmals konkrete Angaben zu den Kosten und Vorteilen, die den unterschiedlichen Bevölkerungsgruppen und Interessengruppen aus der Pflegeversicherung erwuchsen. Es kann nicht verwundern, dass hierdurch unter den sonstigen Akteuren heftige Debatten ausgelöst wurden. Es ging um die Fragen, ob Pflegeleistungen grundsätzlich erst Personen über 65 Jahre zustehen oder unter bestimmen Bedingungen bereits ab 40 Jahren gewährt werden sollten (Asahi Shimbun, 14.02.96 und 01.03.96), ob die Pflegeversicherung, anders als in Deutschland, die Rehabilitationskosten zu übernehmen hat (ebenda,14.12.95), wer Träger der Pflegeversicherung sein solle (Nihon Keizai Shimbun, 14.12.95), ob neben Sachleistungen auch Geldleistungen zu gewähren sind (Asahi Shimbun, 23.04.96) und weitere strittigen Sachthemen. Obwohl die „Rōkenshin" erst im Jahr 2000 aufgelöst wurde, hatte es seine eigentliche Arbeit bereits Ende 1996 mit dem Vorlegen eines Berichtes abgeschlossen, ohne eine eindeutige Position zur Frage der Geldleistungen bezogen zu haben (ebenda, 23.04.96). Nach Ansicht vieler Befragten hat die Rōkenshin zu einer breiten gesellschaftlichen Diskussion beigetragen.

Der Diskussionsverlauf in der Sachverständigenkommission „Ihoshin" (Sachverständigenkommission für Medizin und Versicherung) wird von vielen Befragten als typischer Fall eines „bottom up"-Prozesses angesehen. So wurde von einem Mitglieder berichtet, dass der ganze Diskussionsverlauf aus einer Wiederholung von Kompromissen bestanden habe. Nur das Ziel, die Pflegeversicherung „so schnell wie möglich einzuführen" habe ihm seinen Optimismus nicht rauben können. Um diejenigen Mitglieder, die von der unter dem Schlagwort,

„Versicherung ohne Pflege" vorgebrachten Kritik der Asahi Shimbun verunsichert waren, für seine Position zu gewinnen, hätte er gefragt, ob sie es lieber gehabt hätten, wenn alles beim Alten geblieben wären. Auch hätte er jeden Teilnehmer gebeten, seine Meinung zu äußern. Trotz der vielen Kompromissen, die er eingegangen sei, hätte er drei seiner Anliegen durchsetzen können: den Einsatz des Computers im Begutachtungsprozess, sein Konzept der „Selbstständigkeit" alter Menschen und das Prinzip „häusliche Pflege an erster Stelle". Die Pflegeversicherung sei eine „Investition für die Zukunft" und man könne damit der Welt ein Beispiel geben.

5. Kooperation zwischen „Politik" und Bürokratie in der Endphase des Entscheidungsprozesses

Die von der Bürokratie, insbesondere dem Gesundheitsministerium, das erste Mal im Jahr 1989 und von den „Politikern" das erste Mal im Jahr 1991 verhältnismäßig unabhängig voneinander vorgeschlagenen Konzepte repräsentierten unterschiedliche Sichtweisen und Interessen. Erst im Verlaufe des Gesetzgebungsprozesses fanden im Rahmen einer zunehmenden Zusammenarbeit zwischen „Politik" und Bürokratie eine Angleichung der Sichtweisen und ein Ausgleich zwischen den maßgeblichen Interessen statt. Im Allgemeinen wird Mitte 1994 als Beginn einer engeren Kooperation angesehen, als das Gesundheitsministerium zusammen mit dem von dem ehemaligen Gesundheitsminister Niwa Yūya geleiteten „Wohlfahrtsprojektteam" der regierenden Parteien, der LDP, der SDP und der Sakigake, den „Neuen Goldplan" in Angriff nahm und sich mit den Einzelheiten einer „sozialen" Pflegeversicherung befasste.

Dementsprechend kann der „Erste Grundrissentwurf für das Pflegeversicherungsgesetz", der am 15.05.96 vorgelegt wurde, als das erste Ergebnis der Zusammenarbeit zwischen dem Gesundheitsministerium und dem die „Politik" repräsentierenden „Wohlfahrtsprojektteam" angesehen werden.

Freilich bedeutete die Zusammenarbeit zwischen Bürokratie und „Politik" in jener Phase politischer Turbulenzen nicht, dass man sich rasch in Sachfragen einigte. Hashimoto, der zu den maßgeblichen und zu Beginn der Debatte energishen Befürwortern einer Pflegeversicherung gehörte, wurde im Januar 1996 Premierminister, nachdem die Koalitionsregierung des Sozialisten Murayama unter Beteiligung von LDP und Sakigake nach anderthalb Jahren auseinander gebrochen war. Nach der Vorlage des „Ersten Grundrissentwurfes" und dem Regierungsantritt Hashimotos hätte man einen raschen Abschluss des Verfahrens erwarten können. Hashimoto hielt es jedoch für zweckmäßig, auf bestimmte Forderungen aus der Industrie einzugehen und dem Widerstand der der LDP nahestehenden Kommunen gegen die Durchsetzung des Pflegeversicherungskonzeptes Rechnung zu tragen. Er hatte sich nämlich Ende des Jahres der Wahl zu stellen und erhoffte sich insbesondere gegenüber seinem aus der LDP ausgetretenen Konkurrenten Ozawa Ichirō, dem Chef der neugegründeten Shinshintō (New Renewal Party), der damals genauso wie der Keidanren eine steuerfinanzierte Lösung bevorzugte, bessere Wahlchancen, wenn er sich die Industrie und die lokale Ebene nicht zum Gegner machte.

In der folgenden Zeit, die sich vielleicht als „demokratisches Chaos" bezeichnen lässt, trugen weitere Interessengruppen ihre abweichenden Vorstellungen vehement in die Öffentlichkeit. Einzelne LDP-Abgeordnete bezweifelten, dass das vorgeschlagene Konzept finanzierbar ist. Die Kommunen, die zum Träger der Pflegeversicherung werden sollten, äußerten ihre Skepsis und legten dar, ihrer Verantwortung aus finanziellen Gründen nicht nachkommen zu können. Die Ärzte, die der LDP verbunden waren, sahen noch Änderungsbedarf und wollten den Einführungstermin verschieben. Vor diesem Hintergrund sah die Zeitung Asahi Shimbun, die die Diskussionen um die Pflegeversicherung intensiv verfolgte, keine andere Möglichkeit, als sich wiederholt kritisch zur Einführung der Pflegeversicherung zu äußern (Asahi Shimbun, 06.08.95; 23.11.95; 14.02.96; 20.05.96 usw.). Unter diesen Bedingungen hatte der Gesundheitsminister und Chef der Sakigake, Kan Naoto, keine Chancen zur raschen Verabschiedung des Gesetzes.

Als sich im Juni 1996 abzeichnete, dass die Pflegeversicherung zu einem brisanten politischen Thema werden würde, übertrug Hashimoto dem Direktor des „Untersuchungskomitees für Politische Angelegenheiten" (Policy Affair Research Council, PARC) bei der LDP, Yamazaki Taku, die gesamte Verantwortung für die Pflegeversicherung (Asahi Shimbun, 13.06.96), der daraufhin die vom Gesundheitsministerium und von der Sakigake angestrebte zügige Vorlage des Gesetzes verhinderte. In der Folgezeit wurde durch von der Asahi Shimbun und der Nihon Keizai Shimbun veröffentlichter Slogans wie: *„Mache die Pflegeversicherung zum Diskussionspunkt für die Allgemeinen Wahlen"* (Asahi Shimbun, 04.09.96; Nihon Keizai Shimbun, 22.09.96) die Diskussion geradezu politisch aufgeheizt.

In den folgenden Monaten mußte das Gesundheitsministerium zahlreiche Kompromisse eingehen. Ärtze wurden auf Druck der Ärztekammer an der Begutachtung beteiligt. Kommunen wurden Zuschlüsse gewährt. Den Behindertenverbänden wurde dadurch entgegen gekommen, dass man Behinderungen über den 65. Lebensjahr als Pflegebedürftigkeit anerkannte. Der LDP, die in der bevorstehenden Wahl Stimmenverluste befürchteten, mußte zugestanden werden, dass Rentner über 65 Jahren erst sechs Monate nach Einführung der Pflegeversicherung Beiträge zu zahlen haben.

Schließlich wurde der Entwurf am 29.12.96 dem Unterhaus vorgelegt. Ein knappes halbes Jahr später, am 22.05.97, wurde er von diesem verabschiedet. Befürwortet wurde er von den Mitgliedern der LDP, der Sozialistisch Demokratischen Partei, der Sakigake und der neu gegründeten Demokratischen Partei. Gegen die Annahme stimmten die Shinshintō und die Kommunistische Partei Japans. Es wurde vermutet, dass sich die Verabschiedung noch weiter verzögert hätte, wenn das Gesundheitsministerium nicht ständig auf die rascheste mögliche Inkraftsetzung des Gesetzes gedrängt hätte (Nihon Keizai Shimbun, 22.02.97).

Danach musste das Gesetz dem Oberhaus vorgelegt werden. In dem halben Jahr bis zur Verabschiedung durch das Oberhaus im Dezember 1997 veränderten sich freilich die politischen Konstellationen. Nach seinem Wahlsieg am 13.09.97 stellte Hashimoto sein zweites Kabinett auf, das nur mehr aus „konservativen Kräften“ der LDP, aus der Liberalen Partei und der Komeitō bestand. Die LDP konnte unter diesen Bedingungen die herkömmlichen politischen Verhältnisse wieder auffrischen.

Diese Phase bis zur Abstimmung im Oberhaus war durch eine außerordentlich intensive Aktivität unterschiedlicher Gruppierungen gekennzeichnet. Die LDP versuchte, die Bestimmungen durch wiederholte Änderungen den politischen Interessen ihrer Klientel anzupassen. Die Änderungen schlugen sich in Regierungsverordnungen (seirei) und Ministerialerlassen (shōrei) nieder. Kommunen, besonders die kleineren, die sich von den auf sie zukommenden Aufgaben überfordert fühlten, meldeten ihren Protest an, wie unten noch im Einzelnen dargelegt wird (Nihon Keizai Shimbun, 24.10.97). Die Shinshintō und die Komeitō, die die Steuerfinanzierung befürworteten und zur Durchsetzung ihrer Interessen die „Heiseikai“ gebildet hatten, drängten auf Aufschub, um mehr Zeit zur Durchsetzung ihre Zielvorstellungen zu gewinnen (Asahi Shimbun, 22.10.97; Nihon Keizai Shimbun, 15.11.97, 03.12.97). Eine Verschiebung wurde auch von Vertretern von Altenheimen (Asahi Shimbun, 19.06.97, Nihon Keizai Shimbun, 20.11.97), von einzelnen Akademikern, die die Präfekturen zum Träger der Pflegeversicherung machen wollten (Asahi Shimbun, 20.05.97) und von Behindertenverbänden (Asahi Shimbun, 28.07.97) gefordert. Die Asahi Shimbun

(Asahi Shimbun schloss sich diesen Forderungen an (Asahi Shimbun, 04.11.97). Man bemängelte unter anderem, dass die Infrastruktur der Kommunen zur Bewältigung der neuen Aufgaben noch nicht ausreiche (Asahi Shimbun, 03.12.97). Die größte Hürde bildete jedoch, wie bereits dargelegt, die „LDP-Seilschaft" (zoku) unter Murakami Masakuni und Nakasone Yasuhiro, die im Oberhaus die Interessen von den die Pflegeversicherung ablehnenden Kommunen vertrat. Sie ließ sich, wie es hieß, nur durch intensive innerparteiliche Überzeugungsarbeit (nemawashi) seitens Hashimoto und Katō Kōichi umstimmen (Asahi Shimbun, 17.05.97). Die Vielfalt sich teilweise widersprechender Interessen und Meinungen hätte möglicherweise das gesamte Vorhaben scheitern lassen, wenn die Einführung der Pflegeversicherung nicht bereits von nahezu der gesamten Öffentlichkeit grundsätzlich befürwortet worden wäre. Es bestand diesbezüglich geradezu ein nationaler Konsensus, den die unterschiedlichen politischen Akteure und auch das Oberhaus letztlich nicht ignorieren konnten.

Das Oberhaus stimmte dem Gesetz am 04.12.1997 zu. Selbst danach, bis zur tatsächlichen Einführung der Pflegeversicherung im Jahr 2000, drängten einzelne Akteure noch auf Änderungen. Kleinere Revisionen wurden vom Gesundheitsministerium durchgeführt, das Anpassungen in den Ausführungen zu den betreffenden Verordnungen und Erlassen vornahm. So kam es den Kommunen in Einzelfragen entgegen (Nihon Keizai Shimbun, 14.01.98). Durch die Verbreitung eines „Ticketsystems" wurden diejenigen besänftigt, die gegen den Verzicht auf Geldleistungen waren (ebenda, 24.05.98). Die von einigen geforderten Bestimmungen zur

Begutachtung Schwerstbehinderter wurden übernommen (ebenda, 26.01.99), und es wurden Regelungen zur Übernahme von Kosten der ambulanten Hilfe (ebenda, 12.02.99) erarbeitet. Auch wurde festgelegt, dass Rentner mit einem Jahreseinkommen über 360,000 Yen (ebenda, 13.10.98) und bereits pensionierte Personen erst nach einem halben Jahr nach Inkrafttreten des Gesetzes Beträge zu zahlen haben. Ferner wurden Strafen für diejenigen vorgesehen, die ihre Beiträge nicht zahlten (ebenda, 23.02.99). Bei der Rentenversicherung hatte man allzu häufig die Erfahrung machen müssen, dass ein erheblicher Teil der Beitragspflichtigen ihrer Zahlungspflicht nicht nachkam. Schließlich wurde das Gesundheitsministerium von Gegnern von Geldleistungen, in der Regel den Frauenverbänden, dazu veranlasst, gegen die häufige Praxis einzuscheitern, den Verzicht auf Geldleistungen durch andere Maßnahmen zu kompensieren (ebenda, 22.05.99; 03.06.99; 21.08.99).

6. Besondere Rolle von mit der Bürokratie eng verbundenen Politikern

Eine Sonderheit im Wechselspiel zwischen „Politik" und Bürokratie ist auf Hashimotos Persönlichkeit zurückzuführen. Hashimoto hatte, wie oben dargelegt, im Januar 1996, nach den drei „turbulenten" Jahren, in denen drei Koalitionsregierungen jeweils ohne die LDP regierten, in einer Koalition mit den Sozialisten und der Sakigake die Regierung übernommen. Als ehemaliger Gesundheitsminister war er mit den Sachfragen vertraut. Er hatte zu den wichtigsten Fachleuten im Gesundheitsministerium und zu denjenigen Mitgliedern der Sachverständigenkommission „Rōkenshin" enge Verbindungen, die, wie er, Absolventen der Keiō-Universität waren und sich zur Kritik an den die Bürokratie dominierenden Absolventen der Tōkyō-Universität zusammengeschlossen hatten. Schließlich waren ihm wichtige Mitarbeiter des Finanzministeriums vertraut, dem er in früheren Jahren als Minister vorstand. Insofern befand sich Hashimoto in einer geradezu idealen Situation, um innerhalb der Bürokratie die wichtigsten Kräfte für die Pflegeversicherung zu gewinnen und die Arbeit zwischen dem Finanzministerium und dem Gesundheitsministerium zu koordinieren. Sein Vorsitz in der ehemals bedeutendsten Takeshita-Faktion der LDP verschaffte ihm eine ganz besondere Machtfülle. Er wusste um die Abhängigkeit vieler LDP-Parlamentarier von regionalen Verwaltungseinheiten, von denen sie zur Durchsetzung ihrer Interessen nach Tōkyō entsandt worden waren, und bewies erhebliches Geschick bei der Herstellung eines Interessengleichgewichts zwischen den unterschiedlichen LDP-Mitgliedern.

Ohne sein persönliches Engagement und sein extensives persönliches Netzwerk wäre es vermutlich nicht möglich gewesen, die unterschiedlichen Faktionen auf ein gemeinsames Konzept festzulegen. Hierbei kam Hashimoto die Loyalität maßgeblicher Parteimitglieder gegenüber seinem Vater, der in der Vergangenheit ebenfalls Gesundheitsminister war, und die Popularität seines Bruders zu Gute, der Bürgermeister in dem sehr traditionsbewussten Kōchi auf Shikoku mit einem sehr hohen Seniorenanteil war. Die Widerstände, die Hashimoto in seiner eigenen Partei zu überwinden hatte, lassen sich ermessen, wenn man sich die voneinander abweichenden Positionen der drei maßgeblichen Gruppierungen innerhalb der LDP zur Pflegeversicherung vor Augen hält:

- Eine Gruppierung befürwortete die Einführung der Pflegeversicherung, ging aber aus wahltaktischem Kalkül, sehr „vorsichtig" (shinchō) vor;
- Eine weitere Gruppe vertrat die Auffassung, dass sich das geplante Pflegeversicherungskonzept nicht finanzieren lässt. Sie lehnte es ab oder drang auf seine Verschiebung;

- Nur die dritte Gruppierung wollte das Gesetz möglich rasch dem Parlament zur Entscheidung voregen und arbeitete diesbezüglich mit dem Gesundheitsministerium eng zusammen.

Hashimoto gehörte zur ersten Gruppierung. Möglicherweise hatten die täglichen Auseinandersetzungen mit den unterschiedlichen Interessengruppen dazu geführt, dass Hashimoto im Verlauf der Auseinandersetzungen eine zunehmend vorsichtigere Position einnahm, ohne freilich seine grundsätzlich positive Haltung gegenüber der Pflegeversicherung zu ändern.

Zur zweiten Gruppierung gehörten die LDP-„zoku-giin" wie Kajiyama Seiroku, die, auch wenn sie die Einführung der Pflegeversicherung nicht unter allem Umständen verhindern, zumindest inhaltlich verändern und ihre Einführung verschieben wollten. Kajiyama, der im „MITI" und im Innenministerium tätig war, gehörte zu denjenigen, die unter Berufung auf die Kommunen nur wenige Tage nach der Vorstellung des „Ersten Grundrissentwurf der Pflegeversicherung" am 15.05.96 eine Verschiebung des Gesetzes forderten. Danach verzögerten einflussreiche konservative LDP-Mitglieder wie der bereits genannte Finanzexperte Murakami Masakuni und der ehemalige Premierminister Nakasone Yasuhiro die Vorlage im Oberhaus. Der ehemalige Bauminister und Transportminister Kamei Shizuka aus Hiroshima, der über eine starke LDP-Basis verfügte, nicht zuletzt deswegen, weil Unternehmer des Bau- und Transportsektors zu den wichtigen lokalen „Sponsorgruppen" der LDP gehören, stellte schließlich das Grundkonzept der Pflegeversicherung in Frage, als er im Parlament die Meinung vertrat, die Pflege von Familienangehörigen zu Hause sei eine „schöne Tugend" japanischer Frauen.

Die dritte Gruppe wurde von liberalgesinnten Parteimitgliedern gebildet. Ihr gehörte der ehemalige Generalsekretär der LDP Katō Kōichi an, der während der gesamten Pflegedebatte die Einführung der Pflegeversicherung vehement befürwortete. Wohl deswegen wurde er Mitte Juli 1995 damit beauftragt, die Einführung der Pflegeversicherung offiziell bekannt zu geben. Viele dieser liberalen Kräfte innerhalb der LDP gehörten zu den frühesten Befürwortern von Maßnahmen zur Verbesserung der Situation der alten Bevölkerung. Zum Beispiel unterbreitete die „Sektion für Soziales" der LDP bereits Ende 1991 Vorschläge zur Stärkung der für die Durchführung von Wohlfahrtsfragen zuständigen Institutionen

Das Engagement für Alterungsfragen der LDP nahm allerdings ab, als sie nach ihrem Machtverlust im Jahr 1993 bis 1996 an Einfluss verlor. Es ist geradezu kennzeichnend, dass in dieser Phase die treibende Kraft der Pflegeversicherung nicht die LDP, sondern die kleine Sakigake-Partei war. So forderte, Kan Naoto, eines ihrer damals führenden Mitglieder, der inzwischen der mit der LDP konkurrierenden Demokratischen Partei vorsteht, wiederholt die raschest mögliche Verabschiedung des Gesetzes im Parlament und unterstützte auf diese Weise die sie sich für die Pflegeversicherung einsetzende LDP-Gruppierung.

Es zeigte sich, dass das sich beharrlich für die Einführung der Pflegeversicherung einsetzende Gesundheitsministerium nicht in der Lage war, die nur wenig instabile politische Lage zur Durchsetzung seiner Vorstellungen zu nutzen. Als die LDP geschwächt war und zudem Rivalitäten unter den einzelnen Faktionen ihre Arbeit behinderten, verschwendete die Bürokratie viel Zeit und Energie für den Entwurf von Gesetzen, für die die notwendige Unterstützung im Parlament und im Oberhaus zweifelhaft war. So wurde in Gesprächen, die die Verfasserin mit Mitarbeitern des Gesundheitsministeriums und des MITI führte, deutlich, wie frustrierend es in jener politisch orientierungslosen Phase war, ohne Aussicht auf politische Realisierung immer wieder neue Gesetzesentwurfe und Gesetzesverbesserungen auszuarbeiten. Selbst Japans Elitebürokraten scheinen an Elan zu verlieren oder sogar machtlos zu sein, wenn sie nicht von einer stabilen zielbewussten Politik unterstützt werden. Ein Indiz hierfür ist der Sachverhalt, dass das Pflegeversicherungsgesetz dem Parlament erst vorgelegt wurde, nachdem die LDP mit Hashimoto an der Spitze wieder zurück an die Macht gekommen war.

Eine Differenzierung ist freilich erforderlich. Als die LDP ihre absolute Mehrheit verlor, büßten auch die mächtigen Ministerien wie das Finanzministerium und das MITI ihre Basis ein. Auf diese Weise wurde es den sonstigen Kräften innerhalb der Bürokratie erleichtert, „progressive“ Gesetze vorzubereiten. So nutzte das Gesundheitsministerium bis Mitte 1996 seinen Freiraum, um „progressivere“ Vorschläge zu konkretisieren und setzte diese dann, nachdem die LDP wieder an Einfluss gewonnen hatte, mit deren Hilfe durch.

C. Merkmal 2 : Beziehungen zwischen LDP und Kommunen - Einflussnahme der „Basis“ oder Klientelismus?

Oben wurde dargelegt, dass die LDP über einen außenordentlich starken lokalen Rückhalt verfügt. Sie unterstützt die Interessen der Kommunen und setzt diese unter anderen durch ihre Sponsorgruppen, die „Kōenkai“, politisch durch. Offen blieb bisher, ob hierdurch die gesellschaftliche „Basis“ Einfluss auf die Politik nimmt und zur Durchsetzung der „Herrschaft des Volkes“ beiträgt, ob hierunter nichts weiter als eine japanische Ausprägung des Klientelismus zu sehen ist oder ob neue Entwicklungen zu beobachten sind, die auf eine gewisse Entkopplung von LDP und Kommunen hinauslaufen. Um auf diese Fragen unter Auswertung der Diskussionen um die Pflegeversicherung eine Antwort zu finden, wird im Folgenden untersucht, 1. in welchem Umfang die LDP als Sprachrohr vieler Kommunen wirkte, 2. wie sich die Bindungen zwischen LDP und Kommunen im Laufe des Pflegeversicherungsprozesses entwickelten und 3. welche Änderungen in Bezug auf die kommunalen Selbstverwaltung stattfanden.

1. Die LDP als besonderer Ansprechspartner vieler Kommunen

Die Ansicht, dass die LDP in besonderer Weise die gesellschaftliche „Basis“ repräsentiert, könnte dadurch als bestätigt angesehen werden, dass in der Phase des „Machtvakuums“, als die LDP nicht mehr tonangebend war, in Bezug auf die Pflegeversicherung kein größerer Fortschritt im Gesetzgebungsprozess erzielt wurde. Unter den meisten sonstigen nationalen Akteuren nahm die Diskussion zwar an Schärfe zu, und es wurden von ihnen immer neue Vorschläge unterbreitet. Die mit der LDP enger verbundenen, vor allem ländlichen, Kommunen hielten sich aber in der Diskussion zurück, obwohl ihre Interessen von der Pflegeversicherung nachhaltig berührt wurden. Es schien, dass sich mit den Kommunen die ganz besonders wichtigen Akteure aus dem politischen Geschehen zurückzogen, als die LDP nicht mehr federführend war.

Nachdem die LDP wieder an die Macht zurückgekehrt war, begann sie, die unterschiedlichen Interessen im Unterhaus und im Oberhaus zu bündeln. Gleichzeitig machte sie gegenüber den Kommunen deutlich, dass sie für deren Gegenposition zur Einführung der Pflegeversicherung Verständnis habe und bereit sei, entsprechende Gesetzesänderungen zu unterstützen. Hashimoto, der bisher die Einführung der Pflegeversicherung energisch befürwortete, signalisierte, dass er nunmehr eine „zögernde“ Position einnähme.

In welchen Sachfragen die Kommunen Einfluss auf Politik und Gesetzgebung nehmen konnten, wird aus einem Vergleich zweier Entwürfe zur Pflegeversicherung erkennbar. Der erste wurde im Wesentlichen vom Gesundheitsministerium verfasst und am 15.05.96 vorgestellt (Nichii sōken 1997, 2. Teil S. 162 ff.). Bei der zweiten Version handelt es sich um den zwei Wochen später veröffentlichten „Revidierten Entwurf“, der von konservativen Mitgliedern der LDP ausgearbeitet worden war und auf die Interessen der Kommunen einging (ebenda, 2.

Teil S. 168 ff.). Die revidierte Version enthielt im Vergleich mit dem vorherigen Entwurf folgende Änderungen:

- Die Verantwortung der Kommunen für die mit der Pflegeversicherung verbundenen Verwaltungsaufgaben wurde verringert. Die Zentrale, die Präfekturen und auch die Krankenversicherungen sollten nunmehr stärker in die Pflicht genommen und an der Administration und Finanzierung beteiligt werden. Die Präfekturen z.B. wurden angehalten, die „ihre" Kommunen organisatorisch durch Gründung von Verbänden der Pflegeversicherer zu unterstützen. Benachbarte Präfekturen sollten gegebenenfalls zur Bewältigung von Pflegeaufgaben kooperieren.

- Die politische Ziele Deregulierung und Dezentralisierung wurden mit geringerem Elan verfolgt. Dementsprechend wurde die Pflegeversicherung nicht mehr als wesentliches Element der Deregulierungsprozesse betrachtet. Sie sollte sie lediglich ergänzen. Nüchtern wurde zur Kenntnis genommen, dass durch die Pflegeversicherung „an der Basis" neue Arbeitsplätze geschaffen, wichtige Aufgaben aber weiterhin zentral geregelt würden.

- Geldleistungen wurden zwar weiterhin grundsätzlich abgelehnt. Es wurde aber eingeräumt, dass die ambulanten Pflegedienste vor allem in ländlichen Gebieten nur schwach entwickelt sind, was es weiterhin erforderlich macht, Familienmitglieder an der Pflege zu beteiligen. Um diesen ein Entgelt zukommen zu lassen, wurde den Kommunen vorgeschlagen, vorerst „Benutzerkarten" (riyōken) einzuführen, auf denen die Leistungen der pflegenden Familienangehörigen vermerkt werden. Diese erwerben auf dieser Weise Ansprüche, die sie zu gegebener Zeit bei den Kommunen geltend machen können.

- Kommunen sollten nicht gegen ihren Willen zur Umsetzung des Pflegeversicherungsgesetzes verpflichtet werden. Vielmehr mussten ihre Bedenken ausgeräumt und einvernehmliche Lösungen gefunden werden.

- Wichtig sei die „flexible" Umsetzung des Gesetzes. Man müsse sich den unterschiedlichen regionalen Bedingungen anpassen. Bedürftige Kommunen seien gegebenenfalls zu subventionieren. Regelmäßige Überprüfungen unter anderem der Finanzlage seien vorzunehmen.

Die Initiative wichtiger LDP Politiker während der Endphase der Debatte zugunsten der Kommunen und damit gegen wichtige Elemente des Entwurfs der zuständigen Bürokratie ist sicherlich bemerkenswert und überraschte nicht zuletzt diejenigen, die die Pflegeversicherungsdebatte in Deutschland verfolgt hatten, wo das Gesundheitsministerium allein die Koordinierung unterschiedlicher Interessen übernahm. Die meisten Befragten wollen hierin freilich nicht ein Wiederaufleben sog. „traditioneller“ Beziehungen in der japanischen Politik sehen, wonach sich die LDP für die dank der Aktivitäten ihrer „Kôenkai“ erhaltenen Stimmen durch willkommene Maßnahmen revanchiert – was freilich nicht ausschließt, dass LDP-freundliche Kommunen von öffentlichen Investitionen profitierten. Vielmehr hätte sich ein derart massiver Widerstand in den Kommuen artikuliert, dass die „Politik“, d.h. die LDP, nicht unhim konnte, diesem Rechnung zu tragen. Insofern kommunizierte die LDP durchaus in besonderer Weise mit der „Basis“.

Sprachrohr der kommunalen Opposition bildete unter anderem die Zeitung Asahi Shimbun. Sie veröffentlichte z.B. am 24.02.96 die kritische Position der Fukuoka-Präfektur zur Pflegeversicherung. Wiederholt stellte sie heraus, dass die Pflegeversicherung nunmehr die „zweite soziale Versicherung“ nach der Krankenversicherung sei, die den Kommunen eine Last aufbürde (vgl. Asahi Shimbun, 22.04.96 usw.). Ausführlich wurde über die in offiziellen Anhörungen in den Regionen (chihō kōchōkai), so in Sapporo und Okayama im November 1995 und in Okinawa und Kōbe im August 1996 vorgebrachte Kritik berichtet (ebenda, 26.10.95, 19.08.96, 22.08.96, Nihon Keizai Shimbun, 03.09.96). Nach der Zusage der Regierung, schwächere Kommunen finanziell zu unterstützen, meldete die Nihon Keizai Shimbun im Oktober 1997, dass trotzdem noch 80% der Kommunen die Einführung der Pflegeversicherung skeptisch beurteilten. Der Widerstand sei umso stärker, je kleiner die Kommunen sind (Nihon Keizai Shimbun, 24.10.97). Man befürchte, dass die Infrastruktur, d.h. Personal und Einrichtungen, nicht ausreiche, dass sehr viele Versicherungspflichtige ihre Beiträge nicht zahlen und dass die Kommunen finanziell sehr unterschiedlich belastet würden (Nihon Keizai Shimbun, 06.12.97).

Diese massiven Gegenpositionen veranlassten die Regierung, die Anhörungen der Kommunen sogar noch nach Inkraftsetzung des Gesetzes im Dezember 1997 bis zu seiner Inkraftsetzung in Januar 2000 fortzusetzen, unter anderem in Sapporo und in Niigata (ebenda, 18.03.97). Es schlossen sich sogar 270 Bürgermeister zusammen und forderten im September 1998 finanzielle Unterstützung (ebenda, 18.09.98). Zu jener Zeit waren die Gewährung von Geldleistungen und der Einführungstermin der Pflegeversicherung immer noch zwischen der Bürgermeisterunion und dem Nationalen Gemeindeverband, der die kleineren Kommunen vertritt, umstritten (ebenda). Erst im März 1999 sank der Anteil der Skeptiker in den Kommunen auf 40%. Aber das Gesetz wurde von weniger als

20% aller Kommunen befürwortet (Nihon Keizai Shimbun, 11.05.99). Erst nachdem die LDP Subventionen zusagte, nahm der Widerstand ab (ebenda, 28.06.99). Im September 1999 war es so weit: 80% der Kommunen „waren bereit“, die Pflegeversicherung einzuführen (ebenda, 21.09.99).

Die kommunalen Gegner waren insbesondere in denjenigen Regionen anzufinden, die finanzschwach waren und in denen der Anteil der Senioren groß war. Es mag Zufall sein, dass viele von diesen den Ruf hatten, das Bollwerk der „konservativen“ Faktionen der LDP zu sein. Als „konservativ“ geltende Kommunen befinden sich unter anderem in den Präfekturen Aomori, Fukushima, Ibaraki, Gunma, Toyama, Fukui, Nagano, Gifu, Mie, Kyōto, Ōsaka, Wakayama, Tottori, Shimane, Okayama, Hiroshima, Yamaguchi, Kagawa, Ehime, Kōchi, Miyazaki und Kagoshima.

Einige im Folgenden detaillierter wiedergegebene Antworten auf die von der Verfasserin durchgeführte Befragung illustrieren die skeptische Haltung vieler kommunaler Vertreter. Gleichzeitig geben sie freilich Anlass, die obige Beobachtung, dass die spezifischen Verbindungen zwischen Kommunen und LDP dazu beitragen, dass die Belange der Bevölkerung in der Debatte in besonderer Weise Berücksichtigung finden, zu relativieren. Ein Mitarbeiter der Pflegeabteilung in einer Kleinstadt in der Aomori-Präfektur im Norden Japans bezeichnete das Pflegeversicherungsgesetz als die wichtigste Verordnung in den 90er Jahren, noch bedeutender als das „Gleichbeteiligungsgesetz für Mann und Frau“ und das „Dezentralisierungsgesetz“. Die Vorschriften würden aber viele Probleme hervorrufen. Die Entscheidung, Kommunen zum Versicherungsträger zu machen, sei als wenig glücklich anzusehen, weil der Umfang der Pflegeleistungen von der Leistungsfähigkeit der jeweiligen Kommunen abhängt und damit stark variiert. Das Mindesangebot für Pflegeleistungen müsse aber für das ganze Land einheitlich geregelt sein. Für das Wohlbefinden pflegebedürftiger Menschen zu erbringende Leistungen dürften nicht von den lokalen Gegebenheiten abhängig gemacht werden. Es wäre daher sinnvoll gewesen, statt der Kommunen andere, übergeordnete Träger zu wählen. Außerdem hätten Versicherungsvorleistungen durch Steuern und auf Basis des Kapitaldeckungsverfahrens finanziert werden sollen.

Ähnlich argumentierte ein kommunaler Vertreter aus der Yamaguchi-Präfektur, die durch einen hohen Seniorenanteil und eine starke LDP-Basis gekennzeichnet ist. Er hielt das Pflegeversicherungsgesetz für das wichtigste Gesetzeswerk der 90er Jahre, kritisierte aber, dass Kommunen für Verwaltung und Finanzierung zuständig sind. Weil die Leistungsfähigkeit der Kommunen sehr unterschiedlich sei, könnten alte Menschen nicht gleich behandelt werden Er hätte es ebenfalls vorgezogen, wenn den Kommunen übergeordnete Einheiten mit entsprechenden Aufgaben betraut worden wären. Regionale Leistungsunterschiede hätten dann ausgeglichen werden können. Allerdings wird eingeräumt, dass die kommunale Lösung zur Erhöhung der Effizienz und zum sparsamen Wirtschaften beiträgt und insofern einen Richtungswechsel in der kommunalen „Altenkultur" einleiten kann.

Drastischer bezog ein Experte für Altenpolitik aus der Stadtverwaltung in der Mie-Präfektur Stellung. Altenpflege müsse eine Aufgabe des Gesamtstaates sein. Sie hätte dementsprechend aus Steuern finanziert und einheitlich für das gesamte Land geregelt werden müssen. Die schließlich durchgesetzte Lösung diene lediglich dem Ziel, die finanzielle Belastung des Staates durch die Altenpflege zu minimieren. Mittelfristig wären Änderungen unvermeidlich. So würden wohl eines Tages die Pflegeversicherung der Krankenversicherung angeschlossen und Geldleistungen erbracht werden müssen. Insofern wurde das Pflegeversicherungsgesetz nicht unbedingt als Schritt hin zur Dezentralisierung begrüßt. Man scheute vielmehr den den Kommunen übertragenen zusätzlichen Arbeitsaufwand, die finanziellen Belastungen und die Verantwortung.

Vor dem Hintergrund der vielfach geäußerten Präferenzen für eine suprakommunale Lösung stellt sich die Frage nach der diesbezüglichen Position der Präfekturen. Tatsächlich wirkten einige an der Gesetzgebung aktiv mit, so die der großen Metropolen Tōkyō und Ōsaka. Die sonstigen Präfekturen beteiligen sich dagegen kaum. Als wichtigster Grund wird ihr Widerstand gegen die beabsichtigte Finanzierungslösung genannt – sie präferierten die Steuerfinanzierung. Insofern unterschieden sich Japans relativ passive Präfekturen von den mit ihnen unter bestimmten Aspekten vergleichbaren deutschen Bundesländern, die sich aktiv am Entscheidungsprozeß beteiligten und von denen viele konstruktive Vorschläge einbrachten.

2. Tendenz zur Entkoppelung von LDP und Kommunen

In den letzten Jahren sind Entwicklungen zu beobachten, die darauf hinauslaufen könnten, dass Kommunen an Selbstständigkeit gewinnen. Als Folge könnten sich die Beziehungen zwischen Kommunen und LDP abschwächen. Zu diesen Entsicklungen gehören a) Umschichtungen im „Kōenkai-System" im Zusammenhang mit der Wahlreform aus dem Jahr 1994, b) die Stärkung der kommunalen Selbstverwaltung durch das Dezentralisierungsgesetz und das NPO-

Gesetz, c) die Schaffung des „Care Managers“ und damit verbunden d) die Stärkung bestimmter „kommunaler“ Kulturelemente.

a) Umschichtungen sind im Sponsorsystem zu erwarten, weil nach der Wahlreform 300 der insgesamt 500 Unterhaus-Mandante in „Einer-Wahlkreisen“ als Direktmandat direkt gewählt werden. Die weiteren 200 Mandate werden als Listenmandat durch Verhältniswahl bestimmt. Bis dahin waren Mehrpersonenwahlkreise üblich. Da Sponsorengruppen – jeder Sponsor darf maximal 500 000 Yen zur Verfügung stellen – personenbezogen sind, spielten sich Sponsorengruppen für unterschiedliche Kandidaten der LDP bisher häufig gegeneinander aus und trugen zur innerparteilichen Fragmentierung bei. Es wird von vielen Befragten vermutet, dass die zentrale Parteiführung in Zukunft auf die Nominierung lokaler Kandidaten in den einzelnen Wahlkreisen verstärkt Einfluss nehmen wird. Die auf lokalen Interessen basierenden Faktionen würden dann weniger Einfluss ausüben. Freilich werden zumindest vorerst diesbezüglich keine größeren Änderungen erwartet, weil „Koenkais“ nach wie vor existieren und für Parteimitglieder Spenden einwerben. Z.B. werden auf Veranstaltungen immer noch sog. „party tickets“ für einzelne Kandidaten verkauft.

b) Die Stärkung der kommunalen Selbstverwaltung wurde für erforderlich angesehen, weil viele, selbst die von der LDP unterstützten Kommunen mit hohem Seniorenanteil, finanziell nicht mehr in der Lage waren, ihren kommunalen Aufgaben nachzukommen. So machten es die wirtschaftliche Rezession, die Zunahme der Arbeitslosigkeit besonders am Lande, der Geburtenrückgang, das Nachlassen der Nachbarschaftshilfe und die wachsende Pflegebelastung der Familien notwendig, die kommunale Leistungsfähigkeit zu erhöhen. Da den Kommunen durch das Pflegeversicherungsgesetz noch zusätzlich die Verantwortung für die Durchführung der Pflegeversicherung übertragen werden sollte, wurden, um sie zur Erfüllung der neuen Aufgaben in die Lage zu setzen, das „Dezentralisierungsgesetz“ (chihō bunken ikkatsu hō) und das „NPO-Gesetz“ (tōkutei hi-eiri katsudō sokushin hō) erlassen. Ersteres sieht die Verlagerung bestimmter Aufgaben von den Präfekturen auf die Kommunen vor. Letzteres erleichtert die Gründung von NPOs und schafft geeignete Rahmenbedingungen für deren Organisation. Es wurde erwartet, dass die Kommunen die Aktivitäten bestehender und neu gegründeter NPO-Organisationen in einer Weise koordinieren, dass der Pflegebedarf im Rahmen der jeder Kommune zur Verfügung stehenden Möglichkeiten gedeckt wird. Zusammen mit freiwilligen Helfern (borantia) und NPOs sollen sie Maßnahmen ergreifen, die an die Stelle der „verloren gegangenen“ Nachbarschaftshilfe treten und zur Schaffung einer „neuer Gemeindekultur“ beitragen (Shibukawa 2001, S. 97 ff.).

c) Zu geradezu einer Zentralfigur dieser neuen Gemeindekultur soll der „Care Manager“ werden (vgl. Hamaguchi-Klenner 2000b). Das Konzept dieser in der japanischen Sprache als „Spezialisten für Pflegehilfe“ (yōkaigo enjo senmon in) bezeichneten Institution basiert auf der in den 70er Jahren in den USA propagierten „great society“. Unter Bezugnahme auf entsprechende „primary care“ genannte Ansätze in England - Englands Gesundheitsminister bezeichnete in einem Interview diesen Bereich als den einzigen in Englands Gesundheitswesen, auf den England noch stolz sein könne – wurde ein Care Management gefordert. Man sprach diesbezüglich bereits im Jahr 1969 in einer offiziellen Dokumentation von „community care“ (chiiki kea).

Der Care Manager übernimmt, wie oben bereits dargelegt wurde, in Bezug auf Pflegefragen die Rolle eines „Ombudsmanns“, wie er in skandinavischen Ländern üblich ist. Er hat die Lücke zu füllen, die durch den Rückgang der Nachbarschaftshilfe entstand. Zu seinen Aufgaben gehört es, den „Pflegebedarf“ der Betroffenen zu ermitteln und einen den konkreten Pflegeangeboten der Kommune angepassten Pflegeplan zu entwerfen (Hamaguchi-Klenner 2000b). Die Kommune kann ihn darüber hinaus zur Begutachtung der Pflegebedürftigkeit von Antragstellern einsetzen. Care Manager kann nur werden, wer eine entsprechende staatliche Prüfung besteht, die im Herbst 1998 landesweit eingeführt wurde. Care Manager rekrutieren sich aus dem Personal von Stadtverwaltungen, gemeinnützigen NPO-Anbieten, Sozialen Wohlfahrtskommissionen (shakyō) und Unternehmer des „Silver Business“, d.h. gewinnorientierter Privatunternehmer. Vorläufer des Care Manager existierten bereits in einzelnen Kommunen, so in Osaka im Rahmen des 1976 geschaffenen sog. „Matsubara Networks“ und bei einzelnen Sozialenwohlfahrtskommissionen.

Neben fachlicher Qualifikation werden vor allem bestimmte persönliche Eigenschaften erwartet. So sollen Care Manager „gut zuhören“ können, in der Lage sein, andere Gruppen und Personen an der Erstellung des Care-Planes zu beteiligen, Beschwerden ernst nehmen, Rede und Antwort stehen, Auskunft über das Angebot von Pflegedienstanbietern geben. (Motozawa 2001). Vor allem aber haben sie auf “effizienter Weise” die auf Kommunenebene erbrachten Leistungen zu koordinieren und zu „integrieren“ (tōgō). Diejenigen, die sich mit den gesellschaftlichen Experimenten in der Volkrepublik China befassen, mag diese Institution an die „bare foot doctors“ während der Kulturrevolution erinnern, die kranken Menschen in abgelegenen Regionen helfen und sonstige Bedürfnisse vor Ort befriedigen sollten.

d) Vor dem Hintergrund der gesellschaftlichen Alterung erschien es vielen nicht zuletzt deswegen als sinnvoll, die kommunale Leistungsfähigkeit und Verantwortung zu stärken, weil Altenhilfe zum traditionellen kommunalen Aufgabenbereich gehört. Schon in der Feudalzeit waren Kommunen für die Altenhilfe zuständig gewesen, anders als in europäischen Ländern, wo Wohlfahrtsaufgaben vor allem von der Kirche wahrgenommen wurden. Der Sachverhalt, dass die LDP in der Vergangenheit entsprechende Strukturen zu ihrem Vorteil nutzte, wurde von nicht-LDP Politikern kaum als Anlass gesehen, sich grundsätzlich gegen diese Praxis zu stellen.

Dementsprechend legte man trotz der Suche nach einer, wie es hieß, „neuen Gemeindekultur“ Wert darauf, mit der organisatorischen Einbindung der Kommunen bestimmte mit der „japanischen Kultur“ in Einklang stehende Konzepte zu verwirklichen. Kommunen sollten, wie es angeblich in der Vergangenheit der Fall war, wichtige Zentren für soziale Aufgaben werden. Möglicherweise befriedigte dieser Ansatz einen in der japanischen Gesellschaft weit verbreiteten Bedarf nach „Harmonie“ (wa) und „Heimat“ (furusato) und entsprach Japans häufig zitierten gesellschaftlichen Präferenzen für eine ausgeprägte „Gruppenorientierung“ (shūdan sei).

Die von der Verfasserin durchgeführte Befragung ergab jedenfalls, dass die meisten Akteure die Kommunen zu den Zentren für Pflegeaufgaben machen wollten.. So befürworteten 86% der Befragten, dass Kommunen für die Verwaltung der Pflegeversicherung zuständig sind. Etwas weniger, 71% der Befragten, stimmten zu, dass die Kommunen Finanzträger der Pflegeversicherung wurden. Ungefähr der gleiche Anteil, 72%, hielt die „Nachbarschaft“ für nicht mehr in der Lage, Pflegebedürftigen „effizient“ zu helfen. Einige waren freilich skeptisch, ob die Regierung tatsächlich bereit sei, die Kommunen ausreichend mit Finanzmitteln auszustatten.

Darüber hinaus wurde zunehmend die Bedeutung der Kommunen als politischer Akteur anerkannt. In diesem Zusammenhang wurde ausgeführt, dass die kommunale Regelung besonders „demokratisch“, „fair“ und „flexibel“ sei. Kommunen könnten „direkt Einfluss nehmen“, „ständen dem Bedarf der Bevölkerung am nahesten“ und würden diesem unter Berücksichtigung der spezifischen lokalen Bedingung Rechnung tragen. Die kommunale Lösung sei ein wichtiges Element im Rahmen des Subsidaritätsprinzips (hokansei gensoku), beginnend mit „Selbsthilfe“ (jijo), über die „gegenseitige Hilfe“ (gojo) und die „gemeinschaftliche Hilfe“ (kyōjo) bis hin zur „öffentlichen Hilfe“ (kōjo).

Von befragten Vertretern einiger Präfekturen wurden einige Sonderaspekte herausgehoben. Von der Präfekturverwaltung Tōkyō z.B., die seit den 70er Jahren für ihre vorbildliche Altenpolitik bekannt ist, wurde die Übergabe der diesbezüglichen Machtbefugnisse an die Kommunen begrüßt. Es wurde ausgeführt, dass mit Einführung der Pflegeversicherung eine „neue Zeit des Wettbewerbs zwischen den Kommunen" einsetzt, weil diese nun finanziell selbstverantwortlich würden. Besonders auch deswegen hätte man sich in den Debatten zwischen dem Gesundheitsministerium, der Ärztekammer und den 23 Sonderdistrikten Tōkyō, die den Status von Kommunen haben, aktiv für die kommunale Lösung eingesetzt. Dank der entscheidenden Initiative des Gesundheitsministeriums sei schließlich eine „demokratische" Lösung gefunden worden, die der gewünschten „Dezentralisierung" diene und in Verbindung mit dem Care Manager, den NPOs sowie privaten gewinnorientierten Pflegeanbietern ein „effizientes" Konzept darstelle. Den traditionellen Formen der Nachbarschaftshilfe, den Familien und den Wohlfahrtsverbänden mangele es bei der Altenpflege an Effizienz. Insofern sei der Wettbewerb zwischen Kommunen, aber auch der von einzelnen Kommunen veranstaltete Wettbewerb zwischen unterschiedlichen Pflegeanbietern die beste Garantie für Effizienz. Ähnlich äußerte sich ein Kommunenvertreter in Nara.

Weil noch wenig praktische Erfahrungen mit der für die Entwicklung einer „Gemeindekultur" bedeutenden Arbeit der Care Manager vorlagen, scheute man in der Befragung diesbezüglich eindeutige Stellungnahmen. Immerhin erwarteten 68% der Befragte von diesen eine „positive Rolle". 25% äußerten sich jedoch skeptisch. So wurde die Besorgnis geäußert, dass Care Manager, weil sie bestimmten Organisationen angehörten, in Interessenkonflikte geraten würden. Eine Care Managerin befürchtete, dass es schwierig sein werde, die objektiven „needs" zu erkennen, weil Frauen, vor allem Schwiegertöchter, sich immer noch moralisch verpflichtet fühlten, Pflegebedürftige innerhalb der Familie zu versorgen und dementsprechend keinen Bedarf anmeldeten. Eine weitere befragte Care Managerin vermutete, dass Japans Senioren im Gegensatz zu denen im Westen auf Grund ihrer typisch japanischen „Zurückhaltung" (enryō) ihren Pflegebedarf nicht geltend machen würden. Care Manager würden daher leicht den kommunalen Bedarf unterschätzen. Insofern wäre es besser gewesen eine, wie es hieß, „japanische Lösung" zur Verbesserung der Situation der Senioren zu suchen, als sich auf den Ausgleich von Angebot und Nachfrage durch die Tätigkeit von Care Managern zu verlassen.

Insgesamt wurde indessen die Zusammenarbeit zwischen kommunaler Verwaltung, NPO-Anbietern, privaten gewinnorientierten Unternehmen, Ärzten, Freiwilligen, Gutachtern und Nutzern mit dem Care Manager als Schlüsselfigur begrüßt. Dieser solle als Koordinator und Ombudsmann der Kommunen fungieren. Es werde freilich eine gewisse Zeit dauern, bis er seine Aufgabe „effektiv“, kompetent und unbestechlich durchführen kann. Es könne aber durchaus erwartet werden, dass eine „neue Kultur“ heranwächst, die politische Bedeutung der Kommunen gestärkt wird und deren Abhängigkeit von der LDP abnimmt.

D. Merkmal 3: Beziehungen zwischen LDP, Bürokratie und Wirtschaft - Widerspiegelung von Interessenvielfalt oder Basis für Manipulation?

Zu den weitverbreiteten Annahmen gehört, dass die LDP und die Bürokratie mit dem Finanzministerium an der Spitze zusammen mit wichtigen Wirtschaftsverbänden das sog. „eiserne Dreieck“ bilden. Bei der Durchsetzung politischer Vorhaben sollen sowohl gesamtgesellschaftliche als auch partikuläre Interessen zur Geltung kommen. Skeptiker unterstellen dagegen Manipulation und einseitige Ausrichtung an den Interessen der Wirtschaft. Weitere Beobachter erwarten eine Entkoppelung dieser herkömmlichen Beziehungen.

Während der Pflegeversicherungsdebatte ließen sich drei mit dem „eisernen Dreieck“ nicht vereinbare Entwicklungen und Fakten beobachten. Hierzu gehören 1. die Schwächung des „eiseren Dreiecks“, 2. die Unstimmigkeiten in der „Wirtschaft“, 3. die Zurückhaltung der Japanischen Ärztekammer und 4. die aktive Beteiligung der Gewerkschaft Rengō.

1. Schwächung des „eisernen Dreiecks“

Nach den vorliegenden Ergebnissen der Befragung und den in Interviews erhaltenen Informationen waren die politischen Entscheidungsprozesse im Zusammenhang mit der Pflegeversicherung wenig von einem spezifischen Verbund von Bürokratie, LDP und Wirtschaftsverbänden dominiert. Das Finanzministerium wurde jedenfalls nicht als maßgeblicher Akteur genannt. Als Grund für die nur geringen, zumindest sichtbaren politischen Initiativen des Finanzministeriums wurden, wie oben ausgeführt, die seit Beginn der 90 er Jahre aufgedeckten Korruptionsskandale genannt, wegen derer Japans Bürokratie, vor allem das leitende Personal im Finanzministerium, heftiger öffentlicher Kritik ausgesetzt war. Die nahezu täglich gegen das Finanzministerium gerichteten Vorwürfe waren derart massiv, dass sogar Routinearbeiten behindert wurden.

Auch die LDP, der weitere wichtige Akteur im Rahmen diese Verbundes, war entscheidend geschwächt und kam als Folge der Abspaltung einzelner Faktionen als Ansprechpartner und Kooperationspartner für Wirtschaftsverbände nur mehr bedingt in Frage. Die Wirtschaft entwickelte jedenfalls zu der geschwächten LDP keine vergleichbar effizienten und belastbaren Beziehungen wie zuvor. So war für die neue Situation kennzeichnend, dass der Arbeitgeberverband Keidanren, der wohl wichtigste Industrieverband, weiterhin eng mit Ozawa Ichirō zusammenarbeitete, obwohl dieser aus der LDP ausgetreten war und eine eigene Partei, die Shinshintō, gegründet hatte. Auf die Verbindungen mit Ozawa, der auch im Ausland ein hohes Aussehen genoss, wollte den Keidanren auch nach seinem Ausscheiden aus der LDP nicht verzichten und nahm dafür eine Abkühlung der Beziehungen zur LDP in Kauf. Einige Beobachter sehen in dieser besonderen Liaison des Keidanren mit Ozawa freilich weniger das Ergebnis einer strategischen Umorientierung als eine Fehleinschätzung.

2. Unstimmigkeiten in der „Wirtschaft"

Da das „eiserne Dreieck" nicht die ihm üblicherweise zugesprochene maßgebliche Rolle spielte, ist die Einflussnahme sonstiger politischer Akteure von der Arbeitgeberseite und der Arbeitnehmerseite auf die Entscheidungsbildung bei der Pflegeversicherung von Interesse. Ihre Untersuchung gibt möglicherweise Aufschluss über Elemente diesbezüglicher „neuer" Konstellationen, vielleicht aber auch nur über die Anpassung an spezifische, als Folge der Wiedererstarkung der LDP sich bald wieder ändernden Rahmenbedingungen.

Der Keidanren, der, statt die Kontakte zu Hashimoto zu intensivieren, Beziehungen zu Ozawa pflegte, trat in der Zeit, in der die Debatte um die Pflegeversicherung an Dynamik gewann, im politischen Geschehen um die Pflegeversicherung nur wenig in Erscheinung. Allerdings hatte er bereits zu Beginn der Diskussionen, Anfang der 90er Jahre, im Rahmen eines von ihm ausgearbeiteten Vorschlags für ein neues Wohlfahrtssystem in einer alternden Gesellschaft zu erkennen gegeben, dass aus seiner Sicht eine Pflegeversicherung nur dann wünschenswert sein könne, wenn sie auf Basis der Kapitaldeckungsverfahrens finanziert wird (Nichii sōken 1997, S. 76). Hierbei mag neben grundsätzlichen Erwägungen auch der Wunsch nach einer Stärkung der Kapitalmärkte eine Rolle gespielt haben, die Wertpapierhäusern zusätzliche Chancen eröffnet hätten.

Er stellte sich im Jahr 1996 gegen den Vorschlag der Dachgewerkschaft Rengō, die Arbeitgeber an der Finanzierung der Pflegeversicherung zu beteiligen (Asahi Shimbun, 27.2.96). Danach wandte er sich gegen Hashimoto, als dieser die Einbringung des Gesetzesentwurfs im Parlament vorverlegen wollte (Asahi Shimbun, 21.9.96). Als sich abzeichnete, dass wichtige Teilnehmer an der Debatte eine Finanzierung nach dem Umlageverfahren vorzogen, brachte er die Steuerfinanzierung in das Gespräch (Asahi Shimbun, 13.11.96; Nihon Keizai Shimbun, 10.12.96). Öffentlich aber trat der Keidanren, anders als häufig in der Vergangenheit, kaum als Sprachrohr der Wirtschaft auf und trug auch nicht erkennbar zur Ausrichtung und Präzisierung deren Interessen in Bezug auf die Pflegeversicherung bei. Einzelne Beobachter führen daher den Mangel an diesbezüglich gemeinsamen Richtlinien und massiv vorgetragenen Gegenpositionen der Wirtschaft auch auf dessen geringes Engagement zurück.

Der Arbeitgeberverband „Nikkeiren“, die Japanische Industrie- und Handelskammer „Nisshō“ und einzelne Firmen zeigten dagegen in der Pflegeversicherungsdebatte eine stärkere öffentliche Präsenz und traten mit entsprechenden Erklärungen vor die Presse. Der Nikkeiren gab grundsätzliche Stellungnahmen ab, befürwortete entschieden die Steuerfinanzierung (Asahi Shimbun, 26.11.95) und lehnte wiederholt eine Mehrbelastung der Unternehmen durch die Pflegeversicherung ab (ebenda, 17.03. 96). Zumindest sollte der Anteil der Arbeitgeber, der gemäß dem Entwurf genau so hoch wie der der Arbeitnehmer war, zu Lasten der letzteren reduziert werden (Nihon Keizai Shimbun, 01.05.97).

Vergleichbare Positionen vertrat die Industrie- und Handelskammer Nisshō. Sie ließ zunächst verlautbaren, dass Unternehmer nicht zur Finanzierung von Pflegeaufgaben verpflichtet werden dürften (ebenda, 14.9. 96). Als erkennbar wurde, dass deren finanzielle Beteiligung nicht zu vermeiden war, veröffentlichte die Kammer das Ergebnis einer bei Unternehmen in Nagoya durchgeführten Umfrage, wonach 70% von diesen bereit wären, die Pflegeversicherung zu akzeptieren, sofern deren vorgesehene Belastung reduziert würde (Asahi Shimbun, 16.10.96). Später nahm man die sich bietenden Geschäftsmöglichkeiten wahr und zeigte sogar Interesse an der Errichtung von Pflegestationen (Nihon Keizai Shimbun, 11.10.98). Es hieß, dass es darum ginge, kostenbewusste private Unternehmen am Pflegemarkt zu fördern, um das Angebot von Pflegeleistungen quantitativ und qualitativ zu verbessern. Nur so ließe sich die „Effizienz“ in der Altenpflege erhöhen. Zur Durchsetzung ihrer Vorstellungen wandte sich die Industrie- und Handelskammer auch direkt an die Regierung.

Selbst Unternehmern richteten sich an die Öffentlichkeit. Wie die Kammer forderten sie zunächst die Reduzierung ihrer finanziellen Belastung (Nihon Keizai Shimbun, 05.05.97 usw.). Später ventilierten sie in öffentlichen Verlautbarungen Möglichkeiten eines wirtschaftlichen Engagements im sog. “silver business“ mit seinen ambulanten Diensten für Senioren (ebenda, 07.05.97; 10.06.98). So sahen Matsushita Denkō, Nichii Gakkan und weitere namhafte Unternehmen die

Chance, sich profitabel im Geschäft mit Senioren zu betätigen (Asahi Shimbun16.07.98 usw.). Bei der Diskussion von Finanzierungsfragen konnte es nicht ausbleiben, dass sich auch Versicherungsunternehmer in die Debatte einschalteten. Besonders Lebensversicherer suchten nach Möglichkeiten, sich am Pflegegeschäft zu beteiligen (ebenda, 30.09.98; 23.12.98 usw.).

So trugen letztlich wohl die erwarteten Geschäftsmöglichkeiten dazu bei, dass, nach anfänglichen Widerständen, immer mehr Unternehmen zur Pflegeversicherung eine positive Haltung einnahmen. In Anbetracht des vermuteten erheblichen Marktpotentials für Pflegeleistungen stellte man sich nicht mehr den neuen Entwicklungen entgegen. Man wollte diese als Anbieter entsprechender Produkte möglichst profitabel nutzen. So wurde relativ rasch, noch vor Mai 1996, ein Kompromiss zwischen Wirtschaft und Gesundheitsministerium gefunden.

3. Zurückhaltung der Japanischen Ärztekammer

Ein weiterer bedeutender Akteur war die Ärztekammer, die ca. 140 000 Mitglieder vertritt. Weil ihre Mitglieder in jedem Fall direkt oder in direkt in das Pflegegeschäft involviert würden, brachte sie die Fachkompetenz ihrer Mitglieder ein und verfolgte mit großer Aufmerksamkeit den politischen Entscheidungsprozeß. Um besser informiert zu sein und ihre Interessen zielgerichteter durchsetzen zu können, gab sie sogar ein Projekt in Auftrag, das das Zusammenspiel unterschiedlicher Interessengruppen bei den politischen Auseinandersetzungen um die Pflegeversicherung und die Beschlüsse der Shingikais zum Untersuchungsgegenstand hat (Nichi sōken 1997). Weil die Ärzte seit langem mit den praktischen Problemen und Aufgaben einer alternden Gesellschaft konfrontiert waren, sah man, wie ausgeführt wurde, bereits in den 80er Jahren die Notwendigkeit für Regelungen im Rahmen einer Pflegeversicherung und hielt dementsprechend das Gesetz für die wichtigste Verordnung der 90er Jahre.

Gleichwohl äußerte man sich in Einzelfragen zurückhaltender als viele andere Akteure. Das Kapitaldeckungsverfahren wurde nicht befürwortet. Man zeigte Kompromissbereitschaft im Hinblick auf die Frage Steuerfinanzierung versus Umlageverfahren. Keine eindeutige Position bezog man zu den Aufgaben des Care Managers, zur Gewährung von Geldleistungen und zur Einbeziehung von Demenzkranken in die Versicherung.

Von der Ärztekammer wurden gewinnorientierten privaten Anbieter von Pflegeleistungen nicht uneingeschränkt begrüßt. Es wurde die Gefahr gesehen, dass im Interesse der „effizienten“ Erbringung von am Markt entlohnten Leistungen die

„Qualität“ (hinshitsu) der Altenpflege und damit auch die medizinische Versorgung vernachlässigt würden. Anders als, wie unten dargelegt wird, der Gewerkschaftsverband, bezog man sich in diesem Zusammenhang aber nicht auf angebliche Elemente der japanischen Kultur, die private Anbieter vernachlässigt. Im Fragebogen wandte ein Direktor der Ärztekammer sich sogar gegen japanspezifische kulturelle Anforderungen und betonte, dass das „Recht der Senioren“ und die „Würde der Menschen“ universal seien.

Die Ärztekammer forderte in öffentlichen Verlautbarungen und in Sitzungen der „Rōkenshin“, Pflegeleistungen nicht von der medizinischen Versorgung zu isolieren und Ärzte an dem Beurteilungsverfahren zur Feststellung der Pflegebedürftigkeit zu beteiligen. Bewusst suchte man damit eine andere Lösung als in Deutschland, wo entsprechende Aufgaben von dem Medizinischen Dienst der Krankenversicherungen wahrgenommen werden, um Ärzte nicht Konflikten auszusetzen, die aus der häufig langjährigen Verbundenheit mit ihren Patienten resultieren könnten.

4. Aktive Beteiligung der Gewerkschaft „Rengō“

An Stelle des „eisernen Dreiecks“ waren neben Verbänden und Unternehmen auf der Arbeitgeberseite auch der Arbeitnehmerseite zuzurechnende Organisationen stark involviert und verfolgten zum Teil gegensätzliche Interessen. Insofern fand ein Interessenausgleich ähnlich wie im westlichen Korporatismus auch zwischen diesen beiden Seiten statt.

Der Gewerkschaftsdachverband „Rengō“, der zuvor an der Vorbereitung des Pflegeurlaubsgesetzes (kaigo kyūgyō hō) beteiligt gewesen war, begrüßte, wie nicht anders zu erwarten, die Pflegeversicherung grundsätzlich. Man sah in ihr eine besondere Chance, spezifische Interessen von Arbeitnehmern durchzusetzen (Asahi Shimbun, 19.06.95). Rengō, ansonsten als „passive“ Gewerkschaft kritisiert, war in der Debatte um die Pflegeversicherung sogar äußerst aktiv. So wurde in der Befragung angegeben, dass man bereits im Jahr 1989 im Zusammenhang mit den Diskussionen um den im Jahr 1994 durchgeführten „New Gold Plan“ über das Vorhaben des Gesundheitsministeriums, eine Pflegeversicherung einzuführen, informiert gewesen sei und an eigenen diesbezüglichen Konzepten gearbeitet hätte. Am 08.09.95 hätte der Verband seine Grundposition zur Pflegeversicherung veröffentlicht, die auf zahlreichen Umfragen zur Pflegebelastung - die erste wurde bereits im Jahr 1993 durchgeführt - basierte. Auf diese Weise hätte man sehr früh eine Vorstellung von den auf den Familien lastenden Kosten der Altenpflege erhalten (Nihon Keizai Shimbun, 26.02.95).

Auch später, zwischen 1997 und 2000, d.h. zwischen Verabschiedung und Inkraftsetzung des Gesetzes, wandte man sich in Befragungen an die Bevölkerung. Zudem beteiligte man sich an der Ausbildung ambulanter Pfleger (Asahi Shimbun, 28.05.99).

Rengō forderte zunächst eine Steuerfinanzierung mit dem Argument, Pflegebedürftigkeit sei eine altersbedingte Behinderung und insofern kein „Versicherungsfall". Er wandte sich gegen die 10%ige Selbstbeteiligung und setzte sich dafür ein, dass im Bedarfsfall auch Demenzkranke und Personen, die jünger als 65 Jahre sind, leichter Leistungen beanspruchen können. Schließlich akzeptierte er jedoch die Verbindung von Steuer- und Umlagenfinanzierung als Kompromiss, betonte aber, dass aus seiner Sicht nur eine Steuerfinanzierung sinnvoll sei. In jedem Fall wollte er die Pflegeversicherung so rasch wie möglich einführen. Unterstützung in seinen Forderungen erfuhr Rengō vor allem von der von Higuchi Keiko geführten Frauenbewegung und der Bürgerinitiative der „Zehntausend". Diese und Rengō wollten, anders als die Wirtschaftsverbände, Altenpflege nicht unter Kosten-Ertragsaspekten betrachten. In westlichen Gesellschaften sei das wohl möglich, hieß es. Japans Gesellschaft mit ihren besonderen zwischenmenschlichen Beziehungen unterscheide sich aber von der des Westens. Auch wenn die konfuzianische Familienethik an Boden verlöre, gebe es zahlreiche sonstige „japanische" Bedingungen, denen Rechnung zu tragen sei. Ansonsten nahm man zustimmend zur Kenntnis, dass als Folge der Pflegeversicherung zahlreiche neue Arbeitsplätze im Sozialbereich geschaffen werden (Asahi Shimbun, 26.05.1999).

Allerdings begrüßten nicht alle Gewerkschaften gleichermaßen das Gesetz zur Pflegeversicherung. Der Gewerkschaftsdachverband von Medizinern und Krankenschwestern (Japan Federation of Medical Workers` Unions, sog. „Iryōren") lehnte es zunächst ab (Asahi Shimbun, 31.07.95), die Gewerkschaft der Krankenversicherungen (Kenkō hoken kumiai), ein Verbund von 1800 Einzelgewerkschaften, hob hervor, dass es neben Vorteilen auch Probleme aufweise (ebenda, 10.08.95), und der Gewerkschaftsdachverband der Selbstverwaltungen (Jichi rōren), der die Interessen der Kommunen vertritt, verband seine Zustimmung mit der Forderung nach Subventionen (ebenda, 18.09.98).

E. Merkmal 4: Nutzung informeller Kanäle – Öffnung politischer Entschei dungssystem oder Erleichterung intransparenter Absprachen?

Um Entscheidungsprozesse zu beschleunigen und Konsensus zu erzielen, werden üblicherweise informelle Kanäle durch Beteiligung politisch einflussreicher Personen und anerkannter Fachleute genutzt. Dies führe zur wünschenswerten Öffnung politischer Entscheidungssysteme und zur Partizipation weiterer Personenkreise. Es wird freilich auch gesagt, dass hierdurch Kontrollen erschwert und persönliche Vorteilnahmen begünstigt würden. Es zeigte sich, dass im Fall der Pflegeversicherung 1. die bisherige Praxis der Nutzung informeller Kanäle fortgeführt wurde, 2. kompetente informelle Vermittler sogar besonders gefragt waren, 3. akademischer Rat in hohem Maße benötigt wurde und 4. in NPOs tätige Akademiker einbezogenen wurden.

1. Einbeziehung informeller Netzwerke

Nahezu alle Befragte berichteten von informellen Gesprächen, die unter Nutzung persönlicher Netzwerke von unterschiedlichen nationalen Akteuren und Gremien geführt wurden. Bei den Gesprächspartnern handelte es sich um in der Öffentlichkeit wegen ihrer fachlichen Kompetenz bekannte Experten, aber auch um nur Insidern vertraute „Hintermänner", die ganz in der alten Tradition der politischen Kultur Japans tätig wurden. Deren Beteiligung hätte dazu beigetragen dass relativ rasch einvernehmliche Beschlüsse erzielt wurden. Ohne deren Einschaltung, so wurde ausgeführt, hätte in Anbetracht der häufig gegensätzlichen Auffassungen in absehbarer Zeit kein Kompromiss erzielt werden können.

Mit einigen dieser „Vermittler" konnte die Verfasserin Gespräche führen. Es handelte sich um geschickte, energische Persönlichkeiten. Sie verfügten über enorme Insiderkenntnisse, waren aber nicht immer in der Öffentlichkeit bekannt. In privaten Gesprächen waren sie bereit, offen zu diskutieren und von ihren Erfahrungen zu berichten, erwarteten aber, dass die von ihnen gegebenen Informationen nicht mit ihrem Namen verbunden werden.

Freilich wurde in diesem Zusammenhang auch von in Japan nur zu geläufigen Korruptionsfällen berichtet. Z.B. kam zur Zeit der Inkraftsetzung des Pflegeversicherungsgesetzes ein typischer Fall von Vetternwirtschaft an die Öffentlichkeit. Der Direktor der Abteilung für Gesundheit und Wohlfahrt alter Menschen im Gesundheitsministerium, Okamitsu Nobuharu, der federführend beim Entwurf des „Goldplans“, d.h. des Fünfjahresplans zur Verbesserung der Infrastruktur für die Altenhilfe gewesen war, musste im Jahr 1997 wegen einer Schmiergeldaffäre zurücktreten. Es wurde gesagt, dass er von einem von seiner Frau geführten Pflegeheim in der Saitama-Präfektur und von der zuständigen Kommune Vorteile entgegengenommen und als Gegenleistung Entscheidungen getroffen habe, die diese begünstigten (Hirose 1997, S. 231 ff).

2. Besondere Intensität der informellen Vermittlung

Im Hinblick auf die Einbeziehung von Vermittlern unterscheidet sich Japan sicherlich nicht wesentlich von anderen, auch westlichen Ländern. Z.B. soll in der Endphase der Pflegeversicherungsdebatte auch in Deutschland, wo dort die Debatte über 20 Jahre unter Teilnahme von aufeinander eingespielten Akteuren dauerte, auf „informelle Gespräche“ auf der Regierungsebene nicht verzichtet worden sein, um zu einer Einigung zu gelangen (Sutor 1994, S. 210). Die Pflegeversicherungsdebatte in Japan scheint aber im Vergleich mit den ansonten üblichen informellen Gesprächen einige Sonderheiten aufzuweisen. So wurde von zahlreichen Interviewpartnern dargelegt, dass wegen der großen Zahl von Akteuren mit zum Teil ganz unterschiedlichen Interessen und Vorstellungen der Einsatz informeller Vermittler geradezu notwendig gewesen wäre, zumal man zur Entscheidungsbildung nur vier Jahre Zeit gehabt hätte. Eine weitere Sonderheit wurde darin gesehen, dass es Japans informelle Vermittler vorziehen, von der Öffentlichkeit unbemerkt zu agieren. Ihr Wirken ließe sich häufig nur an Hand von Indizien erkennen, z.B. daran dass Akteure ihren Standpunkt geradezu von einem Tag auf den anderen änderten.

Von derartigen Richtungswechseln wurde häufig berichtet. So legte, wie aus dem chronologischen Überblick einsichtlich ist, das Gesundheitsministerium am 15.05.96 den „ersten Grundsatzentwurf“ zur Pflegeversicherung vor. Daraufhin soll der Spitzenverband der Bürgermeister bei der LDP- Sektion für Medizin und Soziales interveniert und seine „Wünsche“ (yōbō) vorgetragen haben. Dies hätte den Kabinettssekretär Kajiyama Seiroku veranlasst, unvermittelt die Verschiebung der Pflegeversicherung vorzuschlagen. Hashimoto nahm anschließend zu Torii Yasuhiko, dem Leiter der Rōkenshin, der wie Hashimoto Absolvent der Keiō-Universität ist, Verbindung auf und gab die Überarbeitung des Gesetzes in Auftrag. Er düpierte auf diese Weise seinen Gesundheitsminister Kan Naoto von der Sakigake Partei, der sich noch kurz zuvor für die baldige Vorlage des Gesetzes ausgesprochen hatte. Hashimoto erklärte nunmehr, dass es wohl schwierig sei, das Gesetz wie im Zeitplan vorgesehen zu verabschieden.

Am 12.06.96 wurde das Gesetzesvorhaben in die Hand des Vizegesundheitsministers und LDP-Mitglieds Yamazaki Taku gelegt, der die unterschiedlichen Interessen zum Ausgleich bringen sollte. Yamazaki gehörte zu der konservativen, von dem Chefsekretär der LDP Murakami Masakuni geführten Faktion und stammte ebenso wie dieser aus der Fukuoka-Präfektur. Auch er wollte das Gesetzesvorhaben zunächst zügig durchführen. Am 30.09.96 nahm er aber von diesem Vorhaben Abstand, vermutlich auf Druck der konservativen LDP-Gruppierung. Ein Meinungsumschwung war auch bei seiner Einstellung zu den Geldleistungen zu beobachten. Am 21.8.96 befürwortete er sie noch und hob deren Bedeutung hervor. Kurz danach erklärte er aber, dass über die Einführung von Geldleistungen erst „später" entschieden würde. Vermutlich wurde ihm von einem „Vermittler" geraten, das Gesetz erst einmal einzubringen. Später könne man das Konzept immer noch überprüfen und eigene Vorstellungen einbringen.

3. Akademische Kompetenzen gefragt

Auf informellem Wege wurde akademischer Rat eingeholt, weil die zu treffenden Entscheidungen erhebliches sozialpolitisches Fachwissen und die Kenntnis vergleichbarer im Ausland durchgesetzter Lösungen erforderten. Es wurde berichtet, dass die Beteiligung von Experten allerdings nicht immer zur Entscheidungsfindung beitrug. Zuweilen hätte sie sogar zusätzliche Fronten entstehen lassen.

Die wichtigste Bühne für akademische Fachleute bildeten die unterschiedlichen Sachverständigenkommissionen, die Shingikais, in denen bekannte Universitätsprofessoren mit engen Verbindungen zur Regierung, sonstige Experten, Interessensvertreter und Repräsentanten unterschiedlicher Bevölkerungsgruppen zu finden sind. Sie waren sich in dem Ziel einig, die Pflegeversicherung einzuführen, zumindest diejenigen, die über einen längeren Zeitraum Mitglied der Shingikais waren. Es wird gesagt, dass Kritiker der Pflegeversicherung bereits zu Beginn der Debatte abgelöst worden sein.

Shingikais gehören zu den „formellen" Sachverständigenkommissionen. Aus ihren Mitgliedern rekrutierten sich allerdings auch diejenigen, die über ihre Gremienarbeit hinaus als „informelle" Vermittler hinzugezogen wurden. Zu den zur Konzipierung und Durchsetzung der Pflegeversicherung eingesetzten Shingikais gehörte als die wohl bedeutendste die oben dargelegte Rōkenshin, deren Mitglieder dem chronologischen Überblick zu entnehmen sind. Sie wurde einberufen, um die Meinungen der bereits existierenden drei Shingikais im Gesundheitsministerium zu koordinieren. Ihr Leiter war seit Ende 1995 Torii Yasuhiko, eine der „neuen“ Führungspersönlichkeiten. Er ist Absolvent der Keiō-Universität und war zuvor, seit 1993, in dem informellen Privatausschuss des Gesundheitsministers „Vision 21. Jahrhundert“ (kōrei shakai fukushi bijon kondankai) tätig (Nichii sōken 1997, S. 25). Eine weitere markante Persönlichkeit war die bereits genannte Higuchi Keiko, Professorin an der Tōkyō-Kasei-Universität und Absolventin der Tōkyō-Universität, die im Jahr 1983 den „Frauenverband zur Verbesserung der alternden Gesellschaft“ gegründet hatte. Hierbei handelte es sich um eine radikale feministische Gruppierung, die sich für die „Sozialisierung“ der Pflegearbeit der Schwiegertöchter einsetzte und deswegen Geldleistungen, die Schwiegertöchter nur wieder an die Pflege gefesselt hätten, entschieden ablehnte. Sie stieß damit auf den Widerstand zahlreicher weiterer Mitglieder der Kommission, die auf Geldleistungen keineswegs verzichten wollten. Erst kurz vor Inkraftsetzung des Gesetzes kam es, wie berichtet wurde, durch Einschaltung des Gesundheitsministeriums und Persönlichkeiten aus weiteren Shingikais zu einer Einigung zugunsten des Standpunktes von Higuchi.

Von Bedeutung war ferner die „Sachverständigenkommission für Medizin und Versicherung“ (Iryō hoken shingikai: „Ihoshin“). Ihr Leiter war der Vorsitzende des Nationalen Forschungsinstituts für Soziale Sicherheit und Bevölkerungsfragen Shionoya Yūichi, ein Akademiker. In diese Kommission wurde das für die Ausgestaltung der Pflegeversicherung benötige medizinische und versicherungstechnische Fachwissen eingebracht.

Eine weitere Shingikai, die „Sachverständigenkommission für das System der Sozialen Sicherheit“ (Shakai hoshō seido shingikai: „Shahoshin“) wurde von Miyazawa Kenichi, Professor an der renommierten staatlichen Hitotsubashi-Universität und Fachmann für Sozialversicherungssysteme, geleitet. Er betrachtete die Pflegeversicherung als Initialzünder für die Umgestaltung des bestehenden sozialen Sicherungssystems einschließlich der Renten- und Krankenversicherung. Vor dem Hintergrund der sich wandelnden Gesellschaftsstrukturen sei eine Revision der auf dem Generationenvertrag beruhenden sozialen Sicherungssysteme erforderlich (Nichii sōken 1997, S. 190).

Die „Sachverständigenkommission für Medizin“ (Iryō shingikai: „Iryōshin“) schließlich unter dem Vorsitz von Asada Toshio beschäftigte sich während der Debatte hauptsächlich mit der Errichtung von Pflegeabteilungen in Krankenhäusern (ryōyō gata byōshōgun), um die medizinische Versorgung in den Kommunen „effektiver“ zu gestalten (ebenda, 2. Teil, S. 183 ff.).

4. In den NPOs federführende Akademiker

Die Nutzung informeller Kanäle wurde auch auf das besondere Engagement von „grass roots" zurückgeführt. Fachleute unter anderem aus dem akademischen Bereich gründeten Bürgerbewegungen und versuchten, als deren Repräsentanten Einfluss auf sozialpolitische Entscheidungen zu nehmen, oder kontaktierten bestehende Bürgerbewegungen und unterstützen sie bei der Durchsetzung ihrer Vorstellungen.
Der Sachverhalt, dass führende Intellektuelle mit Zugang zur Regierung die Leitung in kommunalen Verbänden und NPOs übernahmen, entspricht durchaus der japanischen Tradition. Fachleute, die aktiv und volksnah sind, werden in Japans Gesellschaft seit langem sehr geschätzt. Insofern waren die diesbezüglich beobachteten Vorgänge kein Novum. „Neu" war indessen deren dynamisierende Wirkung auf den Gesetzgebungsprozess.

Zu den bekannteren akademischen „Aktivisten" gehörten Higuchi Keiko (vgl. Asahi Shimbun, 10.07.96; 18.09.96; 22.03.97; 11.05.99), Ikeda Shōzō vom Forschungsinstitut für lokale Selbstverwaltungen (vgl. ebenda, 10.7.96; 11.10.96; 11.05.99), der Anwalt Hotta Tsutomu von der „Sawayaka Welfare Foundation" (vgl. ebenda, 10.07.96; 09.02.97; 22.03.97), die Deutschlandexpertin Motozawa Miyoko von der Städtischen Universität Osaka (vgl. ebenda, 11.10.96) und Takizawa Hitohiro vom Momoyama Gakuin, der darlegte, dass Japan wegen seiner Pflegeversicherung vor der Welt stolz sein könne (vgl. Ebenda, 17.10.96).

F. Merkmal 5: Öffentlichkeit und Massenmedien – unabhängige Bericht erstattung oder Sprachrohr der Regierung?

Politische Akteure nutzen die weit verbreiteten und einflussreichen Massenmedien zur Vermittlung ihrer politischen Vorstellungen. Diese sind nach Ansichten einiger Beobachter eigenständig. Skeptiker vermuten dagegen, dass sie sich von der Regierung als „Sprachrohr" einsetzen lassen.

Im Folgenden wird untersucht, inwieweit 1. die politischen Akteure auf Massenmedien zurückgriffen, um sich über die Diskussionen um die Pflegeversicherung zu informieren und umgekehrt, ihre diesbezüglichen Vorstellungen der Öffentlichkeit mitzuteilen, und ob 2. Massenmedien auch eigenständig an der Diskussion um die Pflegeversicherung teilnahmen.

1. Massenmedien als Informationsquelle

Die Bedeutung von Japans Massenmedien für die Übermittlung von Informationen zur Pflegeversicherung wird aus folgenden Angaben ersichtlich. Auf die Frage, aus welcher Quelle sie das erste Mal von der Absicht der Regierung erfahren hätten, eine Pflegeversicherung einzuführen, gaben 48% der Befragten Tageszeitungen und Zeitschriften an. Die anderen nannten als erste Informationsquelle Regierungsdokumente ("mini comi") und Konferenzen, an denen sie teilnahmen. Einige hatten bereits im Jahr 1990, ein erheblicher Teil aber erst im Jahr 1995 Kenntnis von dem Pflegevorhaben erhalten.
Zur Nutzung der Massenmedien zur Bekanntgabe ihrer Vorstellungen zur Pflegeversicherung gab nahezu die Hälfte der Befragten an, dass diese für die Präsentierung eigener Standpunkte hilfreich und erfolgreich waren. 28 % der Befragten hatten ihre Ansichten in Zeitungen, im Fernsehen und in anderen Massenmedien verbreitet. Weitere 4% hatten sich über in Tageszeitungen publizierte Stellungnahmen (iken) an die Öffentlichkeit gewandt. Die übrigen nutzten Konferenzen zur Vorstellung ihrer Konzepte oder publizierten eigenständige Stellungnahmen.

Die Gewerkschaft „Rengō" gehörte wohl zu den ersten Akteuren, die ihre Position der Öffentlichkeit bekannt machten und sich hierzu auch der Massenmedien bediente. Ihre Stellungnahme erschien im Jahr 1993. Es folgten die Kommunistische Partei im Jahr 1995 und im Jahr darauf die Industrieverbände und Frauenverbände. Weitere Akteure wie Think Tanks, NGOs und NPOs wandten sich, wie angegeben wurde, im Jahr 1997 an die Öffentlichkeit.

2. Eigenständige und kritische Berichterstattung wichtiger Tageszeitungen

Ob sich Massenmedien als Sprachrohr der Regierung verhielten, lässt sich nicht ohne weiteres beantworten, weil die Regierung wichtige Details der Pflegeversicherung mehrfach änderte und erst Ende 1997 zu einem einheitlichen Konzept fand. Es wäre dann zu untersuchen, ob die jeweiligen Positionsänderungen der Regierung in der Berichterstattung der Medien nachzuweisen sind. Ein anderer Ansatz, der hier gewählt wird, untersucht, ob ausgewählte Massenmedien versuchten, die Öffentlichkeit umfassend über die unterschiedlichen Probleme und Lösungsansätze für die Altenpflege zu informieren und ob darüber hinaus deutlich kritische Positionen zu den jeweiligen Vorschlägen der Regierung anzufinden sind. Bei positiven Antworten wäre ihre Rolle als Sprachrohr der Regierung zu verneinen.

Zu denjenigen Tageszeitungen, die in erster Linie auf die Vermittlung eines differenzierten Bildes, auf Analysen und die Vorstellung der unterschiedlichen Positionen wichtiger politischer Akteure Wert legte, gehört die „Mainichi-Shimbun" mit einer Leserschaft ihrer Tagesausgabe von 4 Millionen und ihrer Abendausgabe von 1.6 Millionen. Z.B. wurde am 05.07.95 über die Position der Sachverständigenkommission „Shahoshin", am 02.10.95 und 28.03.96 über die Einstellung der Frauenverbände zu Geldleistungen, am 05.12.95 über die voneinander abweichenden Konzepte von Mitgliedern der Rōkenshin und des Projektteams der Regierungsparteien über Geldleistungen, am 07.12. 95 über Vorschläge der Krankenschwesternorganisation, am 27.02.96 und 16.04.96 über den Einspruch der Kommunen und am 16.09.96 über das Ergebnis einer Umfrage unter Experten für Wohlfahrts- und Gesundheitsfragen im Unter- und Oberhaus berichtet, wonach 60% von ihnen Geldleistungen befürworteten.

Hinzu kommen eigenständige Stellungnahmen, so die Vorschläge, bei der Pflegeversicherung Ombudsmänner einzusetzen (21.01.97) und die Debatte um die Pflegeversicherung „nicht aussterben zu lassen". Am 18.09.96 hieß es, *„auf den Boden stampfend wollen wir die Pflegeversicherung überlegen"* (ashifumi shinagara kangae yō). Unübersehbar setzte sich die Redaktion vor dem Hintergrund der politischen Unklarheiten über die Zukunft der Pflegeversicherung für die zügige Verabschiedung des Gesetzes ein, ohne hierbei der Regierung Folge zu leisten.

Es überwogen indessen neutrale Berichterstattungen, die darauf abzielten, die Grundzüge der Debatte aber auch die einzelnen diskutierten Fragestellungen möglichst in ihrer ganzen Differenziertheit darzustellen und zu analysieren. Z.B. wurde eine Umfrage durchgeführt, um den Ursachen nachzuspüren, warum der Anteil der Befürworter der Pflegeversicherung von 86% am 04.10.94 auf 78% am 07.10.97 gesunken war. Die Ergebnisse, die Altenpflege belaste die Familie und die Pflegeversicherung würde zur zusätzlichen finanziellen Last, wurden kommentarlos veröffentlicht. Die Beurteilung wurde dem Leser überlassen. Insgesamt veröffentlichte die Mainichi Shimbun im Jahr 1995 37 Artikel, im darauf folgenden Jahr 197 und im Jahr 1997 66 Artikel zur Pflegeversicherungsdebatte (CD-Rom).

Die „Nihon Keizai Shimbun" mit einer Leserschaft ihrer Tagesausgabe von ca. 3 Millionen und ihrer Abendausgabe von ca. 1,7 Millionen bot neben generellen Informationen zur Pflegeversicherungsdebatte Informationen über die Finanzierung der Pflegeversicherung und über die Belastung insbesondere von Arbeitgebern und Arbeitnehmern. Sie deckte damit Bereiche ab, über die andere Tageszeitungen weniger berichteten. Intensiv wurde das Thema „Pflegeurlaub" behandelt, bevor die Diskussion über die Pflegeversicherung in den anderen Tageszeitungen erschien (vgl. 08.02.95; 19.07.95).

Im Zusammenhang mit Finanzierungsfragen wurde über das Ergebnis einer entsprechenden Umfrage der Gewerkschaft „Rengō" berichtet (26.02.95). Es folgte die Wiedergabe der diesbezüglichen Position des Nisshō am 14.09.96, des Vorschlages des Keidanren, eine Steuerfinanzierung vorzunehmen, am 12.19.96 und des gemeinsam von Nikkeiren und Nisshō vorgebrachten Antrags auf Reduzierung des Arbeitgeberanteils am 05.01.97. Die Nihon Keizai Shimbun führte sogar eine eigenständige Umfrage bei den Mitgliedern der Sachverständigenkommission Rōkenshin durch und eruierte deren Meinungen zur Zahlung von Geldleistungen, lange bevor die Debatte um Geldleistungen in der Öffentlichkeit eskalierte. Über das Ergebnis dieser Umfrage berichtete sie in ihrer Ausgabe vom 22.11.95, ohne selbst Position zu beziehen.

Insgesamt tendierte die Nihon Keizai Shimbun zu einer eher zurückhaltenden Beurteilung des Pflegeversicherungsvorhabens. In der Berichterstattung legte man Gewicht auf die Herausstellung der zwischen den unterschiedlichen Akteuren bestehenden Meinungsverschiedenheiten in Bezug sowohl auf grundsätzliche Fragen wie die Sinnhaftigkeit einer Pflegeversicherung als auch auf wichtige Detaillösungen (ebenda). So wurde über Dienstleistungen am 07.12.95 berichtet, über Geldleistungen am 22.11.95, über die Festlegung der Altersgrenze und über die Wahl der Verwaltungsträger am 14.12.95, über die Festlegung des Beitragssatzes am 20.12.95, über die Einbeziehung der medizinischen Pflege am 23.11.95 und über die stationäre Pflege in der Abendausgabe vom 07.06.96.

Die „Asahi Shimbun" wich von der Berichterstattung der Mainichi Shimbún und Nihon Keizai Shimbun ab. Sie bezog unübersehbar Stellung. So waren ihre Beiträge häufig von einer ausgeprägten Skepsis gegenüber den von politischen Entscheidungsträgern vorgeschlagenen Lösungen geprägt. Da die Tagesausgabe der Asahi Shimbun von ca. acht Millionen, die Abendausgabe von ca. vier Millionen gelesen wird, erreichte die Asahi Shimbun mit ihren Beiträgen zur Pflegeversicherung – jeweils drei bereits in den Jahren 1989 und 1990, 32 im Jahr 1994, 137 im Jahr 1995, 408 im Jahr 1996, in den Jahren 1997 und 1998 jeweils über 250 Beiträge und im Jahr 1999 sogar 1435 (CD Rom) - einen großen Teil der Bevölkerung.

Die neben umfassenden sachlichen Informationen unmissverständlich zum Ausdruck gebrachte Skepsis gegenüber den vorgesehen Regelungen ist aus folgenden Überschriften zu ersehen: *"Es ist nicht rosig"* (bara iro ja nai) (06.08.95); *„Aussonderung der Behinderten"* (shōgaisha kiri hanashi); (14.02.96); *„Billig einkaufen, Geld verlieren – so geht das nicht"* (yasu mono gai no sen ushinai wa komaru) (16.05.96); *„Eine Versicherung ohne Pflege"* (20.05.96); *„Die herumschweifende Pflegeversicherung"* (meisō shita kaigo hoken) (ebenda); *„Die Rentner nicht ignorieren"* (nenkin seikatsusha o misute naide) (25.07.96); *„Die Unzufriedenheit der Kommunen"* (jichitai fuman) (19.08.96); *„Die Last der Dienstleistungen muss noch bewältigt werden"* (futan sābisu nao kadai) (22.05.97); *„Die Unsicherheit am Standort wird größer"* (fuan hirogaru genba) (ebenda); *„Die Kombination von Umlageverfahren und Steuerfinanzierung überdenken"* (minaose hoken to zei no kongō) (25.05.97); *„Schrittweise zu einem besseren System"* (aruki nagara yori yoi seido o) (04.09.97; *„Der Weg zur „Instandsetzung der Infrastruktur"* ist noch lang" („kiban seibi" michi tōku) (04.11.97); *„Sind marktwirtschaftliche Prinzipien das Allheilmittel für die Wohlfahrt?"* (fukushi ni shijō genri wa bannō ka) (04.11.97); *„Selbst wenn man der Pflegehölle entkäme, wartete noch die Pflegedarlehenshölle"* (kaigo jigoku nogaretemo, kondo wa kaigo rōn jigoku) (21.11.97); *„Für eine vorsichtige Debatte um den Entwurf des Pflegeversicherungsgesetzes"* (kaigo hoken hōan, shinchō shingi o) (24.11.97).

Die für die Asahi Shimbun arbeitenden Journalisten gehörten wohl eher zu den Befürwortern der Steuerfinanzierung und waren bereit, für Positionen der Frauenbewegung, z.B. deren Ablehnung von Geldleistungen, Partei zu ergreifen. In der Anfangsphase der Pflegeversicherungsdebatte berichteten sie ausführlich über das deutsche Modell der Pflegeversicherung. So erschienen bis Ende 1996 mehr als 14 detaillierte Berichte über das deutsche Konzept, z.B. am 15.10.94 und am 24.10.96, auch unter Beteiligung deutscher Experten. Ferner wurden entsprechende Ansätze anderer europäischer Länder vorgestellt. Ende 1996 blickte man diesbezüglich dagegen nicht mehr über Japans Grenzen hinaus. Die Pflegeversicherung wurde bei der Asahi Shimbun ein rein japanisches Thema.

Zurückhaltende bis negative Einschätzungen von Japans Tageszeitungen sind möglicherweise noch ein deutlicherer Beleg als die Sachlichkeit der Informationen dafür, dass sie weit davon entfernt waren, sich von der Regierung bei der Einführung einer Pflegeversicherung als Sprachrohr nutzen zu lassen. Die veröffentlichten Einschätzungen und Stellungnahmen könne auch nicht unbedingt bestimmten sonstigen politischen Akteuren geordnet werden. Sie sind eher das Resultat eigenständiger Analysen und spiegeln die Bemühungen der Journalisten wieder, zu einer unabhängigen Beurteilung der Pflegeversicherung zu kommen.

Vor diesem Hintergrund ist es aufschlussreich, wie Journalisten ihre Rolle bei der Berichterstattung einschätzen. Ein interviewter Journalist erklärte gegenüber der Verfasserin, dass es ihm in seiner Rolle als Journalist sehr schwer möglich gewesen war, seine eigene, persönliche Meinung in seinen Zeitungsartikeln zum Ausdruck zu bringen. Geradezu begeistert nahm er daher die Gelegenheit wahr, in einem privaten Gespräch seine Vorstellungen vorzutragen und sein starkes Engagement für die Sache zum Ausdruck zu bringen. So hielt er die Pflegeversicherung für eine unbedingt notwendige Maßnahme dafür, Familien von der Pflegelast zu befreien und die Altenpflege zur gesellschaftlichen Aufgabe zu machen. Man solle sich nicht an ausländischen Lösungen orientieren, sondern die japanische gesellschaftliche Realität im Auge behalten und dieser das Pflegeversicherungskonzept anpassen. Auch er hätte aufgeatmet, als festgelegt wurde, dass das Gesetz in einigen Jahren zu überprüfen und ggf. zu revidieren sei, da es noch zu viele Unstimmigkeiten gäbe. Aus seiner Sicht würde das Effizienzkriterium im engeren Sinne, d.h. Maximierung von Erträgen und Minimierung von Kosten in Zukunft ein zu großes Gewicht erhalten. Demnächst gäbe es nicht nur zahlreiche profitorientierte Anbieter von Pflegeleistungen, auch Care Manager würden vom Profitdenken nicht unbeeinflusst bleiben. Es sei daher wichtig, dass Japans Senioren, die an der Diskussion um ihre Belange viel zu wenig beteiligt gewesen wären, in Zukunft aktiv ihre Interessen und ihre Ansprüche durchsetzten. Man müsse darauf hinwirken, dass die Senioren es nicht mehr als Ausdruck der Weisheit betrachten, wenn sie die jüngeren Generationen mit ihren Problemen nicht belästigen.

Zusammenfassend zeichnen sich die betrachteten Zeitungen durch erhebliches Engagement ihrer Journalisten, differenzierte Analysen und eigenständige empirische Recherchen aus. Bestimmte Tageszeitungen, so wurde berichtet, hätten geradezu wie auf einem Schachbrett agiert, unterschiedliche Meinungen zueinander in Stellung gebracht und immer wieder neue Diskussionen angestoßen. Jede Tageszeitung wies eine bestimmte „Färbung“ in ihrer Berichterstattung auf. Zum Beispiel brachte die Asahi Shimbun unübersehbar ihre kritische Position zum Ausdruck. Vergleichbare Aussagen lassen sich weniger für die weiteren „großen“ Zeitungen treffen. Die auflagenstärkste Tageszeitung „Yomiuri Shimbun“ mit zehn Millionen Lesern ihrer Tagesausgabe und vier Millionen Lesern ihrer Abendausgabe z.B. berichtete regelmäßig über die Pflegeversicherungsdebatte und kontrastierte unterschiedliche Gesichtspunkte. Es wird freilich die Ansicht vertreten, dass von ihrer Berichterstattung, auch wenn sie über eine besonders große Leserschaft verfügt, weniger Einfluss auf den Verlauf der Debatte ausging als von den oben näher untersuchten Publikationen. Jedenfalls verwiesen die meisten der von der Verfasserin befragten Akteure und sozialpolitischen

Experten ausdrücklich darauf, wichtige Informationen zu sozialpolitischen Fakten und Lösungsansätzen sowie zu der diesbezüglichen Meinung der Bevölkerung aus Massenmedien bezogen zu haben.

Die in der öffentlichen Diskussion zu beobachtende Energie, die Vielzahl der miteinander konkurrierenden Konzepte und die intensive Rückkoppelung mit der öffentlichen Meinung sind wohl auch auf die Verabschiedung des „Gesetzes zur Offenlegung von Informationen" zurückzuführen. Hierdurch wurde Bürgern der Zugang zu öffentlichen Dokumenten erleichtert, auch auf dem Wege über das Internet. Von diesen Möglichkeiten machten auch die Massenmedien ausgiebig Gebrauch. Der oben dargelegte Hinweis eines Journalisten auf eine gewisse Gängelung innerhalb seiner Redaktion kann in Anbetracht der sonstigen beobachteten Fakten nicht als Indiz für eine Einflussnahme der Regierung gewertet werden, wohl aber als Versuch der betreffenden Redaktion, die Berichterstattung zu „bündeln" - eine wohl international übliche „Hauspraxis" von Tageszeitungen, die nicht immer für die Öffentlichkeit mit Informationsnachteilen verbunden sein muss.

G.Merkmal 6. Partizipation – subtile Mitwirkung oder „Pseudo-Pluralismus"?

Die große Zahl und das breite Spektrum der an der Pflegedebatte teilnehmenden Akteure sprechen für eine intensive Partizipation. Freilich kommt es auch auf die Art der Meinungsäußerung und Mitwirkung an. Zumeist wird hervorgehoben, dass Partizipation in Japan spezifische Ausdrucksformen aufweise. Die Teilnahme an Diskussionen, Versammlungen und Symposien werde für wichtig gehalten, man tendiere aber dazu, lautstarke Auftritte zu vermeiden. Statt die eigene Meinung offensiv vorzutragen, zöge man Andeutungen vor und verhalte sich eher als passiver Zuhörer. Statt öffentlich in Redebeiträgen Position zu beziehen, veröffentliche man seine Ansichten lieber in Tageszeitungen und Zeitschriften oder schreibe ausführliche Monographien.

Diejenigen, die unter Partizipation die aktive, durchaus auch aggressiv vorgetragene Meinungsäußerung verstehen, vermuten hinter einer solchen „weichen" Partizipation allzu häufig eine Art zentralistische Steuerung. Es wird daher die Ansicht vertreten, dass faktisch nichts anderes als eine „Scheinpartizipation" existiert. Selbst der Sachverhalt, dass entsprechende Gremien von einer Vielzahl von Teilnehmern aus unterschiedlichen Gruppierungen mit voneinander abweichenden Interessen besetzt sind, wird nicht unbedingt als Gegenbeweis akzeptiert, weil die Diskussion von „oben" gesteuert würde.

Im Folgenden wird untersucht, ob Hinweise auf 1. eine „Scheinpartizipation" vorliegen. Danach wird auf die Fragen eingegangen, ob 2. neben den etablierten politischen Akteure auch neue, dynamische Kräfte sich zu Wort meldeten und 3. mit welchem persönlichen Einsatz seitens der Akteure die Auseinandersetzungen geführt wurden.

1. Partizipationsdefizite

Es gibt Hinweise darauf, dass zumindest bestimmte Aspekte der Pflegeversicherungsdebatte dem Klischee der „gesteuerten" Diskussion entsprachen. So wurden als Diskussionsform die üblichen Kommissionen, Beratungsgruppen, Forschungsgruppen, Symposien, Studienversammlungen (benkyōkai) und Diskussionstreffen (tōronkai) gewählt. Den Fragenbogenergebnissen ist zu entnehmen, dass zahlreiche Teilnehmer sich an der Debatte nicht aktiv beteiligten. Einige Befragte erklärten, dass sie, obwohl sie bezüglich der konkreten Ausgestaltung der Pflegeversicherung feste Vorstellungen hatten, von vorne herein entschlossen gewesen seien, sich in der Debatte zurückzuhalten. Manche von ihnen bevorzugten wohl deswegen zu schwiegen, weil sie nicht erwarteten, durch ihre Beiträge die Diskussion in ihre Richtung steuern zu können. Andere dagegen scheinen die Teilnahme als eine Art „Selbsterlebnis" und „Selbstbestätigung" verstanden zu haben, nicht als Chance zur Einflussnahme.

Weitere Befragte gaben an, bei bestimmten Fragen ihre Vorstellungen nicht ausreichend oder gar nicht zu Gehör haben bringen können. Weitere Nachfragen ergaben allerdings, dass in diesen Fällen nicht unbedingt Partizipationshemmnisse vorlagen. Es wurde vielmehr ausgeführt, dass man auf entschiedenere Stellungnahmen und Forderungen verzichtet hätte, weil man keine Erfolgschancen zur Durchsetzung seiner Meinung sah, weil ein energischer Einsatz mit der eigenen gesellschaftlichen Position nicht vereinbar gewesen wäre oder weil man auf bessere Gelegenheiten gewartet hätte, vor allem auf die in Aussicht gestellte Revision des Gesetzes in fünf Jahren. Die Frage, ob Meinungsäußerungen durch unfaire Praktiken behindert oder verhindert worden wären, wurde indessen von allen verneint.

Dem Klischee entspricht auch, dass auf die Frage, wer zu den wichtigsten Teilnehmern bei der Pflegeversicherungsdebatte gehörte, mehr als die Hälfte der

Befragten das Gesundheitsministerium und die Shingikais nannte, in die, wie in den politischen Entscheidungsprozessen zuvor, von der Bürokratie ausgewählte Fachleute und Repräsentanten wichtiger gesellschaftlicher Gruppen berufen wurden.

Ferner berichteten einige Befragte, unter ihnen auch renommierte Fachleute, die sich durch Veröffentlichungen zu sozialpolitischen Fragen in Japan und im Ausland einen beachtlichen Ruf erworben hatten, ignoriert und nicht in die entsprechenden Komitees aufgenommen worden zu sein. Es ist nicht auszuschließen, dass das Gesundheitsministerium befürchtete, das durch sie die Diskussionen in eine der Regierung nicht genehme Richtung gelenkt worden wären. Freilich repräsentierten die betreffenden Personen keine bestimmte politische Gruppierung, die auf dieser Weise von der Mitwirkung ausgeschlossen worden wäre. Zudem wurde Fachwissen auch von den sonstigen in die Gremien einberufenen Experten eingebracht.

Immerhin wurde von den meisten Befragten, 74%, die Ansicht vertreten, dass an den Diskussionen und Entscheidungsprozessen nicht alle wichtigen Gruppierungen als Akteure teilgenommen hätten. Genannt wurden in diesem Zusammenhang Vertreter von Senioren und Familien, Verbraucherverbände, Pflegeexperten, Belegschaftsvertreter von Pflegeheimen und ambulante Pfleger, die sog. „home helper“.

Eine weitere Antwort könnte ebenfalls als Beleg für eine nur unzureichende Partizipation gewertet werden. Als wichtig für das rasche Zustandekommen von Entschlüssen wurde die enge Zusammenarbeit der Koordinatoren der Sachverständigenkommissionen angegeben. Dies ließe sich als „zentralistische Einflussnahme“ interpretieren, und wurde auch tatsächlich so gesehen, jedoch nur von einem der Befragten.

Hinzu kommen kritische Einwände unter anderem von Akademikern, Verwaltungsfachleuten, Repräsentanten regionaler Regierungen, Care Managern, Vertretern von Frauenverbänden und der Kommunistischen Partei. Sie führen weniger spezifische Partizipationsmängel ins Feld. Ihre Einwände sind vielmehr Ausdruck einer generellen Unzufriedenheit, schließen sich zum Teil freilich gegeneinander aus. So sei das Pflegeversicherungssystem zu kompliziert und könne von der Bevölkerung nicht verstanden werden. Die Bürokratie sei geschickt mit den Volksvertretern umgegangen, um ihr Konzept durchzusetzen. Man hätte der Anhörung der Betroffenen viel zu wenig Zeit gewidmet. Einzelfragen seien nicht hinreichend diskutiert und das Pflegeversicherungsgesetz übereilt eingebracht worden. In der „Rōkenshin“ hätten bestimmte Interessenvertreter dominiert. Die Parteien hätten nicht ausreichend zum Pflegeversicherungsgesetz Stellung bezogen, obwohl sie die politische Hauptverantwortung trügen. Das Gesetz sei Ergebnis eines unschönen Kompromisses. Ein anachronistischer Politiker der rückständigen LDP hätte in diesem Zusammenhang den Begriff „Ehrengabe“ (irōkin) verwendet. Die drei regierenden Parteien hätten von den anderen Akteuren Entscheidungen erzwungen. Es wurde zwar behauptet, man hätte lang diskutiert, die Bevölkerung habe aber den Eindruck, plötzlich mit dem Gesetz konfrontiert worden zu sein. Man hätte sich über die politischen Auseinandersetzungen nur über die Massenmedien informieren können. Die Zentrale hätte das Gesetz aufgrund ihres Informationsvorsprungs durchgesetzt, ohne der Bevölkerung die Chance zu geben, sich mit den Auswirkungen auf ihre konkrete Lebenslage zu befassen. Man hätte ein wesentlich größeres Interesse an der Entwicklung eines „Altenwohlfahrtsmodells“ gehabt als an der tatsächlichen Verbesserung der Lage der Senioren.

2. Engagement „etablierter“ und „neuer“ Akteure

Im Gegensatz zu dieser Sichtweise gibt es Beobachtungen, die den Schluss nahelegen, dass die Beteiligung unterschiedlicher Akteure in keiner Weise einer „gesteuerten“ Diskussion entsprach. So wurde ausgeführt, dass man die im Rahmen des japanischen politischen Systems bestehenden Partizipationsmöglichkeiten äußerst intensiv genutzt hätte. Die unterschiedlichen Shingikais, besonders die Rōkenshin, seien in bestimmten Phasen sehr häufig zusammengetreten, manchmal mehrfach pro Woche. Vergleichbar häufig hätten die aus Mitarbeitern verschiedener Ministerien gebildeten Arbeitsgruppen getagt sowie die von einzelnen Parteien einberufenen Komitees und die Beratungsgruppe des Ministerpräsidenten. Nach übereinstimmender Ansicht der Befragten wurden die in den unterschiedlichen Gremien stattfindenden Auseinandersetzungen in keiner Weise von der Bürokratie dominiert. Lediglich in der Endphase der Diskussion, als das Gesundheitsministerium nach vier Jahren Diskussion auf Abschluss der Beratung und Beschlussfassung drängte, hätte man sich unter Druck gesetzt gefühlt.

Die Frage, ob Versuche seitens der Bürokratie beobachtet wurden, sich den „checks und balances“ der Repräsentanten unterschiedlicher politischer Akteure zu entziehen, wurde generell vereint. In Kommissionen und sonstigen Gremien seien die Teilnehmer unabhängig von der Zugehörigkeit zu einer bestimmten politischen Gruppierung zu Wort gekommen und hätten Gehör gefunden. Zudem wären, wenn ein bestimmter politischer Akteur von mehreren Vertretern repräsentiert wurde, von diesen durchaus auch voneinander abweichende Meinungen vorgetragen. Bei der Abstimmung über einzelne Sachfragen hätte man sich generell „frei“ entschieden. Das politische Gewicht der einzelnen Vertreter sei bei der Bewertung der Stimmen inoffiziell zwar berücksichtigt worden, letztlich seien aber bei der Stimmabgabe die jeweiligen Mehrheiten maßgeblich gewesen.

Von den meisten Teilnehmern wurde die Mitgliedschaft in den Kommissionen und Gremien als Herausforderung gesehen, der man sich zum Teil unter erheblichem persönlichen Einsatz stellte. Z.B. entsandten einzelne politische Akteure Experten und sonstige interessierte Personen ins Ausland, nach Deutschland, England, Schweden, Dänemark und in die Niederlande, wo sie auf eigene Kosten die dort verwirklichten Ansätze studierten. Mit Wissbegierde und der japanischen Vorliebe auch für die kleinsten Details machte man sich mit den dort verwirklichten Lösungen vertraut und brachte, zurück in Japan, entsprechende Kenntnisse und Erfahrungen in die Diskussion ein.

Ein wichtiger Grund dafür, dass die Debatte ungewöhnlich lebhaft und kontrovers geführt wurde, scheint aber der zu sein, dass zahlreiche neue politische Akteure beteiligt waren, von denen einige sogar innovative Konzepte zur Organisation und Durchführung der Pflegearbeit ersannen und in die Praxis umsetzten. Diese Gruppierungen kamen zu den etablierten Kräften aus dem „rechten“ Spektrum wie den konservativen Faktionen der LDP, dem Ärzteverband und den Industrieverbänden und aus dem „linken“ Spektrum wie der Sozialistisch Demokratischen Partei, der Kommunistischen Partei und gewerkschaftlichen Organisationen hinzu. Deren Gründung und das wachsende politische Engagement bestehender Organisationen, die ihre Interessen im Verlauf der Pflegeversicherungsdebatte artikulierten und zur Geltung brachten, wird auf mehrere Ursachen zurückgeführt: Die Aufbruchstimmung, ausgelöst unter anderem durch die von der Zentralregierung initiierten politischen Reformen und das neu in Kraft gesetzte „NPO-Gesetz“, der Sachverhalt, dass die Bevölkerung der Bürokratie wegen all der aufgedeckten Korruptionsskandale immer weniger zutraute, ihre Belange wahrzunehmen, und das Bedürfnis zahlreicher, nicht in bestimmte politische Parteien eingebundener Bürger, gesellschaftlich tätig zu werden. Zu diesen „neuen“ Akteuren gehörten a) neu gegründete NPOs, d.h. Organisationen, die ihre Einnahmen nur zur Deckung der laufenden Kosten, nicht zur Zahlung von Profiten verwenden dürfen, b) die ähnlich konzipierten, aber bereits etablierten „gemeinnützigen Wohlfahrtsvereine“ und c) die an der Erwirtschaftung von Gewinnen ausgerichteten, d.h. erwerbswirtschaftlich orientierten Pos..

a) Die neuen mit Wohlfahrtsaufgaben befassten NPOs waren für viele Akteure geradezu der Hoffnungsträger für die in Japan zu schaffende und zu verbreitende „neue Kultur“, d.h. für die Erneuerung der „Gemeindekultur“. Mit ihnen sollten die Verwaltungsstrukturen der Kommunen aufgelockert werden. Außerdem sollte zur Deregulierung des Arbeitsmarktes beigetragen werden. 70% dieser NPOs befassen sich mit der Altenpflege und anderen Wohlfahrtstätigkeiten. Zu ihren Mitgliedern gehören vor allem Frauen im Alter von 40 bis 60 Jahren, aber auch pensionierte oder arbeitslose Männer. Wenn sie mehr als zehn Mitglieder haben, dürfen sie die Rechtsform einer juristischen Person annehmen (Shibukawa 2001, S. 8 ff.).

Typisch für derartige „grass roots“- Bewegungen ist ihre organisatorische Vielfalt und der in ihrer gesellschaftlichen Betätigung gezeigte Einfallsreichtum. Zu ihnen gehört der oben beschriebene „Frauenverband zur Verbesserung der alternden Gesellschaft“ (Kōrei shakai o yokusuru jōsei no kai) von Higuchi Keiko (www.kaigo.ro.jp). Sehr populär wurde die im April 1996 von Ikeda Shōzō, einem ehemaligen Beamten des Innenministeriums gegründete „Bürgerinitiative von Zehntausend für die Förderung der Sozialisierung der Pflege“ (Kaigo no shakaika o susumeru ichiman shimin iinkai). Es hieß zehntausend Frauen müssten jährlich ihre Arbeit aufgeben, um die Pflegebedürftigen zu Hause zu pflegen (Ebenda).

Im Rahmen dieser Organisationen sind ehrenamtliche Mitglieder und sonstige Freiwillige beschäftigt, die einen geringen Lohn für ihren Einsatz erhalten. Weil sie Hausfrauen eine Teilzeitbeschäftigung ermöglichen und diesbezüglich ein rasch steigender Bedarf erwartet wird, sieht man in ihnen ein zukunftsträchtiges Modell, um so mehr auch deshalb, weil die bisher großzügig subventionierten privaten „Körperschaften für Soziale Wohlfahrt“ (shakai fukushi hōjin) nach Einführung der Pflegeversicherung auf 90% ihrer bisherigen Bezuschussung verzichten müssen und der Pflegebedarf daher von anderen Anbietern gedeckt werden muss.

Zahlreiche dieser neu gegründeten NPOs wurden durch ihre innovativen Konzepte bekannt. Ein Beispiel ist die“ Stiftung des Sawayaka Wohlfahrtsverbandes“ (Sawayaka fukushi zaidan) unter Federführung von Hotta Tsutomu, einem ehemaligen Beamten des Finanzministerium, die ein sog. „fureai kippu“ einführte, das auch „Kontaktkarte“; „caring relation ticket“; „Zeitersparnis“, „Arbeitsbank“ „time stock“ oder „time dollar“ genannt wird. Hierbei handelt es sich um ein Punktesystem, auf dessen Basis pflegende Personen, die ohne Entgelt arbeiten, mit „Punkten“ entlohnt werden, die sie später, bei Bedarf, für Pflegeleistungen für sich selbst oder pflegebedürftige Angehörige einlösen können. Die Stiftung orientierte sich hierbei an einem in Ōsaka bereits seit dem Jahr 1972 und in Tōkyō seit dem Jahr 1980 eingeführten vergleichbaren Entgeltsystem. Neuerungsbereitschaft bewies Hotta auch mit einer darüber hinaus entwickelten, freilich nur wenig erfolgreichen „regionalen Währung" (chiiki tsūka), einem nur innerhalb einer Kommune für bestimmte Zwecke einzusetzenden Zahlungsmittel, mit dessen Hilfe kommunale Wirtschaftsaktivitäten gefördert werden sollten. (www.uip.co.jp).

Vergleichbaren Zielen diente das von Katō Toshiharu durchgeführte „Ecomoney-System", mit dessen Hilfe die immer seltener anzufindende unentgeltliche Nachbarschaftshilfe auf eine wirtschaftliche Basis gestellt werden sollte (www.japantoday.com). Ein weiteres Punktesystem in Form eines „Pflegenutzungsticket-Systems" (kaigo riyōken sei) wurde von Fukutake Sōichirō, dem Präsidenten eines privaten Pflegeverbandes, im Jahr 1995 propagiert. Fukutake erhob den Anspruch, mit diesem System den japanspezifischen kulturellen und gesellschaftlichen Bedingungen Rechnung zu tragen und gleichzeitig ein Modell für die Welt zu schaffen. Die Asahi Shimbun äußerte sich hierzu anerkennend. Zivile Energien würden zur Ausweitung des Dienstleistungsangebots optimal genutzt und Pflegeleistungen innovativ weiterentwickelt sowie durch Differenzierung den Verbraucherwünschen angepasst werden (Asahi Shimbun, 22.09.1997).

Bemerkenswert an solchen nicht am Gewinn orientierten Initiativen ist, dass viele ihrer Urheber ehemalige höherrangige Mitarbeiter von Ministerien sind. Außerdem handelt es sich häufig um Absolventen der Tōkyō-Universität, die sich bei der politischen Durchsetzung ihrer Vorstellungen ihr einflussreiches Netzwerk nutzbar machten.

b) Weitere Akteure waren die etablierten Wohlfahrtsverbände, die in der Regel auf kommunaler Ebene zunehmend im Pflegebereich tätig waren. Zu ihnen gehören die oben genannten „Körperschaften des öffentlichen Rechts für Soziale Wohlfahrt" (shakai fukushi hōjin), also private Wohlfahrtsverbände, die Sozialen Wohlfahrtskommissionen, auch „Social Welfare Councils" genannt, (shakai fukushi kyokai; "Shakyō"), die Co-op und die Landwirtschaftlichen Genossenschaften (JA). Einige dieser Organisationen, vor allem die Landwirtschaftlichen Genossenschaften, führten strukturelle Änderungen durch, um in ihrem Einzugsgebiet auch Pflegeaufgaben durchführen zu können. Entsprechende Umschichtungen wurden durch das neue NPO-Gesetz wesentlich erleichtert

Die Körperschaften des öffentlichen Rechts für SozialeWohlfahrt zielten, wie einer ihrer Direktoren ausführte, darauf ab, vor dem Hintergrund des Auseinanderbrechens der Familien, der wachsenden Zahl berufstätiger Frauen und der drastischen Zunahme pflegebedürftiger alter Menschen das Pflegeangebot zu vergrößern und zu erweitern. Außerdem legte man großen Wert auf die Koordination entsprechender Aufgaben mit den jeweiligen Kommunen, um auf diese Weise die „Effizienz" des Pflegeangebots zu erhöhen.

Als problematisch wurden die nach dem Vorbild amerikanischer Wohlfahrtsorganisationen im Jahr 1951 etablierten Sozialen Wohlfahrtskommissionen beurteilt. Sie vermitteln ehrenamtliche Helfer für Pflegedienste. Ca 70% von ihnen bieten Pflegeleistungen an. Diese der Regierung nahestehenden, grundsätzlich in jeder Kommune gebildeten Wohlfahrtsvermittler, deren Zahl sich auf ca. 3300 beläuft, wurden von 56% der Befragten für bürokratisch, inflexibel und daher ineffizient gehalten. Inzwischen haben sich viele nicht zuletzt auf Grund des steigenden Wettbewerbsdrucks, der von den zusätzlichen, vor allem privaten Anbietern ausgeht, umstrukturiert. Zur Reform wurden sie auch dadurch angehalten, dass sie staatliche Subventionen nicht mehr auf Basis des angestellten Personals, sondern des tatsächlich für Pflegeleistungen benötigten zeitlichen Aufwandes erhielten. Insgesamt sind sie nunmehr der größte Anbieter von Wohlfahrtsleistungen und ein wichtiger Anbieter von Pflegeleistungen für ältere Personen (Shibukawa 2001, S. 107 ff).

Die im Jahr 1973 gegründete Co-op, Japans größte NPO, hat einen Mitgliederstamm von 20,4 Millionen. Ursprünglich auf den Verkauf preiswerter Lebensmittel ausgerichtet, erweiterte sie seit dem Jahr 1980 ihr Geschäftsfeld und fokussierte zunehmend die Pflege alter Menschen, die inzwischen zu einem der Hauptanliegen der Beiträge zahlenden Hausfrauen wurde. Wie die anderen NPOs erwartete sie von der Einführung der Pflegeversicherung erhebliche Auswirkungen auf die Rahmenbedingungen für die von ihr angebotenen Pflegeleistungen und war daher an einer Mitwirkung am Pflegeversicherungsgesetz existentiell interessiert. Inzwischen ist die Co-op ein wichtiger Anbieter von Pflegeleistungen und vermittelt freiwillige Pflegerinnen (ebenda, S. 110 ff.).

Nachdem das „Landwirtschaftliche Genossenschaftsgesetz" im Jahr 1992 geändert worden war, durften die als der LDP nahestehend geltenden Landwirtschaftlichen Genossenschaften Pflegedienste anbieten. Sie machten von dieser Möglichkeit ausgiebig Gebrauch, weil sie in der Altenpflege ein rasch wachsendes Beschäftigungsfeld sahen. Dementsprechend engagiert nahmen sie an den Diskussionen um das Pflegegesetz teil. Im Jahr 2000 boten 370 von ihnen mit insgesamt ca. 30 000 Pflegern sowie weitere 747 „Organisationen für Gegenseitige Hilfe“ mit auf freiwilliger Basis arbeitenden Mitarbeitern Pflegeleistungen an. Sie tragen nach Ansicht der meisten Beobachter dazu bei, dass in den pflegerisch unterentwickelten ländlichen Gebieten die Pflegelandschaft ein akzeptables Niveau erreicht (ebenda, S. 116 ff.).

Von ihren Tätigkeiten profitieren insbesondere Menschen in abgelegenen Regionen, so auf kleinen Inseln oder in den Bergen, wo private Dienste keine ausreichenden Gewinnerzielungsmöglichkeiten sehen. Ihre Mitarbeiter verfügen im Allgemeinen über langjährig gewachsene persönliche Beziehungen zu den Pflegebedürftigen, was einen Vertreter einer solchen Genossenschaft in einem Interview mit der Verfasserin veranlasste, von dem zu erwartenden Entstehen einer „neuen Gemeinschaft“ in ländlichen Regionen zu schwärmen.

c) Wie nicht anders zu erwarten, bietet der Pflegebereich profitorientierten Anbietern von Pflegeleistungen ein weites Geschäftsfeld. So belief sich bereits im Jahr 1997 allein der „silver business“-Markt auf ca. zehn Mrd Yen. Zu den Anbietern gehören Unternehmen wie Matsushita Electric, Sanyō, Niichi Gakkan, COMSN und Lebensversicherungen. Ihr Angebot wird ebenso wie das Angebot von NPOs im Rahmen des kommunalen Pflegeplans von dem Care Manager erfasst und koordiniert.

Wegen der zusätzlichen Geschäftsmöglichkeiten, die die Verabschiedung des Pflegegesetzes bot, zählten sie zu den energischen Befürwortern einer raschen Einbringung dieses Gesetzes (vgl. Nihon Keizai Shimbun, 07.05.97). Freilich sahen Fachleute und andere Anbieter ihr Engagement durchaus kritisch. Die meisten Befragten hielten private Dienstanbieter zwar für eine wesentliche Komponente bei der Deckung des zukünftigen Pflegebedarfs. Zudem erwartete man, dass sie zusätzliche Arbeitsplätze schaffen, die gerade in ländlichen Regionen dringend benötigt werden. Man befürchtete allerdings eine Monopolisierung des Pflegeangebots, weil nicht ausgeschlossen werden kann, dass sich vor allem Großkonzerne am Pflegemarkt engagieren. Diese könnten durch preisgünstige Angebote kleinere Konkurrenten vom Markt verdrängen und dann später ihre Monopolstellung nutzen. Weil sich Nachfrager von Pflegeleistungen mit 10% an den Kosten beteiligen müssen, sind sie durchaus an billigen Angeboten interessiert, was Großunternehmern die Marktenschließung erleichtert.

Vor diesem Hintergrund wurden von NPOs und profitorientierten Unternehmen (PO) zum Teil ganz unterschiedliche Interessen und Aspekte in die Diskussion eingebracht. Zwar geht es für beide Organisationstypen bei dem Pflegegeschäft um wirtschaftlich essentielle Fragen. Bei den NPOs kommen indessen prinzipielle gesellschaftliche Überlegungen hinzu. Es ist daher nachvollziehbar, dass die diesbezügliche politische Auseinandersetzung mit erheblicher Energie und großem persönlichen Einsatz geführt wurde. Die Ergebnisse der Befragung bestätigen dies. So wurde sogar ausgeführt, dass in Anbetracht der heftigen Auseinandersetzungen eine straffere Führung innerhalb der Gremien wünschenswert gewesen wäre. Aus Sicht des Zentralverbandes der Krankversicherungsträger z.B. hätte das Gesundheitsministerium für die Diskussionen Richtlinien vorgeben sollen. Von einem Mitarbeiter der Industrie- und Handelskammer wurde konstatiert, dass die heftig geführten Diskussionen grundsätzlich all diejenigen Kriterien erfüllten, die man an demokratische Prozesse stellen könne.

Weitere Befragte verwiesen darauf, dass alle relevanten demokratischen Kriterien erfüllt wurden: Problemstellungen (kadai) seien zunächst vom Forschungsinstitut im Gesundheitsministerium formuliert (sakusei) worden. Danach hätte man die betreffenden Fragen in den Shingikais, in denen sich Repräsentanten aller relevanten Schichten und Interessenvertreter befanden, vertieft. Es folgten Anpassungen (hosei) seitens der Parteien. Schließlich sei im Parlament über das Gesetz abgestimmt und das Gesetz mit absoluter Mehrheit angenommen worden. Von Mitarbeitern des Gesundheitsministeriums wurde anerkennend hervorgehoben, dass es keinem Akteur gelungen sei, die äußerst offen geführten Diskussionen zu manipulieren, um Entscheidungsprozesse in die von ihm gewünschte Richtung zu lenken. Zwischen einer Vielzahl unterschiedlicher Akteure seien intensive sachliche Auseinandersetzungen geführt worden, über die unverzüglich die Massenmedien berichtet hätten, so dass sich die breite Bevölkerung jederzeit ein Bild von dem Diskussionstand hätte machen können. Weitere Befragte bekräftigten, dass von einem Defizit an Demokratie überhaupt nicht die Rede sein könne. Es habe eine breite Beteiligung der Öffentlichkeit gegeben, was nicht zuletzt vor dem Hintergrund der manchmal zu beobachtenden Opposition der LDP gar nicht zu überschätzen wäre. Kennzeichnend für demokratische Prozesse hätte der Verlauf der politischen Auseinandersetzungen dazu beigetragen, schrittweise ein Gesamtbild zu schaffen und die in Frage stehenden Alternativen zu klären.

3. Kompromissbereitschaft versus Hartnäckigkeit

Kompromissbereitschaft und Konsensusorientierung sind in Japan möglicherweise stärker verbreitet als in anderen Ländern. Gleichwohl beharrten, wie die Befragung ergab, zahlreiche Teilnehmer lange auf ihren Ansichten und zögerten das Finden von Entscheidungen hinaus - eine Beobachtung, die mit dem Klischee einer konsensusorientierten Gesellschaft nicht vereinbar ist. Als wichtiger Grund für dieses Verhalten wird die große Zahl von Akteuren mit zum Teil stark divergierenden Meinungen und Interessen angegeben. Insofern könnte man das während der Pflegeversicherungsdebatte beobachtete Verhalten als „Sonderfall" betrachten, bedingt durch die spezifische Konstellation politischer Akteure.

Es gibt indessen auch Indizien, dass hierfür auch zuvor in Japan anzufindende Elemente eine Rolle spielten. Grundsätzlich werden Kompromisse geschlossen, um schrittweise auf das für alle Teilnehmer maßgebliche Ziel zuzugehen. In Bezug auf ein solches gemeinsames Ziel scheint allerdings lange Zeit keine einvernehmliche Position bestanden zu haben. Jedenfalls erklärten einige Befragte, dass sie das Eingehen von Kompromissen als Eingeständnis der Schwäche ihres eigenen Standpunktes angesehen hätten. Die Durchsetzung des „Prinzips" hätte Priorität gehabt. Viele scheinen sich emotional geradezu mit missionarischem Eifer und erheblichem Stolz an der Diskussion beteiligt zu haben – eine Tendenz unter Japans Intellektuellen, über die bereits vor dem Zweiten Weltkrieg berichtet wurde und die offensichtlich bis heute anzufinden ist. Sie drängten darauf, ihre für richtig gehaltene Weltanschauung auch in der Pflegeversicherungsdebatte durchzusetzen. Selbst am Schluss vieler Debatten hätten sie noch auf ihrem Standpunkt beharrt und sich nicht gescheut, das Risiko einzugehen, dass die Argumentation „parallel" verlief und kein Ergebnis erzielt wurde.

Insofern war, wie von fast allen Befragten hervorgehoben wurde, die Teilnahme an den Diskussionen keineswegs nur eine „Formalität". Selbst „extreme" Ansichten fanden Gehör und wurden ernsthaft und zumindest bis kurz vor Beendigung der Pflegeversicherungsdebatte ohne Zeitdruck diskutiert. Abweichende Meinungen hätten die Diskussionen sogar häufig auf einen freilich nicht von allem befürworteten „neuen" Kurs gebracht - ein letztlich für demokratische Prozesse „typischer" Verlauf.

Wenn schließlich über bestimmte Diskussionspunkte Einvernehmen erzielt wurde, hätte das nicht immer an der Einsicht in die Schlüssigkeit der Argumentation gelegen und schon gar nicht an der angeblichen Konsensusbereitschaft. Von zentraler Bedeutung seien vielmehr Geduld und Geschicklichkeit einzelner Persönlichkeiten gewesen, die durch kluges Taktieren und beharrliches Argumentieren Widerstände verringern konnten. Was von außen nach Konsensusbereitschaft aussah, sei in Wirklichkeit der Erfolg kluger Verhandlungsführung gewesen, die es fertig brachte, dass sich diejenigen, die andere Ansichten vertreten, in die „stille Unzufriedenheit" zurückzogen. Sie wären bereit gewesen, ihre Meinung zu „verstecken", hätten sich aber nicht gescheut, bei geeigneter Gelegenheit ihre Argumente erneut zu vertreten. Ruth Benedict hatte in einer vor 60 Jahren veröffentlichten Untersuchung in diesem Zusammenhang von dem tiefverwurzelten „dualen Charakter" in den zwischenmenschlichen Beziehungen gesprochen: *„... in action an often timid people, but they are brave even to foolhardiness. They can prove themselves remarkably submissive in hierarchical situations and yet not be easily amenable to control from above"* (Benedict 1946/64, S. 291).

Zwei Beispiele illustrieren die beschriebene Hartnäckigkeit. Eine renommierte und in der Fachliteratur einschlägig bekannte Wissenschaftlerin hatte sich bereits Ende der 80er Jahre intensiv mit der Altenpolitik und den diesbezüglich in Deutschland geführten Diskussionen befasst. Als sie von der Absicht der Regierung erfuhr, eine Pflegeversicherung einzuführen, hätte sie an einer Sitzung des „Ihoshin", dem beim Gesundheitsministerium angesiedelten Shingikai, teilgenommen. Sie hätte bald bemerkt, dass man dort ihre Ansichten bezüglich der in Japan einzuführenden Pflegeversicherung nicht in allen Punkten teilte. Daraufhin entschloss sie sich, eigenständig, außerhalb der üblichen Beratungsgremien, am politischen Prozess teilzunehmen. So hielt sie im Zeitraum 1996-2000 mehr als hundert öffentliche Vorträge und veröffentlichte zahlreiche Artikel und Monographien, die unter Japans Experten starke Beachtung fanden. Darüber hinaus, und das ist das Besondere an ihrem Engagement, pflegte sie Kontakte zu wichtigen Präfekturen und Kommunen sowie zu Mitarbeitern des Gesundheitsministeriums und unterstützte sie im Rahmen ihrer Publikationenstätigkeit bei der Durchsetzung deren Ziele, sofern diese mit ihrem eigenen Pflegemodell konform waren. Auch hielt sie engen Kontakt zu bestimmten Journalisten.

Ein anderer Deutschlandexperte, ein ehemaliger Mitarbeiter des Gesundheitsministeriums, der seit 1983, nach seiner Stationierung in Deutschland, für die Altenpolitik zuständig war, gehört zu den sanften „Hartnäckigen". Er vertrat die Ansicht, dass jedes Land sein Altenproblem entsprechend seiner Geschichte, Kultur und Gesellschaft zu lösen habe. Seine Meinung stellte er in zahlreichen Publikationen vor, zeigte aber wenig Interesse an direkter Mitwirkung, weil aus seiner Sicht die mit den täglichen Pflegeproblemen vertrauten Personen wie „home helper" und Mitarbeiter von Pflegeeinrichtungen nicht ausreichend zu Wort kamen.

Weitere Befragte verwiesen mit Stolz darauf, ihre von Anfang an bestehende Auffassung kaum oder sogar nie geändert zu haben, nahmen aber aktiv am politischen Entscheidungsprozeß teil. Zu ihnen gehörten Mitglieder der Kommunistischen Partei und die von Ozawa Ichirō gegründete Shinshintō. Die Kommunistische Partei beharrte auf ihre zum ersten Mal in ihrer Tageszeitung Akahata im Dezember 1995 veröffentlichte Position, weil sie die Ansicht vertrat, dass nur ihr Konzept die richtige Lösung für das Volk und die Nation sei. Man wollte die Pflegeversicherung durchsetzen, akzeptierte aber keinen Kompromiss, z.B. als entgegen dem eigenen Konzept auch die Einkommensschwachen Beiträge für die Versicherung zahlen sollten. Die Kommunistische Partei berief sich darauf, dass 76% der Senioren keine Einkommensteuer zahlen müssten, weil ihre Einnahmen zu gering sind (Minaru 2001). Eine Belastung durch die Pflegeversicherung käme daher nicht in Frage. Auch wandte man sich energisch gegen die 10 %ige Eigenbeteiligung von Senioren an den Kosten der Versicherungsleistungen.

Als es im Unterhaus zur Abstimmung kam, stimmten die kommunistischen Mitglieder nicht gegen den Entwurf, sondern verließen protestierend den Raum. Man warf dem Gesundheitsministerium vor, das Gesetz durch Zwang durchgebracht und die Bevölkerung nur unzulänglich an der Diskussion beteiligt zu haben, so dass ihre Interessen, zumindest, wie sie von der Kommunistischen Partei formuliert wurden, nicht berücksichtigt wurden. Zusammen mit den kommunistischen Parlamentariern verließen die Abgeordneten der Shinshintō bei der Abstimmung den Raum. Freilich hatten sie andere Gründe für die Ablehnung. Sie waren entschieden gegen das Umlageverfahren. Die Kommunistische Partei dagegen akzeptierte die beschlossene Kombination von Steuerfinanzierung und Umlageverfahren.

Insgesamt war während der gesamten Debatte in Bezug auf bestimmte Fragestellungen zwischen einzelnen Akteuren geradezu ein Freund-Feind-Verhältnis zu beobachten. So wurde auf einzelne im Fragebogen gestellte Fragen Antworten gegeben wie: „Einige drohten, ich mache nicht mehr mit, wenn ihr nicht auf mich hört", „in meiner Position als Beamter musste ich schweigen und alles schlucken", „ich war ohnehin sicher, dass das Gesetz scheitern würde", „eine Einigung war unmöglich, wir redeten aneinander vorbei".

Gleichzeitig aber gab es selten geschlossene Fronten. So wurden auf die Frage, mit welchen anderen Akteuren ihre Position übereinstimmte, je nach Sachthema ganz unterschiedliche Akteure angegeben: die Regierung, die Tōkyō-Präfektur, das Gesundheitsministerium, die Kommunistische Partei, der Frauenverband, die Bürgerinitiative „Zehntausend", bestimmte NPOs usw. Die Frage, mit welchen Akteuren sie nicht übereinstimmten, wurde ebenfalls, je nach Sachthema, mit einem ähnlich breiten Spektrum von Akteuren beantwortet.

H.Merkmal 7: Effizienz und japanische kulturelle Werte – komplementäre oder konkurriende Beziehungen?

Ablauf und Ergebnissen demokratischer Entscheidungsprozesse wird häufig eine besondere Effizienz nachgesagt. Die Effizienz kann durch bestimmte kulturelle Gemeinsamkeiten erhöht oder, umgekehrt, auch beeinträchtigt werden, woraus sich ein bestimmtes Spannungsverhältnis zwischen diesen beiden Sachverhalten ergibt. Im folgenden Abschnitt werden innerhalb dieses Spannungsverhältnisses von den befragten Akteuren für wesentlich gehaltene Beziehungen zwischen Effizienz und kulturellen Eigenarten untersucht.

Die unterschiedlichen Auskünfte und Bewertungen werden unter den Stichworten 1. „Ortsfaktoren“, 2. „Kostenfaktoren“, 3. „Zeitfaktoren“ und 4. „Ethikfaktoren“ zusammengefasst. Unter Ortsfaktoren werden gemeinsame „japanische“ Empfindungen und der Bezug auf ein „japanisches“ Modell verstanden, wodurch sich politische Entscheidungsprozesse unter Umständen dynamisieren und fokussieren lassen. Zu den Kostenfaktoren gehören im engeren Sinne Rentabilitätsüberlegungen aber auch umfassende Beziehungen zwischen Gemeinwohl und Kosten. Zeitfaktoren beziehen sich auf die unter geschicker Nutzung gemeinsamer Empfindungen vollzogene Gestaltung des zeitlichen Ablaufs politischer Entscheidungsprozesse. Unter Ethikfaktoren werden kodifizierte zwischenmenschliche Beziehungen in der Familie oder in der „hierarchisch“ gegliederten Gesellschaft verstanden.

1. Ortsfaktoren

Es gehört zur Tradition Japans, von dem Ausland zu lernen, insgesamt aber ein Ergebnis hervorzubringen, das, wie es in Japan heißt, den „ japanischen Geist“ widerspiegelt. Der Prozess um die Pflegeversicherung entsprach durchaus dieser „ Tradition“. So hatte man sich eingehend mit vergleichbaren in Deutschland, den Niederlanden, England, Schweden und Dänemark verwirklichten Konzepten befasst. Japanische Experten wurden in diese Länder zum Studium entsandt und Fachleute jener Länder nach Japan zur Beratung eingeladen.

Deutschlands Pflegeversicherung gehörte zu den bevorzugten „Modellen“, wohl nicht zuletzt wegen besonderer historischer Beziehungen zwischen beiden Ländern und deren vergleichbaren demographischen Situation. Wie oben dargelegt, wurden allein in der Tageszeitung Asahi Shimbun zu Beginn der Debatte ausführliche Artikel zur deutschen Pflegeversicherung veröffentlicht. Das Gesundheitsministerium lud deutsche Experten wie Bernt Baron von Maydell vom

Max-Planck-Institut (Asahi Shimbun 15.10.94) und Karl Jung vom Bundesministerium für Arbeit und Sozialordnung zur Beratung nach Japan ein. Schwerpunkte ihrer Berichte bildeten die Regelungen für Geldleistungen und die finanzielle Belastung der Unternehmen durch die Pflegeversicherung (Nihon Keizai Shimbun, 02.11.11995).

Letztlich hat Japan eine Variante verwirklicht, die auch solche Elemente beinhaltet, die im Ausland anzufinden sind: Das Umlageverfahren in Deutschland und die Steuerfinanzierung in Skandinavien. Auf der Basis des skandinavischen Konzepts des Ombudsmannes und unter Nutzung der Erfahrungen mit dem Care bzw. Case Management in den USA und in England wurde für die Koordination von Pflegeangebot und -nachfrage die Institution des Care Manager geschaffen. Daneben gab es eigenständige Elemente, die 10%ige Selbstbeteiligung, um dem in Japan verbreiteten Grundgedanken der Selbstverantwortung Rechung zu tragen, die Verpflichtung auch gering verdienender Arbeitnehmer zur Zahlung an die Pflegeversicherung und der Ausschluss jüngerer pflegebedürftiger Personen von den Pflegeleistungen. Der Bevölkerung sollte auf diese Weise die Notwendigkeit des Abschlusses einer privaten Versicherung vor Augen geführt werden.

Man könnte man in dem japanischen Konzept eine Kombination vor allem unterschiedlicher ausländischer Bausteine sehen. Eine solche Sichtweise würde aber dem in Japan verwirklichten Konzept nicht gerecht werden. Die japanische „Kombination" wurde gegen den Widerstand derjenigen durchgesetzt, die eine stärkere Anlehnung an das deutsche, das schwedische oder das dänische Modell wünschten. Außerdem orientierte man sich nur in der Anfangsphase der Diskussion an ausländischen Konzepten. In den Jahre 1995 und 1996, als um die Grundstrukturen des japanischen Ansatzes zwischen den unterschiedlichen Akteuren gerungen wurde, spielten ausländische Modelle keine Rolle mehr.

Insofern wird Japans Pflegeversicherung in der Befragung durchwegs als Produkt des „wakon yōsai" betrachtet, d.h. als Verbindung des japanischen Geistes mit ausländischem Wissen. Ein früherer Mitarbeiter des Gesundheitsministeriums und Experte für die deutsche Sozialpolitik sprach in diesem Zusammenhang von einer „Mosaik-Kultur". Euphorisch berichtete ein Befragter, dass im Mittelpunkt der japanischen Pflegeversicherung stets das „Japanische" stehe. Es hieß sogar, dass die Pflegeversicherung zur nationalen Bewusstseinsbildung beitrage und dazu verhelfe, in „Frieden und ohne Sorge" zu leben. Diesbezüglich würde man in der Welt zur Nummer Eins werden.

Zuweilen birgt die Betonung des „Japanischen“ freilich kuriose Aspekte. Obwohl die Idee des „Care Manager“ aus Schweden, England und den USA stammt und sich das japanische Konzept des Care Manager noch im Kindesalter befindet, meinten einige der von der Verfasserin befragten japanischen Experten für Sozialpolitik bereits, dieses der Welt als Vorbild anbieten zu sollen. Indessen wirken solche Ansprüche, unabhängig von ihrer Sinnhaftigkeit, stimmulierend auf die politischen Akteure. Nation und Modellhaftigkeit waren wie bei vielen vorherigen Vorhaben auch bei der Pflegeversicherungsdebatte dynamisierende Elemente. Insofern ist Aldous Huxleys Aussage zuzustimmen, der im Jahr 1956, 24 Jahre nach der Veröffentlichung seines Romans „Brave New World“, in der eine Welt ohne Nationalismus darstellt wird, resignierend feststellte: *„We may be Christians, Jews, Moslems, Hindus, Buddhist, Confucians or Atheist; but the fact remains that there is only one faith for which large masses of us are prepared to die and kill, and that faith is nationalism. That nationalism will remain the dominant religion of the human race for the next two or three centuries at the very least seems all too probable*" (Huxley 1956).

In der Verwirklichung von „nationalen“ Lösungen unterscheidet sich Japan faktisch zwar nicht allzu sehr von anderen Ländern. Auch die deutsche Pflegeversicherung steht in der deutschen, Bismarckschen sozialpolitischen Tradition. So ist das im Jahr 1994 für die Pflegeversicherung eingeführte Umlageverfahren die für deutsche Soziaversicherungen typische Finanzierungsform. Freilich hatte es auch andere Finanzierungsvorschläge gegeben. Hans-Adalbert Rürup z.B. wollte bereits damals das Kapitaldeckungsverfahren einführen und kritisierte die Entscheidung des damaligen Gesundheitsministers Nobert Blüm als „anachronistisch“. Anders als in vielen westlichen Ländern wird in diesbezüglichen japanischen Diskussionen indessen explizit nach „japanischen“ Lösungen gesucht. Diese sollen zudem Vorbildcharakter haben. So versuchen politische Akteure, Japans Wohlfahrt unter den spezifischen Bedingungen des Landes zu maximieren oder, wie in der Umfrage ausgeführt wurde, ein neues System zu ersinnen und zu verwirklichen, das jeden Bürger in eine bessere Situation versetzt. Trotz seiner japanspezifischen Elemente scheuen sich einige Befragtes dann aber nicht, dieses Konzept der „Welt“ als beispielhaft vorzustellen.

Auf die Frage, welchen konkreten Elementen einer „ typisch“ japanischen Kultur das Pflegeversicherungsgesetz Rechnung zu tragen habe, wurden, geordnet nach der Häufigkeit der Nennungen, folgende Angaben gemacht: Der Wille der Senioren zur Selbstbehauptung und Selbstständigkeit sei verhältnismäßig schwach ausgeprägt. Senioren wollten anderen nicht zur Last fallen Das auf einer Vielzahl von Religionen basierende religiöse Empfinden verlöre zwar an

Bedeutung, präge aber immer noch das Verhalten vor allem alter Menschen. Die ethische Sichtweise, wonach bestimmte Verhaltensweisen als „schöne Tugend" gelobt werden, sei zumindest in den konservativen Kreisen verbreitet. Die traditionellen Familienstrukturen befänden sich zwar in Auflösung und die zwischenmenschlichen Beziehungen seien signifikant kälter geworden, es gäbe aber immer noch erhebliche „mentale" Abhängigkeiten voneinander. Das Gemeinschaftsgefühl außerhalb der Familie sei stark ausgeprägt. Man verhielte sich „menschlich", damit aber auch häufig irrational. Im Falle der Pflege bedeute dies eine ausgeprägte Abneigung gegen fremde Pfleger im eigenen Haus, Zurückhaltung bei der Suche nach individuellem Glück und Schwierigkeiten, bei der Pflege das Prinzip „Leistung gegen Leistung" durchzusetzen.

Einige dieser Elemente, vor allem bestimmte Merkmale der zwischenmenschlichen Beziehungen, standen der Einführung und Akzeptierung einer „professionellen" Pflege entgegen. Ihnen hatte, wie es hieß, das in Japan verwirklichte Konzept ganz besonders Rechnung zu tragen. So erklärten vor diesem Hintergrund den Neoliberalen, den Nationalisten und den Kommunisten nahestehende Personen gleichermaßen, dass es darum ginge, die Schwächung zwischenmenschlicher Beziehungen und den Verlust des Familienzusammenhaltes, dies sind diejenigen Elemente, die in der Vergangenheit die Stärke der japanischen Gesellschaft begründet haben sollen - durch geeignete pflegerische Konzepte auszugleichen.

Vergleichbar argumentierte Hiroi Yoshinori, ein Fachmann für Sozialpolitik. Er führte aus, dass die Pflegeversicherung ein Beispiel für eine spezifische Rollenverteilung zwischen dem öffentlichen und dem privaten Sektor sei und einen neuen Ansatz zur Lösung der aus dem Zusammenbruch familiärer und gemeinschaftlicher Beziehungen entstandenen Probleme bilde (Hiroi 1999). Es käme vor allem darauf an, erklärte der Vorsitzende des „Ihoshin", der Sachverständigenkommission im Gesundheitsministerium, dass die stationäre Behandlung von Pflegebedürftigen, die in der Vergangenheit von 90% der Bevölkerung als „Familienschande" empfunden wurde, akzeptiert und durch geeignete Vorkehrungen erleichtert und humanisiert würde.

2. Kostenfaktoren

Bei der Suche nach solchen Lösungen, die es gestatten, zu niedrigen Kosten einen möglichst großen Beitrag zum Gemeinwohl zu erbringen, rückten a) die Finanzierungsform der Altenpflege und b) deren Auswirkungen auf das Pflegeangebot in den Mittelpunkt der Diskussion. Es ging darum, welche Finanzierungsmethode oder welche Kombination von Finanzierungsformen am besten zur Verwirklichung der relevanten Ziele der Altenpflege beiträgt. Konzepte, die mit diesen Zielen gut vereinbar waren, hatten verhältnismäßig gute Chancen zur Verwirklichung.

a) Als Finanzierungsmethoden kamen die Steuerfinanzierung, die Beitragserhebung durch das Umlageverfahren oder das Kapitaldeckungsverfahren, eine Selbstbeteilung oder eine Kombination dieser Finanzierungsmethoden in Frage. Die Diskussionen zeigten, dass Finanzierungsfragen sehr rasch in einen größeren gesellschaftlichen Zusammenhang gestellt wurden. So wurde gefragt, ob in erster Linie Märkte für Pflegeleistungen bedient oder Bedürfnisse alter Menschen befriedigt werden sollten, d.h. es gingen um „Effizienz" versus „Fairness". Implizit wurde unterstellt, dass sich profitorientierte Anbieter in erster Linie am Marktbedarf, sonstige Anbieter auch an weiteren Bedürfnissen alter Menschen orientieren. Dementsprechend mußte die Wahl der Finanzierungsform die Entwicklung der Struktur der Pflegeanbieter beeinflussen.

Vor diesem Hintergrund wird nachvollziehbar, warum für viele politische Akteure die Steuerfinanzierung grundsätzlich die „ideale" Lösung war, auch noch dann, als man sich auf Grund von Finanzierungszwängen auch für weitere Finanzierungsmethoden entschieden hatte. So sprachen sich 59% der Befragten grundsätzlich für die Steuerfinanzierung aus. Die Kombination mit sonstigen Finanzierungsmethoden wurde als schlechter Kompromiss angesehen, der aber aus pragmatischen Erwägungen heraus schließlich eine breitere Zustimmung fand. Er wurde jedenfalls von 67% der Befragten befürwortet, d.h. auch von denjenigen, die grundsätzlich die ausschließliche Steuerfinanzierung favorisierten.

Befürworter der Steuerfinanzierung unterstellten nämlich, dass sich auf derer Basis die gesamte Gesellschaft am konsequentesten an der Altenpflege beteiligt. Die Finanzierung über den Staatshaushalt sei in Anbetracht der großen gesellschaftlichen Bedeutung der Altenpolitik zielkonform. Sie entspräche am besten dem „Egalitätsprinzip" (kōsei), weil das Ausschlussprinzip (haijo gensoku), anders als bei dem Umlageverfahren oder dem Kapitaldeckungsverfahren, nicht zur Anwendung komme. So sei sichergestellt, dass alle älteren Bürger, wann und wo auch immer, bei Bedarf die erforderlichen Leistungen in Anspruch nehmen können. Vor allem die finanziell schwächeren Senioren würden hiervon Nutzen ziehen. Sie müssten nicht befürchten, geringere Leistungen zu erhalten, weil sie z.B. weniger als die sonstigen Senioren in die Versicherung eingezahlt hatten oder mit Beiträgen im Rückstand sind. In einem inzwischen reichen Land wie Japan müsse der Staat die Altenpflege ebenso wie die Ausbildung von Jugendlichen in eigener Regie wahrnehmen.

Solche Argumente wurden nicht allein von der Kommunistischen Partei und den Sozialisten hartnäckig ins Feld geführt. Auch Verwaltungsbeamte und Akademiker brachten vergleichbare Argumente vor. So kritisierte ein Mitarbeiter einer Präfekturverwaltung die Versicherungslösung. Es sei gänzlich irreführend, diese als *„von der gesamten Gesellschaft getragene Versicherung“* zu bezeichnen. Sobald Pflegeleistungen statt aus dem Staatshaushalt von einer Versicherung finanziert würden, liefe das auf die Schaffung neuer Märkte hinaus, auch dann, wenn es sich um eine „Sozialversicherung“ handele. Das Versicherungskonzept, so führte er weiter aus, entspräche „neoliberalem“ Gedankengut und sei mit einer engagierten Altenpflege unvereinbar. Nach seinen Berechnungen seien nur 11% der alten Menschen überhaupt pflegebedürftig. Eine solche Last sei überschaubar und müsse über Steuern vom Staat getragen werden.

Es ist aufschlussreich, dass auf die Frage nach der Bedeutung der „Effizienz“ des Pflegeangebots zumeist, nicht nur von den Befürwortern der Steuerfinanzierung, verwundert, manchmal sogar verärgert reagiert wurde. In der diesbezüglichen Diskussion in Deutschland kam der Effizienz im engeren betriebswirtschaftlichen Sinne eine große Bedeutung zu. Auch die Sachverständigenkommission „Shahoshin“ hat „Effizienz“ zu einem der für Sozialsystem fünf wichtigen Prinzipien neben Allgemeingültigkeit, Gleichheit, Integration und Anspruch auf Leistung erklärt (Nichii shōken 1997, 2. Teil S. 84 f.). Im Rahmen der Befragung stellte man jedoch häufig die Gegenfrage: “Was meinen Sie mit Effizienz?“ Nur 15% der Befragten hielten die wirtschaftliche Effizienz im engeren Sinne für besonders bedeutend. Für die anderen hatten dagegen folgende Werte Vorrang: Menschenwürde (ningen no songen), Zufriedenheit im Alter, menschliche Wärme, Menschenliebe, seelische Kontakte (kokoro no kizuna), Geborgenheit, Lebensqualität, harmonisches Zusammenleben, gegenseitige Hilfe, Qualität der Pflegeleistungen, Zukunftsträume, Wohlfahrt, Selbstbestimmung, Achtung der Individualität, flexibles Eingehen auf individuelle Bedürfnisse, am ganzheitlichen Menschenbild ausgerichtete Wohlfahrt, „caring society“.

Konzepte, die diesen Wertvorstellungen nahe stehen, ließen sich nach allgemeiner Ansicht im Verlaufe der politischen Auseinandersetzungen rascher durchsetzen als marktorientierte Ansätze, bei denen Pflegeunternehmen allzu leicht auf Kosten der Qualität der Pflege Gewinne erzielen könnten. Als abschreckendes Beispiel wurde die Nursing Industry in den USA genannt. Im Übrigen seien Japans ältere Bürger mental überhaupt nicht in der Lage, ähnlich wie ihre anspruchsvollen und selbstbewussten „Alterskollegen“ in den USA ihren „Bedarf“ am Pflegemarkt zu befriedigen. All diese spräche für die steuerfinanzierte, am Bedarf der Gesellschaft ausgerichtete Pflegeversicherung.

Diejenigen, die die Finanzierung durch das Umlageverfahren befürworteten, wollten eine ertragreiche „neue“ Einnahmequelle erschließen. Aus Versicherungsleistungen sollte ein umfassendes Pflegeangebot finanziert werden. Durch Wettbewerb zwischen mehreren Anbietern von Pflegeleistungen wollte man ein effektiveres Management durchsetzen und die Pflegequalität erhöhen. Die Versicherungslast sollte auf Arbeitgeber und Arbeitnehmer verteilt werden Man argumentierte, dass aufgrund der demographischen Entwicklung die Steuerfinanzierung früher oder später den Staat überfordern und daher die Finanzierung nach dem Umlageverfahren unumgänglich würde. Der Staat sei keineswegs so reich, wie man das vor kurzem noch gemeint hatte. Die wirtschaftlichen Probleme des Staates drohten sogar, die wirtschaftliche und gesellschaftliche Stabilität des Landes in Frage zu stellen. In jener Zeit war als Folge der nach dem Platzen der Spekulationsblase entstandenen Wirtschaftskrise der Anteil der Staatsschulden am BSP bereits auf nahezu 100% angestiegen. Es müsse daher darum gehen, die Staatsausgaben zu senken und nicht dem Staat neue Lasten aufzubürden.

Die Kritik von Befürwortern der Steuerlösung an der Umlagefinanzierung sei nicht gerechtfertigt. So würden Versicherungsleistungen im Bedarfsfall an jeden gezahlt, unabhängig von dessen Einkommen und unabhängig davon, ob regelmäßig Beiträge eingezahlt wurden. Das Versicherungskonzept würde das nur wenig entwickelte Anspruchsdenken älterer Personen stärken. Weil sie zwischen alternativen Pflegeangeboten wählen können, würden sie ihren Anspruch auf Leistungen nach dem Prinzip „ich habe bezahlt, also habe ich einen Anspruch auf Pflege“ durchsetzen. Insgesamt würde sich auf dieser Weise das Versorgungsniveau älterer Personen höher. Hinzu käme, dass das Umlageverfahren dazu beitrage, das Kostenbewusstsein zu stärken, weil es anders als die Steuerfinanzierung einen wenn auch nur indirekten Bezug zwischen Beiträgen und in Anspruch genommen Leistungen herstellt. Insofern wirke die Umlagefinanzierung als eine Art „Lenkungssteuer“(mokuteki zei).

Die dritte Finanzierungskomponente, die Eigenbeteiligung an den Kosten der Pflege in Höhe von 10%, wurde bemerkenswerter Weise von der größten Zahl der Befragten befürwortet. 75% von ihnen waren dafür, nur 25% sprachen sich dagegen aus. Sie wurde vermutlich deswegen von vielen akzeptiert, weil die seit langem eingeführte Krankenversicherung eine Eigenbeteiligung in Höhe von 20% vorsah. Eine Selbstbeteiligung war daher kein Novum, und ein Satz von 10% wurde als nicht allzu belastend angesehen. Diesbezüglich wurde ganz anders als bei der Steuerfinanzierung argumentiert. Es ging nicht um menschliche Wärme und Zufriedenheit im Alter. Vielmehr wurde positiv hervorgehoben, dass die Eigenbeteiligung die Nachfrage nach Pflegeleistungen bremsen sowie die „Selbstständigkeit" fördern und damit der in Japan verbreiteten Zurückhaltung und dem Bestreben, andere nicht zu belästigen (meiwaku o kakenai), entgegenkommen würde. In Gesprächen vermuteten einige Fachleute, dass bis zu einem Drittel derjenigen, die Pflegeleistungen in Anspruch nehmen dürften, hiervon wegen der damit für sie verbundenen finanziellen Belastung absähen. Letztlich war es daher, wie auch häufig zu hören war, eine „Frage des Geldes" (okane no mondai), wenn man sich für die Eigenbeteiligung aussprach.

Die Diskussion um die einzelnen Finanzierungsformen macht ersichtlich, dass mit diesen ganz unterschiedliche gesellschaftliche Ziele implizit oder auch explizit verknüpft wurden, deren Spektrum von Kostenminimierung bis zur Verwirklichung japanspezifischer kultureller Werte reichte. Als man sich auf die Mischfinanzierung aus Steuern, Versicherungsbeiträgen und prozentualer Beteiligung geeinigt hatte, glaubten viele, die Vorteile dieser Formen wie „fairness" und „Leistung gegen Leistung" vereint zu haben. Unter finanziellen Gesichtspunkten ging es freilich darum, die Finanzlast des Staates nicht allzu sehr zu vergrößern, Arbeitgeber, Arbeitnehmer und Pflegebedürftige an der Finanzierung der Pflegekosten zu beteiligen und insgesamt ein attraktives und kostengünstiges Angebot zu erstellen.

b) Je nach den Zielvorstellungen der politischen Akteure bezüglich der Pflege wurden Anbieter von Pflegeleistungen wie NPOs, private Pflegedienste usw. in grundsätzlichen Diskussionen unterschiedlich beurteilt. Die Befragung ergab indessen, dass private profitorientierte Anbieter im Rahmen des sog. Silver Business die beste Bewertung erfuhren. 81% der Befragten schätzten sie positiv ein. Es folgten NPOs mit einem Anteil positiver Beurteilungen an der Gesamtzahl aller Bewertungen von 71%, der Care Manager mit einem entsprechenden Anteil von 68%, Körperschaften der Sozialen Wohlfahrt mit 42%, Familien und Verwandte mit 39%, Sozialen Wohlfahrtskommissionen mit 28% und Nachbarschaftshilfen mit nur 14%. Dieses Ergebnis, wonach profitorientierte Anbieter, die ansonsten recht kritisch eingeschätzt werden, die beste Bewertung erhalten, ist überraschend. Es könnte als Indiz dafür gewertet werden, dass Japans politische Akteure Wirtschaftlichkeitskriterien trotz der Betonung kultureller Werte letztlich einen hohen Stellenwert einräumen.

Freilich ist diesbezüglich eine ambivalente Haltung zu beobachten. Je nach dem Zusammenhang, in dem entsprechende Fragen gestellt werden, stehen einmal Japans angebliche kulturelle Werte wie harmonische zwischenmenschliche Beziehungen im Mittelpunkt, zum anderen, ganz pragmatisch, Kosten und Rentabilität. Diese „dualistische" Einstellung kommt deutlich zum Ausdruck, wenn man den oben im Zusammenhang mit der Befürwortung der Steuerfinanzierung wiedergegebenen „wertorientierten" Argumenten folgendes Befragungsergebnis hinsichtlich privater Pflegedienste gegenüberstellt: Private Pflegedienste seien willkommen, weil sie sich durch Fleiß und Dynamik auszeichneten. Wegen ihrer Ausrichtung am marktwirtschaftlichen Wettbewerbsprinzip (shijō kyōsō genri), trügen sie dazu bei, eine „neue Gemeindekultur" herauszubilden und die alten Strukturen der Verwaltung zu reformieren. Sie würden neue Arbeitsplätze schaffen und Kapital in gesellschaftlich sinnvolle Vorhaben lenken. Mit ihrer Hilfe könnten ältere Personen vertragliche Beziehungen zu Pflegeeinrichtungen schließen. Die bisher im Wohlfahrtsbereich tätigen Organisationen wären endlich gezwungen, ihre „Privilegien" aufzugeben und in den Wettbewerb mit neuen Anbietern zu treten. Es würden wichtige Voraussetzungen dafür geschaffen, dass Sozialen Wohlfahrtskommissionen, Wohlfahrtsverbände und Landwirtschaftliche Genossenschaften auf Grund des Wettbewerbsdrucks zur Rationalisierung und Entbürokratisierung und zur Ausrichtung an betriebswirtschaftlichen Prinzipien gezwungen werden. Neben privatwirtschaftlichen Anbietern könnten sich auch neue NPOs entwickeln, die, obwohl sie nicht am Gewinn ausgerichtet sind, durch den Wettbewerb mit privaten Unternehmen zur Steigerung ihrer Wirtschaftlichkeit gezwungen würden. Insgesamt würde ein sehr breites Spektrum von zum Teil auch sehr spezialisierten Pflegeleistungen angeboten, aus denen ältere Menschen je nach ihren individuellem Pflegebedarfs selbstständig wählen könnten.

Wenn man diese auf Wirtschaftlichkeit ausgerichteten und die „wertorientierten" Argumente zusammenfasst und als Ziele interpretiert, so erhält man eine der Pflegeversicherungsdebatte zugrunde liegende recht komplexe „Wohlfahrtsfunktion". In diesem Zusammenhang wurde von einzelnen japanischen Gesprächspartnern der Begriff „Wohlfahrtseffizienz" (fukushi kōritsu) verwendet, der durchaus treffend zum Ausdruck bringt, dass es sowohl um altengerechte und „ganzheitliche" als auch um kostengünstige und diversifizierte Pflegeangebote geht.

Einige politische Akteure lehnten während der Pflegeversicherungsdebatte und dementsprechend auch in ihren Antworten auf den Fragebogen einzelne Elemente dieser Wohlfahrtsfunktion zwar immer dann energisch ab, wenn sie isoliert von den sonstigen Zielen vorgebracht wurden. Hieraus ergeben sich die zum Teil heftig geführten Auseinandersetzungen. Letztlich mussten aber wohl die meisten Teilnehmer am politischen Entscheidungsprozess mit dieser Wohlfahrtsfunktion intuitiv vertraut gewesen sein und sie möglicherweise sogar „tief im Herzen“ akzeptiert haben, so dass trotz aller Konflikte in einem überschaubaren Zeitrahmen Lösungen gefunden wurden.

3. Zeitfaktoren

Vieles spricht dafür, dass wichtige politische Akteure den zeitlichen Ablauf des Entscheidungsprozesses geschickt beeinflussten und a) einen besonderen Handlungsbedarf demonstrierten und b) Erwartungen auf zukünftige „bessere“ Lösungen schürten, um den Entscheidungsprozess zu beschleunigen.

a) Die politische Diskussion wurde unter Verweis auf die „Dringlichkeit“ einer Lösung für die Pflege älterer Menschen initiiert. Federführend hierbei waren die maßgeblichen Beamten im Gesundheitsministerium, die die Gunst der Stunde, d.h. die Schwächung der LDP mit ihren „zoku-giin“ und ihren engen Beziehungen zum ansonsten allmächtigen Finanzministerium zur Einführung einer Pflegeversicherung nutzen wollten. Weitere politische Akteure, die in jener Zeit möglicherweise ganz andere politische Vorhaben oder grundsätzlich andere Konzepte zur Lösung der Altenfrage in die Diskussion hätten einbringen wollen, wurde auf diese Weise kaum Gelegenheit für entsprechende Initiativen gegeben. Konkurrierende politische Vorhaben wurden von Anfang an abgeblockt.

Regierungsstellen und bald auch immer stärker die Medien verwiesen darauf, dass der Anteil der alten Menschen über 65 drastisch ansteigt, von 7% im Jahr 1979 auf 10% im Jahr 1985 und auf 14% im Jahr 1994. In den 70er Jahren hätte man hierauf mit einem politischen Kurswechsel hin zu wohlfahrtspolitischen Maßnahmen reagiert, später, in den 80er Jahren, mit der Einführung der „Sockelrente“. Nunmehr müsse man eine Lösung für die dramatisch zunehmenden und mit den bisherigen Ansätzen nicht mehr zu lösenden Pflegeaufgaben finden. Auf Grund dieser der Öffentlichkeit vermittelten „echten“ oder fingierten gesellschaftlichen Notlage hielt jedenfalls der größte Teil der befragten Akteure die Lösung der Pflegeaufgaben für vorrangig. Keiner der Befragten glaubte, den damaligen Status quo, d.h. die Betreuung durch Familien und die Gewährung von staatlicher Sozialhilfe für Bedürftige, beibehalten zu dürfen. Die Auffassung, dass ohne ein geeignetes „neues“ Konzept für die Altenpflege Wirtschaft und Gesellschaft als Folge gesellschaftlicher Alterungsprozesse destabilisiert würden, war bei fast allen Akteuren tief verwurzelt.

So hielten 86% der Befragten die Pflegeversicherung für ein sehr wichtiges Thema. 58% von ihnen bezeichneten den diesbezüglichen Gesetzgebungsprozess wegen der untragbaren Pflegelast der Frauen und der Finanzknappheit des Staates sowie der Kommunen als wichtigsten der 90er Jahre. Die sprunghafte Beteiligung eines immer breiteren Spektrums auch ganz neuer politischer Akteure belegt, dass die Dringlichkeit des Vorhabens im öffentlichen Bewusstsein erfolgreich verankert worden war. Freilich nicht immer. Kan Naoto, damals Gesundheitsminister und inzwischen Vorsitzender der Demokratischen Partei, besuchte publikumswirksam die älteste Dame Japans, die 112 jährige Utakawa Sue. Sie sollte sich öffentlich für die Pflegeversicherung aussprechen. Zu seiner Enttäuschung hatte diese Seniorin zu diesem Thema kein Wort übrig gehabt. (Asahi Shimbun 3.6.1996).

b) In der späteren Diskussion wurde der Zeitfaktor auf eine andere Weise ins Spiel gebracht. Die Partizipation einer großen Zahl politischer Akteure mit ganz unterschiedlichen Konzepten, z.B. die Vertreter neu gebildeter „grass roots"-Gruppierungen, die sich durch Energie und Wortgewandtheit auszeichneten und ihre Vorliebe für ausführliche politische Statements entdeckten, drohte die Debatte dramatisch zu verlängern. Dies veranlasste Beamte aus dem Gesundheitsministerium, einen neuen Kurs abzustecken. Die Grundlinien des Gesetzes sollten „erst einmal rasch" verabschiedet, aber „nach fünf Jahren einer Überprüfung" unterzogen werden. Dieser Vorschlag wurde mit großer Bereitschaft aufgegriffen. Auch in der Umfrage akzeptierten die meisten Befragten, ein „noch nicht perfektes" Gesetz zu verabschieden. Es ginge zunächst darum, die Rahmenbedingungen festzulegen. Details könnten später durch Regierungsverordnungen und Ministerialerlasse geklärt werden. Dementsprechend ließen die festgelegten Rahmenbedingungen den einzelnen Kommunen und Care Managern einen erheblichen Spielraum. Poetisch nahm ein Befragter zu diesem Vorgehen mit der Bemerkung Stellung: *„Kräuselnd wie kleine Wellen verändern wir den Gesetzesinhalt"*.

Geschickt wurde mit der „Hoffnung auf eine bessere Lösung" in der Zukunft argumentiert. Das „Warten" auf bessere Zeiten" wurde in der japanischen Geschichte als „effektive Nutzung der Zeit" angesehen (vgl. The Nikkei Weekly, 27.03.00, S. 6) und häufig strategisch eingesetzt. Dies entsprach auch einer in Japan verbreiteten buddhistischen Sichtweise, wonach immer ein neuer Anfang gemacht werden könne und alte Fehler verziehen würden. (vgl. Hiroi 1994; Watanabe 1998; Kuno 1997 usw.) Selbst wenn unverkennbar ist, dass es sich hierbei um Zweckoptimismus handelt, macht man in Japan ein solches „Spiel" bereitwillig mit. So sprach man während der Diskussion um die Pflegeversicherung zwar auch über die Statuten für eine „neue“ Versicherung. Man berauschte sich aber gerne am Anbruch einer „neuen Zeit“ und Beginn einer „neuen Kultur“, für die es galt, die ersten Schritte auszuarbeiten. Vor allem die Frauenverbände wollten solche Beziehungen zwischen den Generationen schaffen, die mit den Anforderungen einer „modernen“ Gesellschaft übereinstimmen.

Die den konservativen LDP-Faktionen nahestehenden Akteure wollten wohl kaum mit ähnlichem Elan und Optimismus die „neue Zeit“ gestalten. Die sonstigen Akteure indessen sahen die Konzipierung „moderner“ gesellschaftlicher Lösungen im Zusammenhang mit der Einführung der Pflegeversicherung als gesellschaftliche Herausforderung an, der sie sich mit aller Energie stellten. Auf sie trifft wohl die Beobachtung Ohara Makotos zu, dass die „Zeit“ eine „civil religion“ in Japan sei und dass man zu bestimmten kritischen Zeiten *„gemeinsam aufstampfend handelt“*(Ohara 1987). Die 90er Jahre scheint eine derartige Phase gewesen zu sein. Eine Aussage vom Premierminister Koizumi im Jahr 1997 gibt treffend das dargelegte „Zeit“-Empfinden vieler Japaner wieder: „Die Rente und die Pflegeversicherung werden zwischen 2010 bis 2015 die größten Probleme in Japan sein. Ein System muss errichtet werden, dessen Bedeutung in dem die Menschen nach zehn Jahren ermessen und worüber sie sich freuen können. Diskussionen im Lande sind wichtig, um es weiter zu perfektionieren. Man sollte nicht versuchen, von Anfang an perfekt zu sein“ (Nihon Keizai Shimbun, 09.02.97, S. 4).

4. Ethikfaktoren

Unter ethischen Geschichtspunkten ging es a) im Wesentlichen darum, von dem Hintergrund wirtschaftlicher und gesellschaftlicher Entwicklungen, neue Normen dafür zu setzen, dass an die Stelle der Verantwortung der Familie für Pflegebedürftige die Verantwortung der Gesellschaft tritt (kaigo no shakaika). Ferner sollten b) Pflegebedürftige zur „Selbstständigkeit“ (jiritsu) bei der vertraglichen Inanspruchnahme alternativer Pflegeleistungen angehalten werden. Da im Bewusstsein vieler Japaner das traditionelle Familienkonzept, trotz der ganz anderen Realität, noch tief verankert ist, und gerade ältere Menschen das Bedürfnis haben, niemandem „lästig“ zu fallen, ist leicht vorstellbar, welcher diesbezüglicher Normenwandel in Japan ansteht.

a) Die Verlagerung der Verantwortung für pflegebedürftige Personen von der Familie auf die Gesellschaft bildete den Kern der Debatte. Diese Verlagerung symbolisierte im ideellen Bereich eine drastische Kehrtwendung, weil damit der

Zusammenbruch der „japanischen Familie“, die in der Vergangenheit als gesellschaftliche Basis für die Wohlfahrt „japanischer Prägung“ angesehen wurde, geradezu „offiziell“ bestätigt wurde. Freilich hatten selbst konservative LDP-Mitglieder, die grundsätzlich den familiären Beitrag für wünschenswert ansahen, zur Kenntnis genommen, dass die traditionelle Familie und die sich abstützenden gesellschaftlichen Strukturen kaum mehr existierten und den „alten“ ethischen Werten daher die Basis fehlte.

Trotzdem stieß der Normenwechsel auf viele Hindernisse. Als kleinste „Wohlfahrtseinheit“ war die Familie eine wichtige Voraussetzung für die gesellschaftliche Stabilität des Landes und die psychische Belastbarkeit der Bevölkerung gewesen und hatte den mentalen Bezugspunkt für die Individuen bedeutet. Insbesondere die Großfamilie war als soziale Wurzel des besonderen „japanischen“ Zusammengehörigkeitsgefühls angesehen worden. Entsprechende Feldforschungen in Tōhoku schienen diese Ansicht bestätigt zu haben. Auf Japans Familientradition waren sogar das japanspezifische betriebliche Management und die innerbetrieblichen Arbeitsbeziehungen von Anhängern der Neuen Kyōto-Schule wie Murakami Yasusuke, Kumon Shunpei oder Satō Seizaburō zurückgeführt worden. Freilich waren derartige Ansichten in Japan auch nicht unbestritten. Tominaga Kenichi z.B. äußerte an dem angeblich einzigartigen Zusammengehörigkeitsgefühl der Japaner mit dem Hinweis darauf Zweifel, dass die Familienbande in Tōhoku zwar in der Tat besonders ausgeprägt sind, diese Region aber für Japan wenig typisch sei (Tominaga 2001).

Bemerkenswerterweise bildete die Anerkennung des Bruches mit der Vergangenheit aus Sicht der Mehrzahl der Befragten nicht unbedingt, dass Familien ihre „japanische“ Identität aufgeben würden. Die meisten vermuteten, dass Japans Familien auch in Zukunft immer noch solche Merkmale aufweisen würden, die sie von denen anderer Länder unterscheiden. Selbst die Frage, ob man später auch noch von am konfuzianischen Leitbild orientierten Familienstrukturen sprechen werde können, wurde nicht negativ beantwortet. Vielmehr war die Meinung anzufinden, dass dieses Leitbild mit der „Moderne“, konkret mit der Pflege älterer Menschen durch nichtfamiliäre Institutionen, durchaus vereinbar sei. Allerdings wird Konfuzianismus in Japan nicht nur als Quelle und Maßstab für soziale Normen von Ehrerbietung und Tugend angesehen. Kachi Nobuyuki z.B. betrachtet das konfuzianische Gedankengut auch als eine Art Religion und eine der Quellen des japanischen Glaubens (Kachi 1997, S.8).

Die Übertragung der Pflegeaufgaben von der Familie auf ambulante Dienste und Pflegeheime und der Pflegekosten auf die Pflegeversicherung wurde unter den Schlagworten „Sozialisierung der Pflege“ oder Übernahme der Kosten durch eine „von der gesamten Gesellschaft getragenen Versicherung“ propagiert. Bei allen befragten Akteuren bestand die feste Absicht, die „familiäre Last“ derjenigen, die Pflegebedürftige in ihrer Familie haben, zu verringern. Parallel dazu war man grundsätzlich bereit, dem zu schaffenden modernen Wohlfahrtsstaat, vor allem den Kommunen, die Pflegelast aufzubürden und auf diese Weise auch diejenigen zu belasten, die keine oder noch keine familiären Pflegeverpflichtungen haben. Die damit verbundene Umverteilung von Ressourcen - Familien mit Pflegebedürftigen werden tendenziell entlastet, Familien, in denen es keine pflegedürftigen Mitglieder gibt, tendenziell belastet - wurde akzeptiert. Viele Regelungen im Detail blieben freilich umstritten, z.B. die Bestimmung, dass Beschäftigte erst ab dem 40. Lebensjahr in die Pflegeversicherung einzuzahlen haben, nicht wie in Deutschland bereits ab Beschäftigungsbeginn, oder dass vor dem Erreichen des 65. Lebensjahrs eingetretene Pflegebedürftigkeit, anders als in Deutschland, nicht zur Inanspruchnahme von Pflegeleistungen berechtigt. Nur 37% der Befragten hielten diese Regelungen für akzeptabel.

Rein rechnerisch war damit eine weitere, von den meisten Befragten ebenfalls befürwortete Umverteilung verbunden. Zuvor waren viele Pflegebedürftige auch bei nur geringfügigen Krankheiten in Krankenhäuser eingewiesen worden. Behandlung und Stationierung wurde von den Krankenversicherungen bezahlt. Diese „soziale Hospitalisierung“ wurde von 92% der Befragten teilweise energisch abgelehnt. Nunmehr sollten ältere Menschen nach Hause geschickt und dort gepflegt oder bei besonderer Pflegebedürftigkeit in Pflegeheime eingewiesen werden, um die Krankenversicherungen zu entlasten.

Der Aufenthalt in Pflegeheimen ist teurer als die ambulante Pflege. Letztere wurde daher unter Kostengesichtspunkten befürwortet. Zudem zogen Senioren das Verbleiben in ihrer häuslichen Umgebung in der Regel dem stationären Aufenthalt in Pflegeheimen vor. Beides veranlasste 76% der Befragten, das Prinzip „Vorrang der häuslichen Pflege“ zu billigen, auch wenn Familienangehörige hierdurch nach wie vor zumindest indirekt in die Pflege ihrer älteren Angehörigen eingebunden wurden. Dies bedeutete, dass man bei der Abwägung zwischen den der Gemeinschaft zu übertragenden Pflegekosten, dem Wohl der Senioren und der „Befreiung“ der Familienangehörigen von der Pflegelast einen Kompromiss wählte, der im Vergleich mit der Stationierung in Pflegeheimen mit geringeren Gesamtkosten, einer besseren mentalen Befindlichkeit der Senioren aufgrund ihres Verbleibens in der häuslichen Umgebung und einer gegenüber bisher zwar reduzierten, aber nicht unerheblichen Belastung der Angehörigen verbunden war. Frauen wurden demnach nicht ganz von der Pflegarbeit entlastet.

Vor allem Frauenverbände, die sich gerade dies zum Ziel gesetzt hatten und denen daran lag, dass Frauen einer entlohnten „freiwilligen" Beschäftigung nachgehen um dadurch ihr Selbstbewusstsein und ihre Position innerhalb der Familie zu stärken, konnten mit dieser Lösung nicht ganz zufrieden sein. Letztlich trugen sie das Konzept aber mit. Es bestand ja die Möglichkeit, dass Frauen in den zahlreichen neu gegründeten Pflegediensten Beschäftigung fanden.

Bei einer anderen Frage waren sie indessen nicht kompromissbereit. Zur Debatte stand, ob Pflegebedürftigen nur Sachleistungen gewährt werden sollen oder ob darüber hinaus, wie in Deutschland, Angehörige, wenn sie häusliche Pflegearbeiten wahrnehmen, Geldleistungen erhalten sollen. Wie oben dargelegt, waren in den ersten Vorschlägen des Gesundheitsministeriums Geldleistungen ins Gespräch gebracht worden. Man verknüpfte damit zwei Erwartungen. Angehörige würden dann eher bereit sein, häusliche Pflegearbeiten zu übernehmen, zumal ein Entgelt auch als gesellschaftliche Anerkennung ihres häuslichen Einsatzes empfunden würde. Wichtiger war vermutlich die Erwartung, hierdurch Kosten sparen zu können. Es wurde vermutet, dass selbst dann, wenn Angehörige in erheblichem Umfang Geldleistungen in Anspruch nehmen, die Ausgaben insgesamt sich, ähnlich wie in Deutschland, wegen der gleichzeitig tendenziellen Verminderung der wesentlich teureren Sachleistungen senken lassen. Jedenfalls setzten sich unter Hinweis auf das „deutsche Modell", das Geldleistungen vorsieht, zunächst die Demokratisch Sozialistische Partei und bald auf Druck vieler Kommunen auch die LDP sowie weitere Akteure für Geldleistungen an pflegende Angehörige sein. Das Gesundheitsministerium signalisierte daraufhin, dass es beabsichtige, von der Rōkenshin einen entsprechenden Entwurf ausarbeiten zu lassen.

Die Vorteile der Gewährung von sowohl von Geldleistungen als auch Sachleistungen schienen überzeugend zu sein. Nicht nur würden Pflegebedürftige von ihnen vertrauten Personen versorgt werden. Pflegenden Familienangehörigen würden, so waren vorgesehen, aufgrund ihrer Pflegetätigkeit neben Einnahmen auch Ansprüche an die Rentenversicherung und Unfallversicherung erwachsen. Vor allem wäre als Folge der finanziellen Unterstützung der häuslichen Pflege von Anfang an sichergestellt, dass eine große Zahl von Pflegebedürftigen zumindest halbwegs adäquat versorgt wird. Im Falle einer ausschließlichen Gewährung von Sachleistungen hätte man dagegen zunächst mit erheblichen Engpässen rechnen müssen, weil in der Einführungsphase Pflegedienste aller Voraussicht nach nicht in ausreichender Zahl zur Verfügung stehen würden.

Gegen diese Argumentation wandten sich die Frauenaktivisten. Ihre prominenteste Vertreterin, Higuchi Keiko, war gleichzeitig Mitglied im Rōkenshin, wo sie ihre „Insiderposition" mit Geschick und Energie nutzte. Sie sah das Ziel, die Emanzipation der Frauen in allen gesellschaftlichen Bereichen durchzusetzen, durch die Zahlung von Geldleistungen massiv gefährdet. Geldleistungen würden die Unterdrückung der Frauen nur zementieren, weil zum Ausdruck gebracht würde, dass die Gesellschaft die Pflege älterer Menschen durch „Schwiegertöchter" immer noch wünsche. Hierdurch würden die „traditionellen" Beziehungen zwischen Schwiegertöchtern und Schwiegermüttern und die gesellschaftlichen Barrieren für Frauen wiederbelebt werden. Sie setzte sich gegen die konservative Denkweise, dass die Pflege alter Menschen eine „schöne Tugend" japanischer Frauen sei.

Daneben wurde ins Feld geführt, dass die Wirtschaft nur dann ausreichend Anreize hätte, in den Aufbau von Pflegediensten zu investieren, wenn ausschließlich Sachleistungen gewährt werden. Die Zahlung von Geldleistungen an Angehörige würde zwangsläufig zu Lasten der Nachfrage nach kommerziellen Pflegeleistungen gehen. Inzwischen wurde zudem ein Gutachten des Gesundheitsministeriums vorgelegt, wonach, anders als bisher vermutet, die Gewährung von Geldleitstungen sogar zur Erhöhung der Gesamtplegekosten führe. Vor allem sei nur durch professionelle Pflege, wie sie von Familienmitgliedern nie geleistet werden könne, sichergestellt, dass Pflegebedürftige die für sie optimalen Leistungen erhielten. Schließlich würden die von der häuslichen Pflege befreiten Frauen wirtschaftlich sinnvollen Beschäftigungen nachgehen können, gegebenenfalls auch als professionelle Teilzeit- oder Vollzeitpflegerinnen, und auf diese Weise zu einem höheren Wirtschaftswachstum beitragen.

Entsprechende Argumente wurden von Vertreterinnen von NPOs und Bürgerbewegungen innerhalb der formalen Beratungsgremien wie der „Rōkenshin", aber auch unter Nutzung der Massenmedien wie der Asahi Shimbun sowie im Rahmen öffentlicher Kampagnen vorgebracht. Den mit Vehemenz vorgetragenen Argumente wollten oder wagten zahlreiche andere Akteure nicht widersprechen. Sie wollten nicht riskieren, als Modernisierungsgegner angesehen und auf diese Weise angreifbar zu werden. Bemerkenswerterweise übernahmen bald auch das Gesundheitsministerium und sogar die LDP die Position der Frauenverbände, um sich nicht dem Vorwurf der Frauenfeindlichkeit auszusetzen.

Unübersehbar hatten die von Frauenaktivisten geführten NPOs Mitte der 90er Jahre einen außerordentlichen Einfluss gewonnen und waren bei der Durchsetzung ihrer ethischen Wertvorstellungen zu versierten politischen Akteuren herangewachsen. Ihre Aktivitäten waren nicht allein auf die Altenpflege ausgerichtet. Sie waren auch maßgeblich an der Konzipierung des im Jahr1999 verabschiedeten Gesetzes zur „Gemeinsamen Beteiligung von Mann und Frau in der Gesellschaft" beteiligt. Als neue Akteure dominierten sie sogar innerhalb der etablierten Netzwerke und brachten es fertig, dass sogar die ansonsten als rückwärts gewandt angesehenen Akteure schließlich bereit waren, sich von dem traditionellen Familienverständnis zu lösen. Einige konfuzianisch geprägte Politiker wie der traditionsbewusste Kamei Shizuka vertraten freilich im Gegensatz hierzu bis zum Schluss der Debatte beharrlich die Ausfassung, im Parlament sogar, dass die häusliche Pflege durch Familienangehörige doch eine „schöne Tugend" sei.

Die von den Frauenbewegungen beeinflussten politischen Akteure repräsentierten bei ihrer diesbezüglichen Entscheidung nicht unbedingt den Mehrheitswillen der Bevölkerung. Den Ergebnissen einer Umfrage des Sōmuchō z.B. ist zu entnehmen, dass zum Zeitpunkt der Verabschiedung des Pflegegesetzes 56% der Bevölkerung Geldleistungen in Kombination mit Sachleistungen bevorzugten. Sie repräsentierten möglicherweise nicht einmal die Mehrheit der Frauen. So wurde von einem hohen Anteil älterer Frauen unter denen, die innerhalb ihrer Familie Pflegearbeiten nachgehen, berichtet, die eine soziale Anerkennung in Form von Geldleistungen außerordentlich begrüßt hätten. Aufgrund ihres Alters und wegen der besonders in ländlichen Regionen minimalen Chancen am Arbeitsmarkt wäre es ihnen überhaupt nicht möglich, wie von den Aktivistinnen vorgeschlagen, sich „am Arbeitsplatz" zu verwirklichen.

Von den in der Befragung angesprochenen politischen Akteuren waren dagegen im Jahr 2001 63% der Auffassung, dass die Abschaffung der Geldleistungen und damit die bewusste Abkehr vom deutschen Konzept die richtige Entscheidung gewesen sei. Freilich erklärten in privaten Gesprächen viele der Befürworter, dass man für die Zukunft eine Kombination beider Leistungsformen durchaus für sinnvoll halte und zur Durchsetzung entsprechender Regelungen bei der demnächst durchzuführenden Neufassung des Gesetzes bereits nach Koalitionspartnern suche. Ein solcher Wandel ist in erster Linie auf praktische Überlegungen zurückzuführen. Anders als erwartet hat sich die professionelle Pflege zwar als effizient im betriebswirtschaftlichen Sinne erwiesen, entsprach aber häufig nicht dem über die vertragsgemäß angebotenen Handreichungen hinausgehenden Bedarf der Senioren an Zuwendung und sonstiger Hilfe. Diese wurden zumeist immer noch von Familienmitgliedern erbracht, denen man die gesellschaftliche Anerkennung in Form von Geldleistungen nicht versagen wollte. Auch wenn nur wenige der Befragten zum traditionellen Familienkonzept zurückkehren wollten, so ist dieser Wechsel doch als pragmatische Absage an bestimmte radikalere gesellschaftliche Ziele der Frauenaktivisten zu interpretieren.

b) Anders als die Übertragung der Pflege von der Familie auf die Gesellschaft war die Vergrößerung der „Selbstständigkeit" der Senioren, ein mit traditionellen ethischen Vorstellungen ebenfalls schwer vereinbares Ziel, kaum umstritten. Geradezu einvernehmlich wurde gefordert, dass ältere Menschen endlich ihre Individualität finden. Der Sachverhalt, dass dieses Anliegen so gut wie gar nicht in Frage gestellt wurde, müsste vor dem Hintergrund der kontrovers geführten Debatte um die Bedeutung der traditionellen japanischen Familie verwundern. Selbstständige und individualistische Senioren passen nicht unbedingt in das herkömmliche Bild von der Familie, dem einige Akteure immer noch anhingen. Sie sind auch nur wenig mit der angeblichen Gruppenorientiertheit der Japaner vereinbar, die ebenfalls als bewahrenswert angesehen wird.

Mit dieser Forderung sollte gegen die häufig bei Senioren anzufindende passive und anspruchslose Haltung angegangen werden. Sie wurde von einigen Beobachtern auf die buddhistische Tradition Japans zurückgeführt. So gehört aus buddhistischer Sicht das Leiden zu den Charakteristika des Menschenleben (Edwards 1967, S. 417). Dieser Sichtweise entsprächen die in Japan in der Vergangenheit propagierten und von vielen älteren Menschen noch verinnerlichten Tugenden wie „Aushalten und Dulden" (gaman suru), „Zurückhaltung üben" (enryō o suru) oder "nur nicht andere belästigen" (meiwaku o kakenai). Kritiker sprechen in diesem Zusammenhang von den „feuchten" oder „klebrigen" (wetto na) Beziehungen innerhalb der japanischen Gesellschaft.

Man sah die Zeit für gekommen, die Senioren von solchen alten Verhaltensweisen zu befreien. Zahlreiche politische Akteure hatten z. B. von den „Grauen Panthern" in Deutschland und vergleichbaren Organisationen in den USA gehört, die ihre Interesse offen, engagiert und sogar aggressiv vertreten. Auch Japans Senioren sollten mit Courage ihre Meinung zum Ausdruck bringen. Man wollte, dass sie eigenständig ihren Pflegebedarf formulieren und selbstständig aus einem breiten Spektrum von Angeboten sowohl gemeinnütziger als auch profitorientierter Organisationen die Wahl treffen. Diesbezüglich wurden zum Teil ganz konkrete Forderungen gestellt. Senioren sollten Sport betrieben, in sinnvolle Arbeiten integriert werden und freiwilligen Arbeiten in NPOs nachgehen, um sich nicht als nutzlos vorzukommen. Auf diese Weise würden die auf ihrer Familie liegende seelische und körperliche Pflegelast und auch die finanzielle Belastung der Gemeinschaft verringern.

Freilich wollten nicht alle Befragten Japans Senioren unvermittelt in die Rolle selbstbewusster Nachfrager am Pflegemarkt versetzen. Zahlreichen Antworten ist auch zu entnehmen, dass die Rücksicht der Senioren auf die jüngere Generation und deren Zurückhaltung als positive „japanische“ Elemente geschätzt werden, die es zu bewahren gelte, zumindest in einem bestimmten Umfang. Wünschenswert sei, dass die Familie weiterhin eine „Basisgemeinschaft“ bildet, die auch älteren Menschen Platz bietet. Solche Argumente wurden nicht allein von den öffentlichen Wohlfahrtsverbänden nahestehenden Personen vorgebracht, sondern auch von Vertretern der Ärztekammer. Ein Mitglied eines Frauenverbandes, auf diese Sichtweise angesprochen, führte aus, dass, trotz aller Wortgefechte in der Realität kaum mit raschen Änderungen in Anbetracht der tief verwurzelten und weit verbreiteten „schönen Tugenden“ des Duldens unter den Alten zu rechnen sei. Erst dann, wenn die jüngeren, stärker auf Individualität bedachten Generationen in das Pflegealter kämen, sei mit selbstbewussten Senioren zu rechnen. Erste, freilich kaum erwartete Entwicklungen hin in diese Richtung sind indessen bereits zu beobachten. So entstehen „Genossenschaften der Senioren“ (kōreisha kyōdo kumiai), die die Interessen nicht der „verrenteten“ sondern der „arbeitenden“ Senioren vertreten.

VI. Zusammenfassung und Schluss

Die Untersuchung hatte zum Ziel, auf Basis einer empirischen Analyse der politischen Auseinandersetzungen um die Pflegeversicherung in den 90er Jahren Aussagen zu Japans politischem System zu treffen. Fokussiert wurden die zwischen den politischen Akteuren in jener Phase ablaufenden Organisationsprozesse, Kommunikationsprozesse und Steuerungsprozesse, und es wurde untersucht, in welchem Umfang diese demokratischen Postulaten Rechnung trugen.

.Zunächst, in Kapitel II, wurden die im Hinblick auf die Demokratiepostulate „Herrschaft des Volkes", „Öffentlichkeit, „Partizipation" und „Effizienz" in der Literatur anzufindenden positiven und negativen Einschätzungen von Japans politischem System sowie die wegen bestimmter Entwicklungen sich ändernden Positionen dargelegt. Es zeigte sich, dass für die weitere Untersuchung ganz bestimmte Aspekte dieser Postulate von besonderer Bedeutung sind. Dementsprechend wurden sieben Merkmale herauskristallisiert und die Spannweiten der diesbezüglich in der Literatur angefundenen Einschätzungen angegeben, innerhalb derer Japans politisches System, wie es sich aufgrund der Untersuchung der Pflegeversicherungsdebatte darstellt, vermutlich zu lokalisieren ist.

In Kapitel III wurden zunächst die Rahmenbedingugnen für die politischen Auseinandersetzungen um die Pflegeversicherung untersucht. Diese bedeuteten in vielerlei Hinsicht einen Bruch mit derer Vergangenheit. So war die nahezu vier Jahrzehnte regierende LDP entscheidend geschwächt, ebenso die Bürokratie. Die politischen Beziehungen Japans zu den USA verschlechterten sich. Vor allem signalisierten die demographischen Entwicklungen mit einem rasch ansteigenden Seniorenanteil an der Gesamtbevölkerung politischen Handlungsbedarf. Danach wurden die wichtigsten Elemente des nach einer ca. vierjährigen Debatte verabschiedeten Pflegeversicherungsgesetzes dargelgt.

Im Hauptteil, in Kapitel IV, wurde der an ausgewählte politische Akteure und Fachleute versandte Fragebogen vorgestellt, der im Einzelnen, ebenso wie der chronologische Überblick über die Pflegeversicherungsdebatte, im Anhang zu finden ist. Die in der Regel mit großer Sorgfalt verfassten ausführlichen Stellungnahmen der befragten Personen zu den gestellten Fragen und die Ergebnisse der darüber hinaus in Japan geführten ausführlichen Interviews mit wichtigen politischen Akteuren und Fachleuten bildeten die Basis für die in den folgenden Abschnitten durchgeführte kritische Überprüfung der Pflegeversicherungsdebatte anhand der ausgewählten Merkmale. Die Analyse ergab folgende Ergebnisse:

1. Im Wechselspiel zwischen „Politik“ und Bürokratie, die immer noch als die wichtigsten Entscheidungsträger und politischen Akteure galten, obwohl sie geschwächt waren und zahlreiche sonstige politische Akteure den Fortgang der Diskussion beeinflussten, wurde ein Konkurrenzverhältnis zwischen „Politik“ und Bürokratie konstatiert. Die Bürokratie hatte die als erste, zwei Jahre vor der LPD, konkrete Vorstellungen zu einer Pflegeversicherung entwickelt. Sie trat allerdings keineswegs geschlossen auf. Vielmehr bestanden zwischen wichtigen Ministerien und sonstigen Verwaltungsinsitutionen zunächst Konkurrenzbeziehungen. Erst im Verlaufe der Debatte traten an deren Stelle in wichtigen Fragen eine Kooperation und schließlich eine Art Arbeitsteilung. Das Gesundheitsministerium nahm hierbei eine herausragende Position ein, weil die Pflegeversicherung in seinen Aufgabenbereich fiel und die sonstigen Ministerien, besonders das ansonsten dominante Finanzministerium, zahlreichen Antikorruptionskampagnen ausgesetzt war. Die Ministerien beriefen ein breites Spektrum von Interessenvertretern und Fachleuten in die von ihnen gebildeten Sachverständigenkommissionen. Diese erfüllten nach Ansicht der meisten befragten Akteure während des gesamten Entscheidungsprozesses wichtige „bottom-up“- Funktionen und bildeten insofern eine bedeutende Verbindung zwischen Öffentlichkeit und Bürokratie.

Die Endphase des Entscheidugnsprozesses war durch eine engere Kooperation zwischen Bürokratie und „Politik“, aber auch ein geradezu „demokratisches Chaos“ gekennzeichnet. So trugen bestimmte Interessengruppen ihre Vorstellungen in die Öffentlicheit und versuchten, zuweilen mit Erfolg, auf die Politik Einfluss zu nehmen, die ihrerseits die Bürokratie zu entsprechenden Anpassungen in der Gesetzgebung anhielt. Nicht nur nach der Annahme durch das Unterhaus, sogar nach der Billigung des Pflegeversicherungsgesetzes durch das Oberhaus veranlassten zahlreiche politische Grupperiungen Politik und Bürokratie zur Vornahme von Änderungen zumindest in den Gesetzeserläuterungen. Nach allgemeiner Ansicht wäre es wohl ohne das besondere Engagement des Premierministers Hashimoto, eines Politikers, der über ein ganz besonderes Netzwerk zu wichtigen Persönlichkeiten in der LDP und bestimmten Bereichen der Bürokratie verfügte, nicht zu einer Einigung gekommen. Seinen nachhaltigen Initativen und persönlichen Kontakten sei es zu verdanken, dass die in Bezug auf die Pflegeversicherung gespaltenen Faktionen und Gruppierungen innerhalb der LDP, hinter denen vielfältige Interessengruppen standen, und die Bürokratie sich schließlich auf ein gemeinsames Konzept einigten.

2. Die Beziehungen zwischen der LDP und den Kommunen wurden daraufhin untersucht, ob sie von der „Basis“ zur Geltendmachung ihrer politischen Vorstellungen genutzt wurden oder letztlich nichts weiteres als eine spezifische Ausprägung des Klientelismus bildeten, in dessen Rahmen von lokalen Ebenen vertretene Geschäftsinteressen durchgesetzt wurden. Es wurde beobachtet, dass zahlreiche Kommunen zur Durchsetzung ihrer Ansprüche auf die LDP setzten, wobei es allerdings im Wesentlichen darum ging, dass ihnen die zur Wahrnehmung ihrer politischen und administrativen Aufgaben im Zusammenhang mit der Durchführung der Pflegegesetzbestimmungen erforderlichen Mittel zur Verfügung gestellt wurden. Besondere Klientelbeziehungen wurden hierin von den Befragten nicht gesehen. Überdies wurde von vielen die Ansicht vertreten, dass Kommunen nicht zuletzt als Folge der im Zusammenhang mit dem Pflegeversicherungsgesetz übertragenen Kompetenzen, die sich in der Institution des Care Managers widerspiegeln, eine größere Unabhängigkeit von der LDP und von der zentralen Bürokratie erhielten. Die Rolle der Kommunen als unabhängiger politischer Aktuer, der zunehmend selbstständig seine Interessen vertreten kann, sei gestärkt worden.

3. Im Zusammenhang mit dem Demokratiepostulat „Herrschaft des Volkes“ wurde ferner die Bedeutung des „eisernen Dreiecks“ ins Gespräch gebracht. Grundsätzlich könnte ein solches Interessengeflecht die vorhandene Meinungsvielfalt zum Ausdruck bringen oder, umgekehrt, zur Manipulation genutzt werden. Es zeigte sich, dass während der Pflegeversicherungsdebatte wegen der Schwächung der LDP und der Bürokratie die wichtigsten Komponenten dieses Dreiecks nicht wirksam werden konnten. Die „Wirtschaft“, repräsentiert durch ihre Verbände, verhielt sich in dieser Situation nicht erkennbar „konspirativ“, was wohl dem herkömmliche Klischee entsprochen hätte. Ihr wichtigster Repräsentant, der Keidanren, vernachlässigt jedenfalls die Beziehungen zur LDP und weiteren Verbände trugen ihre Interessen und Standpunkte in erster Linie in entsprechenden Gremien und in der Öffentlichkeit unter Nutzung der Massenmedien vor. Bemerkenswerterweise trat der Gewerkschaftsverband Rengō als einer der dominanten Akteure auf, was zur Folge hatte, dass ein dem westlichen Korporatismus nicht ganz unähnlicher Interessenausgleich zwischen Arbeitgebern und Arbeitnehmern stattfand. Freilich wurde im Unterschied zu diesem die Debatte von einer großen Zahl ganz unterschiedlicher Akteure geführt, weshalb neben Arbeitnehmer- und Arbeitgeberinteressen weitere vielfältige Interessen Berücksichtigung fanden.

4. Das vierte im Zusammenhang mit der „Herrschaft des Volkes“ untersuchte Merkmal war der Grad der Nutzung informeller Kanäle. Hierdurch konnte das

politische Entscheidungssystem grundsätzlich für weitere Teilnehmer geöffnet oder für intransparente Absprachen genutzt werden. Aus nahezu allen Stellungnahmen kann geschlossen werden, dass während der Pflegeversicherungsdebatte in besonderem Maße auf informelle Vermittler, unter ihnen zahlreiche Fachleute für soziale Sicherheitssysteme, zur Klärung von Streitfragen und zur Beschleunigung der Diskussionen zurückgegriffen wurde. Bei diesen Vermittlern handelte es sich zwar auch um Personen aus dem „Establishment", denen man eine gewisse Neigung zu Hintergrundaktivitäten unterstellen könnte. Sehr häufig aber wurden Repräsentanten von „grass root"-Bewegungen oder Persönlichkeiten, die diesen nahestanden, einbezogen. Viele von ihnen schätzten es, von der Öffentlichkeit unbemerkt zu agieren, was grundsätzlich die Transparenz politischer Prozesse hätte beeinträchtigen können. Das wurde aber von den meisten befragten Akteuren, sogar von denjenigen, die in diesem Zusammenhang Kompromisse eingehen mußten, keineswegs so gesehen. Man hob vielmehr hervor, dass hierdurch die Diskussionen gegenüber weiteren Gesprächspartnern geöffnet worden seien.

5. Die Massenmedien, insbesondere die bedeutenderen Tageszeitungen, zeichneten sich, wie die Untersuchungen ergaben, durch ihre unabhängige Berichterstattung aus und trugen nach Ansicht nahezu aller Befragter maßgeblich zur Öffentlichkeit der Entscheidugnsprozesse bei. Bemerkenswert waren das breite Spektrum der Meinungen, die intensiven und unabhängigen Recherchen und, zumindest bei der Asahi Shimbun, das ausgeprägte Engagement für eine kritische Hinterfragung des Pflegeversicherungsvorhabens. Die Asahi Shimbun stellte sich auf diese Weise gegen die Regierung, die an einer raschen Durchsetzung des Pflegeversicherungsgesetzes interessiert war. Eine Sprachrohrfunktion für die Regierung wurde nach übereinstimmender Ansicht von keiner der untersuchten Zeitungen auch nur annährend wahrgenommen.

6. Die große Zahl und das breite Spektrum der an der Pflegedebatte beteiligten Akteure sprechen für eine äußerst intensive Partizipation. Einige, allerdings nur wenig Antworten auf diesbezügliche Fragestellungen ließen sich zwar als Indizien für eine „zentralistische Einflussnahme" interpretieren, zumal bestimmte befragte Personen angaben, sich in der Debatte mit ihrer Meinung zurückgehalten zu haben. Die meisten Akteure sahen indessen die Mitgliedschaft in Kommissionen und Gremien als persönliche Herausforderung an, der sie sich unter großem persönlichen Einsatz stellten. Viele von ihnen hatten sich erst im Rahmen langjähriger „grass-root"-Aktivitäten für die Teilnahme an der Pflegedebatte, neben den etablierten politischen Akteuren, profilieren können und machten nunmehr intensiv und nachhaltig von den Partizipationsmöglichkeiten so-

wohl innerhalb als auch außerhalb entsprechender Gremien Gebrauch. Die Akteure setzte sich gleichermaßen für gesellschaftliche Ziele und für Geschäftsziele, so für die „Befreiung der Schwiegertöchter“ von der häuslichen Pflege und für die Nutzung potentiell lukrativer Geschäftsmöglichkeiten am sich entwickelnden „Pflegeversicherungsmarkt“, ein. Dementsprechend beteiligten sich ganz unterschiedliche Gruppierungen an der Debatte, radikale Frauenvereinigungen und sonstige gesellschaftspolitisch motivierte Gruppierungen aber auch profitorientierte Pflegeorganisationen. Erstere zeichneten sich, wie dargelegt wurde, häufig durch Durchsetzungsvermögen oder Hartnäckigkeit.

7. Antworten im Zusammenhang mit dem „Effizienzpostulat“ nahmen besonders häufig zu bestimmten kulturellen Werten Bezug. Entsprechende Stellungnahmen ließen sich unter den Stichworten „Ortsfaktoren“, „Zeitfaktoren“, „Kostenfaktoren“ und „Ethikfaktoren“ zusammenfassen. Erstere wurden dann zur Erhöhung der Effizienz von Entscheidungsprozessen eingesetzt, wenn im Ausland bewährte Ansätze übernommen, mit „japanischen“ kulturspezifischen Ansätzen verbunden und insgesamt als Vorbild für die Welt propagiert wurden. Dieses Vorgehen beflügelte viele „etablierte“ und „neue“ Akteure bei der Suche nach geeigneten Konzepten. Kostenfaktoren waren im Rahmen einer komplexen Wohlfahrtsfunktion von Bedeutung, wobei es, wie gesagt wurde, um die Erhöhung der „Wohlfahrtseffizienz“ ging. Diejenige Kombination von Finanzierungsmethoden sollte gewählt werden, die ein Pflegeangebot erwarten lässt, bei dem gleichermaßen die relevanten gesellschaftlich-kulturellen Ziele als auch Wirtschaftlichkeitskriterien erfüllt werden. Zeitfaktoren wurden geschickt genutzt, zunächst, um einen besonderen Handlungsbedarf zu schaffen, der politische Akteure alarmiert und zu Entscheidungen drängt, später, um durch die Inaussichtstellung einer baldigen Revision des Gesetzes die Beschlussfassung zu beschleunigen. Schließlich ging es im Zusammenhang mit Ethikfaktoren darum, vor dem Hintergrund wirtschaftlicher und gesellschaftlicher Entwicklungen neue Normen dafür zu setzen, dass an die Stelle der Verantwortung der Familie für Pflegebedürftige die des Staates tritt und dass Japans anspruchslose zurückhaltende Senioren zu selbstbewußten Teillnehmern der Gesellschaft werden.

All diese Beobachtungen bieten keinerlei Hinweise darauf, dass Japans politisches System während der Phase der Pflegeversicherungsdebatte in dem dargelegten „negativen“ Spektrum der sieben untersuchten Merkmale zu positionieren wäre. Freilich bestätigen sie auch nicht ohne weiteres sämtliche der im zweiten Kapitel vorgestellten „positiven“ Einschätzungen, z.B. die positive Rolle der LDP und der Bürokratie wegen ihrer angeblichen Volksverbundenheit und Orientierung an gesamtgesellschaftlichen Interessen. Diesbezüglich gab es zu viele Sonderentwicklungen. So waren zumindest Mitte der 90er Jahre LDP und Bürokratie nur begrenzt in der Lage in eigener Regie Gesetzesvorhaben durchzusetzen und auf diese Weise die ihnen von einigen Beobachtern zugeschriebenen unter demokratischen Gesichtspunkten wünschenswerten Funktionen wahrnehmen zu können. Stattdessen standen die unterschiedlichen Gruppierungen und Faktionen der LDP sowie Ministerien und Ämter häufig in Konkurrenz zueinander und zu anderen Akteuren, mit denen sie vielfältige und wechselnde Verbindungen unterhielten. Insofern waren die Entscheidungsprozesse durch besondere Unmittelbarkeit in der Partizipation unterschiedlichster Akteure geprägt. Die untersuchten demokratischen Postulate wären demnach während der Pflegeversicherungsdebatte sogar in einem höheren Maße erfüllt gewesen, als in den in Kapitel II dargelegten „positiven" Einschätzungen angenommen wurde.

Diese Ergebnissse stehen in krassem Gegensatz zu bestimmten anderen Untersuchungen, in denen unter anderem ausgeführt wird, die Pflegeversicherungsdebatte demonstriere, wie wenig japanische Bürger an politischen Prozessen beteiligt sind (Bosse 1997, S. 374 und S. 382), dass die japanische Regierung massive Medienkampagnen zur Erzielung eines nationalen Konsensus durchgeführt (ebenda, S. 381) und solche Lösungen gesucht habe, die den angeblich noch intakten Familienbanden in Japan Rechung tragen (ebenda, S. 376). Sie bestätigen dagegen Einschätzungen wie die, dass die japanische Pflegeversicherung eine eigenständige innovative Gemeinschaftsleistung von Regierung, Parlament und gesellschaftlichen Gruppen in Japan ist (Vollmer 2003, S. 697) und, weil sie das Ergebnis einer breiten Partizipation ist, sich als Studienobjekt anbietet (Reisach 1999, S. 4). Sie unterstützen auch Beurteilungen wie die, dass das *"...new LTCI Programm (Long-term care insurance) has been one of the most publicised issues of the past decade in Japan"* (Campbell und Ikegami 2000, S. 37) und dass die öffentliche Meinung besonderes Gewicht hatte, weil: *"...the public did respond, and indeed their continued support (as expressed in public opinion poll results) was an important resource for the actors who were trying to get a concrete new system enacted."* (ebenda, S. 6). Auch Beobachtungen im Zusammenhang mit den Aktivitäten z.B. des sog. „10 000 Bürger-Komitees für die Sozialisierung der Pflege", das sich als Nichtregierungsorganisation aktiv in die Gestaltung des Gesetzesvorhabens eingeschaltet hat, eine in Japan vielbeachtete Neuheit (Oberländer 2000, S. 1064), werden bestätigt.

Zur Zeit der LDP-Herrschaft, lange vor den politischen Änderungen im Verlauf der 90er Jahre, war vemutet worden dass Japan „demokratischer" würde, wenn die LDP und dss Finanzministerium an Einfluß verlören. Diese Vermutung hat sich während der Pflegeversicherungsdebatte in den Jahren 1993 bis 1997 bewahrheitet. In der damalige Umbruchstimmung war auf den maßgeblichen politischen Ebenen sowie unter den herkömmlichen Akteuren und zahlreichen „neu“ gegründeten „Basisorganisationen“ eine in Japan ungewöhnliche Energie erkennbar geworden. Sie resultierte im Pflegeversicherungsgesetz und führte zudem zur Verabschiedung zahlreicher demokratische Prinzipien abstützender Gesetze. Einzelne befragte Akteure sehen sich vor diesem Hintergrund dazu veranlasst, von den politischen Auseinandersetzungen um die Pflegeversicherung als der „höchsten Probe der Demokratie“ zu sprechen. „HOPE“, die Anfangsbuchstaben der vier untersuchten Demokratiepostulate, scheint sich im Sinne von „ Hoffnung“ auf eine zunehmende Demokratisierung tendenziell verwirklicht zu haben. Diejenigen Beurteilungen mögen zutreffen, die vor dem Hintergrund der konkreten Entwicklungen einen im demokratischen Sinne positiven Wandel im politischen System Japans konstatieren. Japanspezifische Kulturelemente, dies hat die Untersuchung auch erbracht, standen diesem Wandel nicht entgegen. Sie bewirkten sogar eine Effizienzsteigerung und Dynamisierung der politischen Prozesse.

Anhang 1: Chronologischer Überblick der politischen Debatte um die Pflegeversicherung in Japan

(Der chronologische Überblick basiert auf Informationen aus dem Bericht des Forschungsinstituts der Japanischen Ärztekammer „Nichii sōken“ aus dem Jahr 1997, verschiedenen Ausgaben der Tageszeitungen Nihon Keizai Shimbun, Asahi Shimbun und Mainichi Shimbun sowie von der Verfasserin durchgeführten Interviews.)

1989

November: In Anbetracht einer **Seniorenquote von 12%** wird eine Erhöhung des **Mehrwertsteuersatzes** diskutiert, um ca. 70 Mrd. Yen zusätzlich einzunehmen, die für Wohlfahrtsaufgaben im Zusammenhang mit der alternden Gesellschaft eingesetzt werden sollen (Jijū kokumin sha 1992, S. 880; Asahi Shimbun, 24.04.96).

Dezember: Es werden quantitative Zielvorstellungen für den Aufbau einer Infrastruktur zur Altenhilfe im Rahmen des „**Goldplans**“ (gōrudo puran) bekannt gegeben. Federführend ist der Direktor der „Abteilung für Gesundheit und Wohlfahrt alter Menschen“ im Gesundheitsministerium **Okamitsu Nobuharu** (Interview).

14.12.89: In einem Bericht eines dem **Vize-Gesundheitsminister** unterstehenden Ausschusses wird das erste Mal von einer über das **Umlageverfahren** finanzierten Pflegeversicherung gesprochen. Hierdurch sollen Familien von der Altenpflege entlastet werden (Nichii sōken 1997, S. 12).

1990

01.06.90: Die Sachverständigenkommission im **Finanzministerium**, die sog. „Versicherung-Shingikai“, schlägt die Konzipierung einer **privaten Pflegeversicherung** vor, die über das Kapitaldeckungsverfahren zu finanzieren ist (ebenda, S. 76).

1991

11.4.91: Der Arbeitgeberverband **Keidanren** (Keizai dantai rengōkai, Dachverband der Industrien, Federation of Economic Organisations) fordert ein den spezifischen Bedingungen der alternden Gesellschaft angepasstes Wohlfahrtssystem (ebenda).

11.6.91: Die „Management and Coordination Agency" (**Sōmuchō**) befasst sich mit den spezifischen Aufgaben einer alternden Gesellschaft (ebenda).

27.9.91: Das **Gesundheitsministerium** (Kōseishō, Ministerium für Gesundheit und Wohlfahrt, Health and Welfare Ministry) erstellt Richtlinien für eine landesweite ambulante Krankenpflege (ebenda).

05.11.91: Miyazawa, LDP, bildet seine Regierung.

13.12.91: Die Sektion für Soziales **(Shakai bu) der LDP** veröffentlicht einen Bericht über Personalmaßnahmen im Bereich Gesundheit, Medizin und Wohlfahrt (ebenda, S. 78).

1992

Juni: In einem internen Bericht des **Gesundheitsministeriums** wird unter vermutlich maßgeblicher Beteilung von Okamitsu Nobuharu eine Pflegeversicherung auf der Basis eines **Umlageverfahrens** konzipiert. Wesentliche Elemente werden vorgestellt, die im Verlauf der weiteren Auseinandersetzungen eine große Bedeutung haben (ebenda, S. 13).

22.07.92: Die **Demokratisch Sozialistische Partei** („Minshatō" oder **DSP**) schlägt eine umlagefinanzierte „soziale Pflegeversicherung" vor, die neben Sachleistungen auch **Geldleistungen** vorsieht (ebenda, S. 12 und S. 78).

12.10.92: Wichtige Mitglieder der LDP wie Hosokawa, Ozawa und Hata trennen sich von ihrer Partei und gründen eigenständige Parteien. Die LDP stellt das erste Mal seit dem Jahr 1955 nicht mehr die Regierung.

1993

Man beginnt, sich intensiv mit Pflegekonzepten außerhalb Japans, so in **Deutschland, in den Niederlanden, in Schweden und Dänemark,** zu befassen (z. B. Asahi Shimbun, 16.03.93).

02.05.93: Das „**Sōmuchō**“ veröffentlicht die Ergebnisse einer Umfrage zum „Zukunftsbild“ (shoraizō) eines sozialen Sicherheitssystems (Nichii sōken 1997, S. 78).

06.08.93: Hosokawa bildet sein Kabinett aus sieben Parteien, ohne die LDP.

1994

17.03.94: Die **Seniorenquote hat inzwischen 14%** erreicht. Im **Gesundheitsministerium** beginnen *Debatten über die Finanzierung* der Pflegeversicherung (ebenda, S. 80).

28.03.94: Ein von dem **Gesundheitsminister Ōuchi Keigo (DSP)** einberufener privater Gesprächskreis, der „Ausschuss für die Wohlfahrtsvision der alternden Gesellschaft“ (kōrei shakai fukushi bijon kondankai) veröffentlicht seinen Bericht „**Wohlfahrtsvision für das 21. Jahrhundert**“. In diesem Bericht wird die Einrichtung einer Pflegeversicherung als notwendig bezeichnet. Darüber hinaus wird die „**Selbstständigkeit**“ (jiritsu) alter Menschen gemäß dem „**Subsidaritätsprinzips**“ (hokansei gensoku) gefordert. . Der Gesprächkreis besteht aus **16 Teilnehmern**, unter ihnen ein Direktor des Yamato-Forschungsinstituts, ein Professor der Japan Universität für Soziale Wohlfahrt, ein Wirtschaftsprofessor der Tōkyō-Universität, der Rektor und ein Professor der Keiō-Universität, eine Professorin der Nationalen Ochanomizu-Frauenuniversität, ein Vertreter der Zeitung Nihon Keizai Shimbun, ein Delegierter des NHK (Nationaler Rundfunk und Fernsehen), ein Designer, ein Direktor der Iwanami Kongresshalle, ein Theaterschauspieler, der Vizepräsident der Ärztekammer, die Vizebürgermeisterin von Tōkyō, ein Vertreter des Arbeitgeberverbandes Nikkeiren und ein Vertreter des Nationalen Gewerkschaftsverbandes Rengō (ebenda, S. 56).

28.04.94: Hata Tsutomu, Vorsitzender der Shinsei-Partei, bildet sein Koalitionskabinett mit Mitgliedern aus sechs Parteien ohne Beteiligung der LDP, der Sozialistischen Partei und der Sakigake.

30.6.94: Murayama Tomiichi, Vorsitzender der Sozialistischen Partei Japans, bildet sein Kabinett aus Mitgliedern der Sozialisten, der LDP und der Sakigake.

08.09.94: Das Beratungsgremium des Premierministers, „**Zukunftsvision für die soziale Sicherheit**“ (shakai hoshō shōraizō iinkai) führt in seinem Bericht aus, dass eine „soziale“ Pflegeversicherung notwendig sei. **Sowohl Sachleistungen als auch Geldleistungen** an Pflegebedürftige werden in Erwägung gezogen. Es wird angeregt, ambulante Dienste von Bürgerinitiativen und von NPOs sowie die neu errichteten profitorientierten Unternehmen des „silver business" zu fördern, um dem zukünftigen Pflegebedarf gerecht zu werden (ebenda, 2. Teil, S. 30 ff.).

27.09.94: **Die regierenden Parteien** stellen ein **„Wohlfahrt-Projektteam"** (yotō fukushi purojekuto chiimu) auf, das den Auftrag hat, sich mit konkreten Fragen im Zusammenhang mit der Einführung der Pflegeversicherung zu befassen (ebenda, S. 80).

31.10.94: Das Gesundheitsministerium ruft die **„Sachverständigenkommission für Gesundheit und Wohlfahrt alter Menschen" (Rōkenshin)** ein, die die Einführung der Pflegeversicherung beraten soll. Sie besteht bis zum Jahr 2001. Mitglieder sind wie auch bei weiteren Sachverständigenkommissionen, bzw. „Shingikai", Wissenschaftler, sonstige Fachleute und unterschiedliche Interessenvertreter. So befinden sich unter seinen 26 Mitgliedern fünf Wissenschaftler, zehn Interessenvertreter der Dienstleistungsanbieter und 11 Vertreter der Finanzseite. Im Einzelnen gehören ihr an: Der Direktor des Yamato-Forschungsinstituts, der Rektor der Japan Universität für Soziale Wohlfahrt, ein Professor der Tōkyō-Universität, eine Professorin der Tōkyō-Kasei-Universität, ein Journalist für medizinische Fragen, zwei Vertreter der Ärztekammer, der Leiter des Städtischen Krankenhauses Mitsugi, ein Professor der Medizinabteilung der Osaka-Universität, der Direktor des Nationalen Kongresses für Altenwohlfahrtseinrichtungen, eine Professorin der Gesundheits- und Wohlfahrtsabteilung der Seinan-Jogakuin-Universität, eine Direktorin des Nationalen Krankenschwesternvereins, der Vizedirektor der Nationalen Zahnärztekammer, ein Vizedirektor der Nationalen Apothekerkammer, der Direktor des Unternehmerverbands für soziale Wohlfahrt und Medizin, ein Vertreter der Gewerkschaft der Krankenversicherungen, ein Vertreter des Zentralverbandes der Krankenversicherungsträger, (National Federation of Health Insurance Societies: „Kemporen"), ein Vertreter der Genossenschaft für lokale Lehrer, ein Vertreter für Soziale und Erziehungsfragen in der Nationalen Bürgermeisterversammlung, ein Vertreter eines Dorfes aus der Iwate-Präfektur, zwei Vertreter des Arbeitgeberverbands Nikkeiren, der Direktor der Nationalen Obligations- und Kreditbank, zwei Vertreter des Dachverbandes der Gewerkschaften Rengō und ein Vertreter des Nationalen Seniorenclubs (ebenda, S. 21 ff. Und S. 57).

05.12.94: Das **Gesundheitsministerium** veröffentlicht den Bericht der Forschungsgruppe „Für die Errichtung eines neuen Systems zur Pflege alter Menschen“, in dem Richtlinien zur Bewahrung der „**Selbstständigkeit**“ alter Menschen aufgezeigt werden (ebenda, S. 80 und 2. Teil, S. 48 ff.).

08.12.94: **Der Zentralverband der Krankenversicherungsträger (Kemporen),** nimmt zur Pflegeversicherung Stellung (ebenda, S. 80).

18.12.94: Das **Gesundheitsministerium** veröffentlicht den „Neuen Goldplan“ (shin gōrudo puran), in dem die quantitativen Zielsetzungen für die Infrastruktur für die Wohlfahrt alter Menschen angehoben werden. Gleichzeitig wird das Ergebnis einer von dem **Büro des Premierministers (Prime Minister's Office)** organisierte Umfrage veröffentlicht, wonach 68% der Bevölkerung es vorziehen, zu Hause gepflegt zu werden (ebenda, S. 80 und 2. Teil, S. 71 ff.)

1995

27.02.95 Der Dachverband der **Gewerkschaft „Rengō“** fordert **die Einführung** einer sozialen Pflegeversicherung (ebenda, S. 80 und Asahi Shimbun, 28.02.95)

28.03.95: Das **Innenministerium** (Ministry of Home Affairs) erklärt im Namen der **Kommunen,** gegen die Einführung der Pflegeversicherung zu sein. Hierdurch wird eine grundsätzliche Debatte um die Pflegeversicherung eingeleitet.

05.06.95: Vertreter der **Behinderten** sprechen sich gegen die Einführung der Pflegeversicherung aus (Asahi Shimbun)

19.06.95: Das **Gesundheitsministerium** veröffentlicht eine Analyse des „**Pflegemarktes**“ (kaigo shijō).

11.07.95: **Der „Frauenverband zur Verbesserung der alternden Gesellschaft“** (kōrei shakai o yoku suru josei no kai: The Womens`Association for Better Aging Society, WABAS) spricht sich **für die Einführung** der Pflegeversicherung aus. Er fordert mit Nachdruck**, keine Geldleistungen** vorzusehen, weil hierdurch die Belastung der Familien, insbesondere der Schwiegertöchter, durch die Altenpflege zementiert würde. Diese Forderung wird offiziell an die Sachverständigenkommission „Rōkenshin“ des Gesundheitsministeriums gerichtet, in der die Professorin der Tokyo-Kasei-Universität, **Higuchi Keiko**, als Interessenvertreterin dieses Frauenverbandes Mitglied ist (Asahi Shimbun)

14.07.95: Der Vorsitzende des Untersuchungskomitees für Politische Angelegenheiten (Seiji chōsa kai, Policy Affair Research Council, PARC) der **LDP,**

Kato Kōichi, befürwortet **die Einführung** der Pflegeversicherung (Asahi Shimbun, 15.07.95).

27.07.95: Die **Rōkenshin** spricht sich für die Finanzierung durch das **Umlageverfahren** und die Entlastung der Krankenversicherung aus (Nichii sōken 1997, S. 79 und 2. Teil, S. 98 ff.

30.07.95: Eine zum **„Iryōren"** (Japan Federation of Medical Workers` Union) gehörende **Krankenschwestergewerkschaft** wendet sich **gegen die Einführung** der Pflegeversicherung (ebenda, S. 80 und Asahi Shimbun).

06.08.95: Die **Asahi Shimbun** betrachtet die Pflegeversicherung mit **Skepsis:** „Die Pflegeversicherung ist nicht rosig" (Asahi Shimbun).

10.08.95: Die **Krankenversicherungsgenossenschaft** (Kempo kumiai) spricht im Zusammenhang mit der Pflegeversicherung von **Hoffnung und Sorge** (ebenda).

29.09.95: Der **Arbeitgeberverband Nikkeiren** (Nihon keieisha dantai renmei: Bund der Arbeitgeberverbände) legt der Rōkenshin nahe, bei der Einführung der Pflegeversicherung eine „**vorsichtige Haltung**" zu bewahren. Man ist strikt gegen die Finanzierung über einen Arbeitgeberanteil (Nichii sōken 1997, S. 28; Asahi Shimbun, 30.09.95).

21.10.95: Die **Asahi Shimbun** veröffentlicht ein Umfrageergebnis, wonach **Geldleistungen** von 80% der Kommunen aber nur von 20% der Präfekturen befürwortet werden (Asahi Shimbun)

09.11.95: Die Anhörungen in den **Kommunen** beginnen (Nichii sōken 1997, S. 82).

22.11.95: Die **Nihon Keizai Shimbun** führt eine Umfrage zur Pflegeversicherung in den Shigikais durch (Nihon Keizai Shimbun).

05.12.95: Meinungen über Sachleistungen und Geldleistungen gehen in der Rōkenshin auseinander (Mainichi Shimbun).

Man beginnt, unterschiedliche Begutachtungsverfahren zu diskutieren.

11.12.95: Das **Büro des Premierministers** (**Sōrifu**) veröffentlicht das Ergebnis einer Umfrage, wonach 80% der Befragten für die **Einführung** der Pflegeversicherung sind. 60% sprechen sich für **Geldleistungen** aus (Nichii sōken 1997, S. 82; Asahi Shimbun, 12.12.95)

13.12.95: Die **Rōkenshin** einigt sich darauf, Leistungen grundsätzlich erst ab dem 65. Lebensjahr zu befürworten (Nichii sōken 1997, S. 82).

*Die Frage der **Altersgrenzen** wird in der Öffentlichkeit zunehmend diskutiert.*

20.12.95: Das Gesundheitsministerium stellt zur Pflegeversicherung Kostenberechnungen an. *Die Debatte über die Gestaltung und Höhe der **Beitragssätze** beginnt in der Öffentlichkeit* (ebenda).

22.12.95: Das **Gesundheitsministerium** lässt verlauten, dass sich nach seinen Berechnungen durch die Einführung von Geldleistungen die Pflegeversicherung verteuert (Asahi Shimbun).

25.12.95: In der **Asahi Shimbun** erscheint der viel beachtete Artikel: „**Eine Versicherung ohne Pflege**" (hoken atte kaigo nashi), die zahlreiche skeptische Beiträge zur Pflegeversicherung zur Folge hat.

30.12.95: Das **Gesundheitsministerium** entschließt sich dazu, **„Pflegeabteilungen" in bestehenden Krankenhäusern** zu errichten (ippan byōin no ryōyōgata byō shōgun). Dieser Beschluss wird von vielen als Kompromisslösung empfunden, da es dem Ziel der Pflegeversicherung widerspricht, die sog. „soziale Hospitalisierung", d.h. Dauerbeleger, abzuschaffen (Nichii sōken 1997, S. 82).

1996

11.01.96: Hashimoto stellt sein Koalitionskabinett aus Mitgliedern der LDP, der Sozialistisch Demokratischen Partei (SDP) und der Sakigake vor. Zum **Gesundheitsminister** ernennt er **Kan Naoto** von der Sakigake, der sich zuvor durch die Aufklärung des HIV-Skandals profiliert hatte. Durch ungetestete Blutskonserven wurde die AIDS-Krankheit in Japan zwischen Februar und Oktober 1995 verbreitet.

24.01.96: Die **Kommunen** sprechen sich erneut **gegen die Einführung** der Pflegeversicherung aus (Nichii sōken 1997, S. 82).

Die Debatte über die von der Pflegeversicherung zu erbringenden Leistungen wird zunehmend in der Öffentlichkeit ausgetragen.

27.02.96: Zwischen den **Arbeitgeber- und Arbeitnehmerverbänden** finden Auseinandersetzungen darüber statt, wer die Last der Pflegeversicherung zu übernehmen hat. Arbeitgeberverbände lehnen eine Erhöhung der Lohnnebenkosten durch den Arbeitgeberbeitrag für die Pflegeversicherung ab (Asahi Shimbun).

01.03.96: **Yamazaki Taku**, der Vorsetzende der PARC der LDP, drängt darauf, die Vorlage des Pflegeversicherungsgesetzes im Parlament zu **verzögern.**

*Man beginnt, über den Einführungstermin der Pflegeversicherung zu diskutieren_*(Nichii sōken 1997, S. 82).

Die öffentliche Debatte technischer Einzelheiten der Pflege wie „care assessment", „service" und „needs" beginnt.

02.03.96: Die **USA** bringen zum Ausdruck, dass sie die in Japan getroffenen Maßnahmen zur Liberalisierung des Versicherungsmarktes und das Vorhaben, eine Pflegeversicherung einzuführen, skeptisch beurteilen (Asahi Shimbun).

13.03.96: Der Leiter des Medizinischen Forschungsgremiums der LDP, ehemaliger Gesundheitsminister und Abgeordneten des Unterhauses **Niwa Yoya** schlägt dem Projekt-Team der regierenden Partei **konkrete Schritte zur Einführung** der Pflegeversicherung vor, in der die häusliche Pflege Vorrang haben solle (Nichii sōken 1997, S. 82 und Teil 2, S. 124 f; Asahi Shimbun, 14.03.96)

17.03.96: **Industrievertreter** verweisen darauf, dass sie die Probleme bei der **Finanzierung** der Pflegeversicherung noch nicht als gelöst ansehen (Asahi Shimbun).

21.03.96: Der Zentralverband der Krankenversicherungsträger, **„Kemporen"**, befürwortet die **Steuerfinanzierung** (Asahi Shimbun).

29.03.96: Finanzierungsfragen werden in Gesprächen zwischen der Sachverständigenkommission des **Finanzministeriums**, dem „Finanzsystem-Shingikai", dem Arbeitgeberverband **Keidanren** und dem Nationalen Gewerkschaftsbund **Rengō** diskutiert (Nichii sōken 1997, S. 82).

April 96: Die „ **Bürgerinitiative von Zehntausend zur Förderung der Sozialisierung der Pflege**" (kaigo no shakaika wo susumeru ichimannin shimin no iinkai) wird gegründet.
Die Entlastung der häuslichen Pflege durch ambulante Dienste wird zunehmend in der Öffentlichkeit diskutiert.

08.04.96: Die Sozialistisch Demokratische Partei (**SPD**) stellt einen eigenständigen Entwurf für eine Pflegeversicherung vor, in dem **als Übergangslösung Geldleistungen** vorgesehen sind (Nichii sōken 1997, S. 82).

10.04.96: Das **Gesundheitsministerium** übermittelt der **Rōkenshin** Vorschläge zur Gestaltung der *Beitraglast der Senioren.* Entsprechende Fragen werden in der öffentlichen Diskussion aufgenommen (ebenda).

12.04.96: Die Sachverständigenkommission des **Finanzministeriums**, das Finanzsystem-Shingikai. äußert sich **skeptish** zur Einführung der Pflegeversicherung (ebenda).

16.04.96: Die **Asahi Shimbun** veröffentlicht die Ergebnisse einer Umfrage, wonach 48% der Befragten grundsätzlich für Geldleistungen, 42% dagegen sind. Auf die Frage, was sie **für sich selbst** auswählen würden, sprechen sich **60% für die Sachleistungen** und lediglich 27% für Geldleistungen aus.

16.04.96: Das Projektteam der **Regierungsparteien** entscheidet sich für die Vorlage des Entwurfs der Pflegeversicherung im Juni (ebenda).

20.04.96: **Die japanische Ärztekammer („Ishikai"; Japan Medical Association)** beantragt, bei der **Begutachtung** der Pflegebedürftigkeit Ärzte hinzuzuziehen. Mit der Ernennung des neuen Vorsitzenden nimmt die Kammer aktiver an der Diskussion teil (Asahi Shimbun).

22.04.96: In der **Asahi Shimbun** erscheint ein Artikel, in dem die Pflegeversicherung als „**Zweite Soziale Krankenversicherung**" bezeichnet wird, wodurch die Kommunen zusätzliche Lasten aufgebürdet werden.

23.04.96: **Rōkenshin** veröffentlicht einen Bericht zur Pflegeversicherung, in dem dargelegt wird, dass noch **keine Einigung** darüber stattfand, ob nur **Sachleistungen oder auch Geldleistungen** gewährt werden sollen (Asahi Shimbun)

04.05.96: In der **Asahi Shimbun** wird ausgeführt, dass die „strukturbedingte" **Vetternwirtschaft** zwischen Politik, Bürokratie, Industrie und Medizin, die in der Vergangenheit die Verbreitung von AIDS begünstigte, auch in den Pflegestationen anzufinden sei.

08.05.96: Die **LDP** berichtet, dass man sich innerhalb der Partei auf ein einheitliches Konzept für die Pflegeversicherung **geeinigt** habe (Nichii sōken 1997, S. 82).

15.05.96: Der **Arbeitgeberverband Kansai (Kankeikyō)** lehnt die Belastung der Arbeitgeber durch die Pflegeversicherung ab (Asahi Shimbun).

15.05.96: Das Ministerium für Internationale Handel und Industrie (Ministry of International Trade and Industry **„MITI"**) spricht sich gegen die Belastung der Arbeitgeber aus.

15.05.96: Das Gesundheitsministerium legt den ersten Grundrissentwurf für das Pfegeversicherungsgesetz vor (Nichii soken 1997, S. 82 und 2. Teil, S. 162 ff.).

20.05.96: In der **Asahi Shimbun** wird die Pflegeversicherung wiederum als **„Versicherung ohne Pflege"** (hoken atte kaigo nashi) heftig kritisiert.

21.05.96: **Hashimoto**, der zuvor den Entwurf des Gesundheitsministeriums unterstützte, nimmt diesbezüglich eine zögerliche Haltung ein, weil einige LDP-Zoku-Mitglieder, unter anderen der Kabinettssekretär **Kajiyama Seiroku,** am 16.05.96 und die Kommunen am 17.05.96 eine **Verschiebung des Einführungstermins** vorschlagen (Asahi Shimbun).

21.05.96: Die Sozialistisch Demokratische Partei (**SDP**) gibt zu erkennen, dass sie **kein eigenständiges Konzept** für die Pflegeversicherung vorschlagen wird (ebenda).

27.05.96: Der **„Frauenverband zur Verbesserung der Alternden Gesellschaft"** fordert im Zusammenhang mit der Pflegeversicherung eine **„neue Demokratie",** wozu die Verringerung der Pflegelast der Frauen gehört (Asahi Shimbun).

Die „Schwiegertochter-Debatte" und damit zusammenhängend die Frage der Geldleistungen werden in der Öffentlichkeit zunehmend intensiver ausgetragen..

29.05.96: **Acht unterschiedliche Sachverständigenkommissionen,** die sich mit der Frage der sozialen Sicherheit beschäftigen, treten zusammen (Nichii sōken 1997, S. 84).

30.05.96: Die Regierungsparteien billigen den inzwischen revidierten Grundrissentwurf des Pflegeversicherungsgesetzes des Gesundheitsministeriums und legen ihn der „Rōkenshin“ und zwei weiteren vom Gesundheitsministerium gebildeten Sachverständigenkommissionen, der „Shahoshin“ (Sozialsicherung) und der „Ihōshin“ (Krankenversicherung) vor (ebenda und 2. Teil, S. 168 ff.).

05.06.96: Das **Gesundheitsministerium** veröffentlicht den revidierten Grundrissentwurf und **fordert die Öffentlichkeit zur Diskussion** auf (Nichii sōken 1997, S. 84).

07.06.96: **Hashimoto** nimmt nach einem Gespräch mit dem Gesundheitsminister persönlich Änderungen am Grundrissentwurf vor (ebenda).

11.06.96: Der geänderte Entwurf wird den **Parteien** vorgelegt (ebenda).

15.06.96: Die **Kommunen** äußern erneut ihre **Skepsis** (ebenda).

17.06.96: **Die Regierungsparteien** akzeptieren die von vielen Akteuren geforderte **Verschiebung der Vorlage des Gesetzes im Parlament** (ebenda).

20.06.96: Um einen Ausgleich der Interessen der **Regierungsparteien**, des **Finanzministeriums** und der **Kommunen** herbeizuführen, wird ein sog.„**Working Team“ unter Yamazaki Taku der LDP** gebildet (ebenda).

03.07.96**: Hashimoto** spricht in Lyon, Frankreich, von einer „ Weltwohlfahrtsinitiative“, die in Japan ergriffen würde (Asahi Shimbun).

10.07.96: **Bürgerinitiativen** veranstalten eine große Versammlung, um die Pflegeversicherung unter Zivil- und Genderperspektiven zu diskutieren (Asahi Shimbun).

01.08.96: Der Arbeitgeberverband **Nikkeiren** akzeptiert keine zusätzliche Belastung der Arbeitgeber durch die Pflegeversicherung (ebenda).

19.08.96: Die **Kommunen** bringen erneut ihren Widerstand gegen die Einführung der Pflegeversicherung zum Ausdruck (Asahi Shimbun).

04.09.96: In der **Asahi Shimbun** wird gefordert: „Macht die Pflegeversicherung **zum politischen Diskussionsthema** bei den Allgemeinen Wahlen".

Die Pflegeversicherung wird zum „politischen" Thema in der Öffentlichkeit.

13.09.96: **Hashimoto** bildet sein zweites Kabinett.

14.09.96: Die Industrie- und Handelskammer **Nisshō** (Nihon shōkō kaigisho) lehnt die Belastung der Arbeitgeber durch die Pflegeversicherung ab (Nihon Keizai Shimbun).

19.09.96: Die **Regierungskoalition einigt sich** auf die Einführung der Pflegeversicherung im Jahr 2000 (Nihon Keizai Shimbun).

20.09.96: **Koizumi Junichirō** wird im Kabinett Hashimotos zum zweiten Mal **Gesundheitsminister**.

21.09.96: Der Arbeitgeberverband **Keidanren** lehnt Hashimotos Vorhaben ab, das Pflegeversicherungsgesetz wie geplant dem Parlament vorzulegen (Asahi Shimbun).

22.09.96: Die **Nihon Keizai Shimbun** wiederholt den von der Asahi Shimbun veröffentlichen Slogan: „Macht die Pflegeversicherung zum Diskussionsthema bei den Allgemeinen Wahlen".

16.10.96: Die von der Sozialistisch Demokratischen Partei abgespaltene **„Neue Sozialistische Partei"** befürwortet die **Steuerfinanzierung** (Asahi Shimbun).

17.10.96: Takizawa Hitohiro vergleicht die deutsche Pflegeversicherung mit dem japanischen Entwurf, plädiert in der Presse für eine **„japanische Pflegeversicherung, auf die die Welt stolz sein könne"** (Asahi Shimbun).

Das „Modell Japan" bei der Pflegeversicherung wird diskutiert.

13.11.96: Der Arbeitgeberverband **Keidanren** befürwortet die **Steuerfinanzierung** und lehnt das Umlageverfahren ab (Asahi Shimbun).

14.11.96: **Koizumi** warnt, die Konzepte der Bürokratie unkritisch zu übernehmen (Asahi Shimbun).

29.11.96: Das Pflegeversicherungsgesetz wird im Parlament eingebracht (Nichii sōken 1997, S. 86).

30.11.96: Die **Rōkenshin** schlägt eine **Eigenbeteiligung von 10%** vor (Asahi Shimbun).

04.12.96: **Okamitsu,** Vize-Gesundheitsminister und Initiator der Pflegeversicherung, wird wegen einer **Schmiergeldaffäre** verhaftet. Ihm wird vorgeworfen, von stationären Einrichtungen der gemeinnützigen Wohlfahrtsverbände Geld entgegengenommen zu haben (Asahi Shimbun).

1997

Januar: Die von aus der LDP ausgetretenen „Liberalen" gegründete **Demokratische Partei (DP)** plädiert für **die Förderung von NPOs** (Non Profit Organisations) zur Wahrnehmung von ambulanten Pflegeaufgaben und um Bürgeraktivitäten zu fördern (Asahi Shimbun).

21.02.97: Die erste Lesung findet im Unterhaus statt (Nichii sōken 1997, S. 88).

22.2.97: **Koizumi** befürwortet eine **Umlagefinanzierung**. **Ozawa,** Vorsitzender der Oppositionspartei Shinshintō, ebenso wie das **Finanzministerium** und der Ozawa unterstützende Arbeitgeberverband **Keidanren** setzen sich für die **Steuerfinanzierung** ein (Asahi Shimbun).

12.03.97: **Die Bürgerinitiative 10 Tausend** fordert, dass Pflegeleistungen grundsätzlich bereits **ab dem 20 Lebensjahr** gewährt werden können (Nihon Keizai Shimbun).

22.03.97: **Bürgerinitiativen** mit **Higuchi Keiko** und **Hotta Tsutomu** in der Führung, fordern die **Beteiligung am politischen Prozess** und Zugang zu allen **Informationen** (Asahi Shimbun).

01.04.97: Der Verbrauchsteuersatz wird auf 5% angehoben, um Mittel zur Finanzierung der Pflegeversicherung zu erhalten (Asahi Shimbun, 24.04.96).

01.05.97: Der Arbeitgeberverband **Nikkeiren** und die Industrie und Handelskammer **Nisshō** verlangen, dass die Arbeitgeber nicht durch die Pflegeversicherung belastet werden (Nihon Keizai Shimbun).

07.05.97: Das Volumen des „Silver Business" wird auf 10 BillionenYen geschätzt (Nihon Keizai Shimbun).

Die öffentliche Debatte über Vorteile und Nachteile privater Anbieter im „Silver Business" nimmt an Intensität zu.

11.05.97: Die Einführung von **Geldleistungen wird zum „Zukunftsthema"** erklärt (Nichii sōken 1997, S. 88).

12.05.97: Die **Kommunistische Partei** (KPJ) bringt folgende Änderungsvorschläge ein: Entlastung der Geringverdiener, keine 10%ige Eigenbeteiligung, keine Altersgrenze, Gewährung von Sachleistungen plus Geldleistungen, Bereitstellung von Subventionen zum Aufbau einer Infrastruktur für die Altenpflege (Asahi Shimbun)

21.05.97: Das Pflegeversicherungsgesetz wird im Unterhaus mit den Stimmen der LDP, der SDP und der DP angenommen. Ozawas Shinshintō und die Kommunistische Partei lehnen es ab (Nichii sōken 1997, S. 90 und Asahi Shimbun, 22.05.97).

23.05.97: Die Zustimmung im Oberhaus wird von den LDP-Zoku-Abgeordneten, unter anderen vom Chefsekretär **Murakami Masakuni** und dem ehemaligen Prämierminister **Nakasone Yasuhiro,** verzögert. **Hashimoto** und **Katō Kōichi** gelingt es schließlich im Rahmen massiver informeller Verhandlungen (nemawashi), deren Zustimmung zu erhalten (Asahi Shimbun)

04.09.97: Die **Asahi Shimbun** verbreitet den Slogan **„schrittweise zu einem besseren System"**, um eine aus ihrer Sicht verfrühte Einführung der Pflegeversicherung zu verhindern.

13.09.97: **Hashimotos zweite Amtszeit** beginnt. Er wird von den konservativen Kräften der LDP, der DP und der Komeitō gewählt. Das sog. „55 System", womit die Alleinherrschaft der LDP gemeint ist, auf diese Weise tendenziell wiederhergestellt.

18.09.97: Die **Mainichi Shimbun** schließt sich dem Slogan an **„Schrittweise zu einem besseren System“.**

02.10.97: Die **Mainichi Shimbun** veröffentlicht das Ergebnis einer Umfrage, wonach 78% der Befragten die Pflegeversicherung in der geplanten Fassung befürworten.

22.10.97: Die Lesung beginnt im Oberhaus erneut (Asahi Shimbun).

26.11.97: Insgesamt **87 Bürgerorganisationen** plädieren für eine **Verschiebung der Einführung** (Asahi Shimbun).

28.11.97: Die **Tōkyō-Präfektur** stellt einen **revidierten Entwurf** der Pflegeversicherung vor
(ebenda).

28.11.97: Die Abgeordneten der LDP, der SDP und der Sakigake im Oberhaus billigen die Einführung der Pflegeversicherung (Nihon Keizai Shimbun).

04.12.97: Das Oberhaus stimmt dem Pflegeversicherungsgesetz zu (Asahi Shimbun).

05.12.97: Das Unterhaus stimmt dem Pflegeversicherungsgesetz zu (Asahi Shimbun).
Es wird festgelegt, dass **nach der Verabschiedung** des Pflegeversicherungsgesetzes bis zur seiner Einführung April 2000 die konkreten Details durch **Regierungsverordnungen** (seirei) und **Ministerialerlassen** (shōrei) zu präzisieren sind.

06.11.99 **Ozawa,** der Konkurrent Hashimotos, plädiert noch einmal für die **Steuerfinanzierung** (Asahi Shimbun).

Anhang 2: Fragebogen

Der Fragebogen, den die Verfasserin der Abteilung für Pflegeversicherung im deutschen Gesundheitsministerium vorlegte, umfasst 42 Fragen, die sich vier Kategorien zuordnen lassen. Fragen 1 bis 7 beziehen sich auf Sachverhalte im Zusammenhang mit dem Postulat „Herrschaft des Volkes", Fragen 8 bis 17 auf den Informationsfluss, d.h. auf die „Öffentlichkeit" der Diskussion, Fragen 18 bis 33 auf die „Partizipation" unterschiedlicher Akteure und Fragen 34 bis 46 auf Wechselwirkungen zwischen „Effizienz" und kulturellen Eigenarten. Im Einzelnen handelt es sich um folgende Fragen:

1. Hielten Sie im Jahr 1997 das Pflegeversicherungsgesetz grundsätzlich für A) wichtig, B) weniger wichtig, C) nicht wichtig?
   Meine Meinung hat sich seitdem geändert und lautet nunmehr A) B) C).

2. Können Sie die Gründe zu 1. kurz darlegen?

3. Gab es im letzen Jahrzehnt einen Gesetzgebungsprozess, der für Sie eine größere Bedeutung hatte? A) Nein B) Ja. Welche?

4. Beim Entwurf des Gesetzes dachten Sie: A) Japan solle sich an japanischen Belangen und Erfahrungen orientieren, B) an ausländischen Modellen orientieren. An welchen? Schweden, England, Deutschland, Holland, Österreich, Dänemark, USA oder andere C) Andere Meinungen.

5. Zur Finanzierung: Befürworteten Sie oder waren Sie gegen:
   A) die Steuerfinanzierung
   B) das Umlageverfahren
   C) das Kapitaldeckungsverfahren
   D) Steuerfinanzierung und Umlageverfahren im Verhältnis 50:50
   E) 50%ige Beteiligung von Arbeitgebern und Arbeitnehmern
   F) Einkommensabhängige Beteiligung der Arbeitnehmer in fünf Stufen
   G) andere Lösungen

6. Begründen Sie kurz Ihre Position zu 5.

7. Befürworteten Sie oder waren Sie gegen die folgenden Merkmale der Pflegeversicherung?
   A) Schlagwort „Von der gesamten Gesellschaft getragene Versicherung"
   B) Wechsel weg vom „Maßnahmensystem" hin zum „Vertragssystem"

C) Prinzip „Vorrang der häuslichen Pflege“
D) Reduzierung der „sozialen Hospitalisierung“
E) 10%ige Eigenbeteiligung an allen Leistungen
F) Ablehnung von Geldleistungen im ambulanten Bereich
G) Nichtberücksichtigung von Kindern und körperlich Behinderten sowie geistig Behinderten
H) Einführung von Altersgrenzen in Kategorie I und II
I) Einstufung der Pflegebedürftigkeit in fünf Stufen
J) Kommunen als finanzielle Träger
K) Kommunen als Verwaltungsträger
L) Förderung privater gewinnorientierter Unternehmen des sog. „silver business“
M) Förderung von NPOs
N) Förderung von Aktivitäten von Freiwilligen
O) Betreuende Ärzte, kommunale Prüfer und Care Manager als Begutachter bei der Festlegung der Pflegebedürftigkeit
P) Erste einheitliche Beurteilung durch den „Computer“
Q) Vornahme der zweiten Beurteilung durch den Begutachtungsausschuss
R) Maßnahmen zur Qualitätskontrolle
S) Eigene Ergänzungen

8. Wann haben Sie das erste Mal Handlungsbedarf bei pflegebedürftigen älteren Menschen gesehen?

9. Wann haben Sie das erste Mal von der Absicht der Regierung erfahren, eine Pflegeversicherung einzuführen?

10. Wodurch haben Sie es erfahren?

11. Hielten Sie die Informationen seitens der Regierung bezüglich der Einführung des Pflegeversicherungsgesetzes für A) ausreichend, B) unzureichend, C) irreführend? In welchen Bereichen?

12. Wann ungefähr konnten Sie sich das erste Mal ein geschlossenes Bild vom Vorhaben der Regierung verschaffen?

13. Wann ungefähr haben Sie abweichende Vorstellungen anderer Akteure wahrgenommen?

14. Wann ungefähr haben Sie das erste Mal Ihr eigenes Konzept oder Ihre Position zum Gesetz entwickelt? Wurden diese später revidiert?

15. Haben Sie Ihr Konzept oder Ihre Position der Öffentlichkeit vorgestellt? Wann ungefähr?

16. Auf welche Weise wurden diese der Öffentlichkeit vorgestellt? (Presse, Ausschüsse usw.)

17. Wurde Ihre Meinung von der Öffentlichkeit akzeptiert?
    A) Ja
    B) Nein. Warum nicht?

18. Welche Regierungsorgane, Parteien, Verbände, Ausschüsse, Interessengruppen, NGOs usw. gehörten aus Ihrer Sicht zu wichtigen Teilnehmern an der Debatte um die Pflegeversicherung?

19. Welche von diesen dominierten die Diskussionen und konnten ihre Vorstellungen und Interessen am meisten durchsetzen?

20. Auf welcher Weise und in welchem Umfang waren sie erfolgreich?

21. Wann haben Sie (oder Ihre Institution) sich das erste Mal aktiv an der Debatte beteiligt?

22. Auf welche Weise, in welchen Ausschüssen und Gremien, in welchen Medien geschah dies?

23. Stießen Sie bei der Beteiligung an der Diskussion auf Hindernisse? Auf welche? Gab es Verstöße gegen die Regeln des „fair play"?

24. Mit welchen Akteuren stimmte Ihre Position überein und seit wann?

25. Sind Sie hierbei Kompromisse eingegangen? Welche?

26. Welche Akteure vertraten eine andere Auffassung als Sie? In welchen Diskussionspunkten?

27. Sind diese später Kompromisse eingegangen? In welchen Punkten?

28. Konnten Akteure mit anderen Ansichten als Sie ihre ursprünglichen Vorstellungen durchsetzen? Welche?

29. Sind Sie Kompromisse eingegangen? In welchen Punkten? Warum?

30. Haben aus Ihrer Sicht die wichtigen gesellschaftlichen Gruppierungen an den Diskussionen ausreichend partizipiert? Falls nein, welche nicht oder nicht ausreichend?

31. Haben die folgenden Betroffenen an den politischen Entscheidungen ausreichend partizipiert?
    A) Senioren
    B) Frauen
    C) Kommunale Selbstverwaltungen

32. Welchen Eindruck oder welche Meinung haben Sie vom politischen Prozess um die Pflegeversicherung?
    A) „Das Gesetz wurde vom Staat erzwungen. Seine Einführung war nicht demokratisch".
    B) „Die Repräsentanten des Landes haben es beschlossen und es wurde im Parlament legitimiert. Deshalb war der Prozess demokratisch gelaufen".
    C) „Die Meinungen waren derartig schwer zu vereinbaren, dass das Gesetz nur auf dem Wege zahlreicher Kompromisse zustande kommen konnte".
    D) Sonstige Ansicht

33. Begründen Sie die vorherige Antwort

34. Wie beurteilen Sie die „Effizienz" folgender Akteure?
    D) Körperschaften der Sozialen Wohlfahrt
    E) Sozialenwohlfahrtkommissionen
    F) NPOs (Non Profit Organisations)
    G) Gewinnorientierte Pflegeanbieter des sog. „Silver Business"
    H) Nachbarschaftshilfen
    I) "Care Manager"
    J) Familien und Verwandte

35. Begründen Sie die vorherige Antwort.

36. Manche Fachleute in Deutschland vertreten die Auffassung, man solle die „kommunale Integration" mit Hilfe der Carre Manager in Japan beachten und von ihr lernen. Sind Sie auch der Meinung?

37. Halten Sie wirtschaftliche „Effizienz“ für das wichtigste Kriterium?

38. Welche weiteren Kriterien sind für Sie bei der Pflege alter Menschen von Bedeutung?

39. Gibt es Kriterien für die Gestaltung der Pflege, die sich aus Ihrer Sicht von denen in westlichen Gesellschaften und deren zwischenmenschlichen Beziehungen unterscheiden? Wenn ja, welche?

40. Ist die Einbindung von Familien wichtig? Warum?

41. Ist die Fokussierung auf die Kommunen wichtig? Warum?

42. Ist es wichtig, dass alte Menschen Ihre Ansprüche durchsetzen? Warum?

43. Ist es richtig, dass alte Menschen „dulden“, um der jüngeren Generation nicht zur Last zu fallen?

44. In welchen Bereichen sehen Sie die größten Widersprüche zwischen „Effizienz“ in der Altenpflege und sonstigen Wertvorstellungen?

45. Gibt es hierin Kompromissmöglichkeiten? Welche?

46. Halten Sie die derzeitige Pflegeversicherung für zukunftsträchtig? Wenn Sie Reformbedarf sehen, in welchen Bereichen?

Literaturverzeichnis

Almond, Gabriel A. und Verba, Sidney 1963: The Civic Culture. Political Attitudes and Democracy in Five Nations, Princeton, N.J.

Antoni, Klaus 1995: Legitimation staatlicher Macht: Das Erbe der *kokutai*-Ideologie. In: Foljanty-Jost und Thränhardt (Hrsg.) 1995, S. 48 ff.

Asai Motofumi 1990: Democracy, an Unintended Victum. In: Japan Quarterly, January-March 1990, S. 4 ff.

Asano Ichirō 1990: Kaisetsu. Seiji kaikaku (Kommentar zu politischer Reform), Tōkyō.

Benedict, Ruth 1946/64: The Chrysanthemum and the Sword. Patterns of Japanese Culture, Tōkyō.

Beyme von, Klaus 1979/96: Das politische System der Bundesrepublik Deutschland. Überarbeitete Neuausgabe 1996, München.

Blechinger, Verena 1998: Politische Korruption in Japan. Ursachen, Hintergründe und Reformversuche, Hamburg.

Bogumil, Jörg und Schmid, Josef 2001: Politik in Organisation. Organisationstheoretische Ansätze und praxisbezogene Anwendungsbeispiele, Opladen.

Bosse, Friederike 1997: Japan steht vor einer gesetzlichen Pflegeversicherung. In: Japan Aktuell. Wirtschaft, Politik, Gesellschaft (Institut für Asienkunde, Hamburg), August 1997, S. 374 ff.

Campbell, John Creighton 1992: How Policies Change. The Japanese Government and the Aging Society, Princeton, N.J. (Japanische Übersetzung mit Kommentaren von Miura Fumio, Sakata Shūichi 1995: Nihon seifu to kōreika shakai seisaku tenkan no riron to kenshō. Tōkyō.)

Campbell, John Creighton 2001: How Policies Differ: Long-Term-Care Insurance in Japan and Germany . Draft. Paper for Panel on "Japan's Welfare Policies in Comparative Perspective". International Convention of Asia Scholars, Berlin, August 2001.

Campbell, John Creighton 2002: Repudiation of the Past and Kaigo Hoken. (Prepared for the Association for Contemporary Japanese Political Studies, Tōkyō-University, May 14, 2002).

CD-Rom: Herausgegeben von Forschungsinstitut für Soziale Information an der Tōkyō-Universtiät.

Curtis, Gerald L. 1975: Big Business and Political Influence. In: Vogel, Ezra 1975, S. 33 ff.

Curtis, Gerald L. 1999: The Logic of Japanese Politics. Leaders, Institutions, and the Limits of Change, New York.

Doi Takeo und Hoshi Takeo 2002: Paying for the Filp, NBER Working Paper Series, Cambridge, Ma. November 2002.

Downs, Anthony 1957: An Economic Theory of Democracy, New York.

Dore, Ronald 1996: Confucianism. Economic Growth and Social Development. In: Kreiner (Hrsg.) 1996, S. 17 ff.

Dumoulin, Heinrich 1996: Tradition and Modernity in Japanese Buddhism Today. In: Kreiner (Hrsg.) 1996, S. 71 ff.

Durkheim, Emile 1895: Regeln der soziologischen Methode, Paris.

Durlabhji, Subhash und Marks, Norton E. (Hrsg.) 1993: Japanese Business Cultural Perspectives, New York.

Edwards, Paul (Hrsg.) 1967: The Encyclopedia of Philosophy, Vol. 1, New York and London.

Fenner, Christian: Politische Kultur 1991. In: Nohlen1991, S. 565 ff.

Flanagan, Scott C. 1991: Mechanism of Social Network Influence in Japanese Voting Behavior. In: Ders. u.a.1991: The Japanese Voter, New Haven und London, S. 143 ff.

Foljanty-Jost, Gesine 1991: Shingi-kai - ein Beitrag zur Konkretisierung des Konsensbegriffs in der japanischen Politik. In: Japan-Deutsches Zentrum Berlin (Hrsg.) 1991, S. 106 ff.

Foljanty-Jost, Gesine 1995: Der schlanke japanische Staat: Determinanten staatlicher Effizienz. In: Foljanty-Jost und Thränhardt (Hrsg.) 1995, S.10 ff.

Foljanty-Jost, Gesine und Thränhardt, Anna-Maria (Hrsg.) 1995: Der schlanke japanische Staat. Vorbild oder Schreckbild?, Opladen.

Fukuoka Masayuki 1985: Nihon no seiji fūdo (Japans politische Kultur), Tōkyō.

Furuse Tōru und Shionoya Yūichi (Hrsg.) 1999: Senshin shokoku no shakai hoshō (4). Doitsu. (Social Security Systems of the Advanced Countries. 4. Social Security in Germany, Tokyo.

Gakken 1990: Japan as it is, Tōkyō.

Gibney, Frank (Hrsg.) 1998: Unlocking the Bureaucrat`s Kingdom. Deregulation and the Japanese Economy, Washington, D.C.

Görtzen, Ulrike 1995: Die Entwicklung der japanischen Werbewirtschaft in der Nachkriegszeit (1959-1990). - Von der „reinen Produktwerbung“ zum „kreativen Unsinn“ – (mjr Förderverein Marbürger Japan-Reihe), Marburg.

Grubel, Ruth 1999: The Consumer Co-op in Japan: Building Democratic Alternatives to State-Led Capitalism, Lanham, Boulder, New York und Oxford, UK.

Haley, John Owen 1991: Authority without Power. Law and the Japanese Paradox, New York und Oxford.

Hamaguchi-Klenner, Makiko 1999: Versuch einer Analyse politischer Positionen zu Japans Verwaltungsreform. In: Bochumer Jahrbuch zur Ostasienforschung, Band 23, 1999, s. 91 ff.

Hamaguchi-Klenner, Makiko 2000a: Politischer Realismus in Japan. Kontinuität-Neuorientierung-Umbruch. Analyse des Ringen um neue internationale Konzepte, Frankfurt am Main usw.

Hamaguchi-Klenner, Makiko 2000b: Zur Konzipierung sozialpolitischer Lösungsansätze für gesellschaftliche Alterungsprozesse in China, Singapur und Japan als Maßnahme zur Stabilisierung politischer Systeme. In Bochumer Jahrbuch zur Ostasienforschung, Band 24, 2000, S. 63 ff.

Hartmann, Jürgen 1992: Politik in Japan. Das Innenleben einer Wirtschaftsmacht, Frankfurt am Main und New York.

Hashimoto Ryūtarō 1993: Chōju shakai o kangaeyō (Machen wir Gedanken über die langlebige Gesellschaft), Keiseikai, Tōkyō.

Herzog, Peter J. 1993: Japan's Pseudo Democracy, Folkestone, Kent.

Hiramatsu Morihiko 1992: Ikkyoku shūchū no zesei wa "renpōsei kokka Nihon" no jitsugen ni ari (Die Verbesserung des zentralisierten Staates durch die Realisierung eines „förderalistischen Staates Japan"). In: Bungei shunjū (Hrsg.) 1992: Nihon no ronten (Diskussionspunkte in Japan), Tōkyō.

Hiroi Yoshinori 1994: Seimei to jikan (Leben und Zeit), Tōkyō.

Hiroi Yoshinori 1999: Nihon no shakai hoshō (Soziale Sicherheit in Japan), Tōkyō.

Hirose, Takashi 1997: Shibutsu kokka (Der Staat als Eigentum), Tōkyō.

Horibe Masao 2002: Hōritsu (Das Gesetz). In: Jiyū kokumin sha (Tōkyō) 2002, S. 494 ff.

Hrebenar, Ronald J. 2000: Japan's New Party System, Boulder, Colorado und Oxford, UK.

Huxley, Aldous 1956: Brave New World (1932) revised. In: Harowitz Michael und Palmer, Cynthia 1980: Moksha. Writings on Psychedelics and the Visionary Experience 1931-1963, London.

Iguchi Naoki 1999: Establishment of the Long-term Care Insurance Scheme in Japan, (Planning Division of the Health and Welfare Bureau for the Elderly, Ministry of Health and Welfare), Tōkyō.

Ike Nobutaka 1978: A Theory of Japanese Democracy, Boulder, Colorado und Folkestone, England.

Inoguchi Takashi und Iwai Tomoaki 1987: „Zoku giin“ no kenkyū (Studie über die „Zoku-Parlamentarier“), Tōkyō.

Inoguchi Takashi 1991: The Nature and Functioning of Japanese Politics. In: Government and Opposition, Volume 26, Number 2, Spring 1991, S. 185 ff.

Ishihara Shintarō 1992: Wir sind die Weltmacht. Warum Japan die Zukunft gehört. Mit einem Vorwort von Johannes Gross, Bergisch Gladbach. Übersetzt aus dem Englischen „The Japan That Can Say No“, New York 1991 und teilweise aus dem Japanischen „Nō to ieru Nihon“ von Morita und Ishihara 1989, Tōkyō.

Jameson, Sam 1997: Spotlight on Bureaucrats in the Bubble Scandals. In: Japan Quarterly. April-June 1997, S. 10 ff.

JARC (Japan Aging Research Center): Aging (Quartery), Tōkyō.

Jiyū kokumin sha 1992: Gendai yōgo no kiso chishiki (Grundwissen der modernen Terminologien), Tōkyō.

Jiyūkokumin sha 2002: Gendai yōgo no kiso chishiki (Grundwissen der modernen Terminologien), Tōkyō.

Johnson, Chalmers 1982: MITI and the Japanese Miracle. The growth of industrial policy. 1925-1975, Stanford.

Johnson, Chalmers 1985: The Institutional Foundations of Japanese Industrial Policy. In: Durlabhji und Marks (Hrsg.) 1993, S. 141 ff.

Johnson, Chalmers 2000: Ein Imperium verfällt. Wann endet das Amerikanische Jahrhundert? Aus dem Amerikanischen von Thomas Pfeiffer und Renate Weitbrecht, München.

Kachi Nobuyuki 1990: Jukyō to wa nanika (Was ist Konfuzianismus?), Tōkyō.

Keidanren 1996: Special Report: Japan`s Future. In: Japan Update (Tokyo), Vol. 1, No.3, May 1996.

Kemporen (National Federation of Health Insurance Societies) 2001: Health Insurance, Long Term Care Insurance and Health Insurance Societies in Japan, Tōkyō.

Koh Byung Chul 1989: Japan's Administrative Elite, Berkeley, Los Angeles und Oxford.

Kuno Akira 1997: Nihonjin no takaikan (Anschauungen der Japaner über das Jenseits), Tōkyō.

Kevenhörster, Paul 1982: Computerized Policy in Japan (Institut für Asienkunde), Hamburg.

Kevenhörster, Paul 1993: Politik in Japan, Mannheim u.a.

Kevenhörster, Paul 1995: Der „schlanke Staat": Japan in vergleichender Perspektive. In: Foljanty-Jost und Thränhardt (Hrsg.) 1995, S. 218 ff.

Kobayashi Naoki 1982/87: Kempō dai kyū jō (Artikel 9 der Verfassung). Tōkyō.

Krauss, Ellis S. 1996: The Mass Media and Japanese Politics: Effects and Consequences. In: Pharr und Krauss 1996, S. 355 ff.

Look Japan1996: Bold Initiatives for an Aging Society: Social Security in Japan, Vol. 42, No. 489, December 1996.

Luhmann, Niklas 1981: Politische Theorie im Wohlfahrtsstaat, München und Wien.

Maezoe, Yōichi 2000: Haha ni mutsuki o ateru toki (Wenn man der Mutter die Windeln anlegt), Tōkyō.

Menzel, Ulrich (Hrsg.) 1989: Im Schatten des Siegers: Japan, Band 2, Staat und Gesellschaft, Frankfurt am Main.

Ministerium für Gesundheit und Wohlfahrt 1994: New Gold Plan (Health and Welfare Bureau for the Elderly), Tōkyō.

Ministerium für Gesundheit und Wohlfahrt 1996: Kaigo hoken seido an no gaiyō (Zusammenfassung zum Entwurf des Pflegeversicherungssystems), Tōkyō.

Ministerium für Gesundheit und Wohlfahrt 2000: Kaigo-Hoken (insurance for care and assistance for the elderly). System in a Nutshell. Date of introduction: April 2000. Compiled under the Supervision of the Office for Preparing for the Enforcement of the Kaigo-Hoken System, Health and Welfare Bureau for the Elderly, Ministry of Health and Welfare, Tōkyō.

Mishima Kō 1998: The Changing Relationship between Japan`s LDP and the Bureaucracy. In: Asian Survey, Vol. XXXVIII, No. 10, October 1998, S. 968 ff.

Moeran, Brian 1996: A Japanese Advertising Agency. An Anthropology of Media and Markets, Richmond, Surrey, UK.

Moore, Barrington 1969: Soziale Ursprünge von Diktator und Demokratie, Frankfurt am Main.

Motozawa Miyoko 1996: Kōteki kaigo hoken hō. Doitsu no senrei ni manabu (Soziale Pflegeversicherung. Lernen von dem deutschen Beispiel), Tōkyō.

Motozawa Miyoko 2001: Kaigo hoken to kazoku (Pflegeversicherung und Familie). In: Kikan kakei keizai kenkyū, No. 52, S. 42 ff.

Motozawa Miyoko 2002: Kaigo hoken to tei-shotokusha taisaku (Pflegeversicherung und Maßnahmen für Niedrigverdiener). In: Kaikei kensa kenkyū, Nr. 26, Herbst, geplant).

Muramatsu Michio und Krauss, Ellis 1987: „The Conservative Policy Line" and the Development of „Patterned Pluralism". In: Yamamura und Yasukichi (Hrsg.) 1987, S. 516 ff.

Muramatsu Michio 1994: Nihon no gyōsei (Japans Verwaltung), Tōkyō.

Nakano Kōichi 1998: The Politics of Administrative Reform in Japan 1993-1998. Toward a More Accountable Government? In: Asian Survey, Vol. XXXVIII, No. 3, March 1998, S. 291 ff.

Nakano Minoru (Hrsg.) 1988: Nihongata seisaku kettei no henyō (Der Wandel in den politischen Entscheidungen japanischer Prägung), Tōkyō.

Nakano Minoru 1995: Nihon no seiji rikigaku. Darega seisaku o kimeruno ka (Machtpolitik in Japan. Wer entscheidet über die politischen Richtlinien?), Tōkyō.

Nakasone Yasuhiro 1995/98: Politicians, Bureaucrats, and Policymaking in Japan. In: Gibney, Frank (Hrsg.) 1998, S. 41 ff.

Nichii sōken 1997: Kaigo hoken donyū no seisaku keisei katei (Politischer Prozess zur Einführung der Pflegeversicherung). 2. Bericht des Forschungsinstituts für die Gesamtpolitik der Japanischen Ärztekammer (Nihon ishikai sōgō seisaku kenkyū kikō), July 1997, Tōkyō. (Das 319 seitige Referenzmaterial befindet sich im 2. Teil).

Nitta Shunzō und Matsubara Satoru 1992: Seijuku shakai Nihon (The Mature Society, Japan), Tōkyō.

Nohlen, Dieter (Hrsg.) 1991: Wörterbuch Staat und Politik, Sonderaufgabe für die Landeszentralen für politische Bildung, München.

Oberländer, Christian (Hrsg.) 1997: Alten und Pflegepolitik in Japan. In: DIJ (Deutsches Institut für Japanstudien) Miscellanea 15, Berlin und Tōkyō.

Oberländer, Christian 2000: Pflegeversicherung, Wohlfahrtspluralismus und Zivilgesellschaft in Japan. In: Zeitschrift für Sozialreform, 46. Jahrgang, Heft 12, Dezember 2000, S. 1052 ff.

Ōhara Makoto 1987: Das Zeitbewusstsein der Japaner, Tōkyō.

Okada Naoyuki 1987/97: Masu komyunikēshon kenkyū no hōhōron teki shiza (Methodologische Gesichtspunkte zur Forschung der Massenmedien). In: Takeuchi, Okada und Kojima 1987/97, S. 9 ff.

Okamura Reimei 1994: Terebi to seiji (Fernsehen und Politik). In: AERA Mook, Asahi Shimbun Extra Report & Analysis. Special. (Number 2, 1994):Masukomi gaku ga wakaru (Die Lehre von den Massenmedien verständlich gemacht), Tōkyō, S. 66.

Ōtake Hideo 1994: Jiyūshugi teki kaikaku no jidai (Die Ära liberaler Reformen), Tōkyō.

Parsons, Talcott 1971: The System of Modern Societies, Englewood Cliffs, New Jersey.

Pharr, Susan J. und Krauss, Ellis S. (Hrsg.) 1996: Media and Politics in Japan, Honolulu.

Platon 1971: Politeia. Der Staat. Deutsche Übersetzung von Friedrich Schleiermacher, Darmstadt.

Pohl, Manfred 1981: Presse und Politik in Japan, Hamburg.

Pohl, Manfred 1989: Hintergründe einer „Einparteien-Demokratie". Die Anatomie der japanischen Regierungspartei. In: Menzel, Ulrich (Hrsg.) 1989, Band 2, S. 275 ff.

Purendra, Jain und Inoguchi, Takechi (Hrsg.) 1997: Japanese Politics Today. Beyond Karaoke Democracy? , New York.

Reisach, Barbara 1999: Die japanische Pflegeversicherung. Darstellung und Überlegung aus bundesdeutscher Perspektive, B.A.-Arbeit, Herdecke.

Sakaiya Taiichi und Sekimoto Tadahiro 1996: Building a Diversified and Individualistic Society. In: Japan Updated, Vol. 1, No. 3, May 1996, S. 12 f.

Sakaiya Taiichi 1997: "Der Mythos vom kompetenten Bürokraten". In: Japan Echo, (Tokyo), 24. Jahrgang, Number 4, 1997, S. 29 ff.

Sakakibara Eisuke 1997: „Weg vom Staat der öffentlichen Arbeiten". In: Japan Echo, (Tokyo), 24. Jahrgang, Number 4, 1997, S. 36 ff.

Sasaki Nobuo (Hrsg.) 1996: Nihon wa kō natte iru. Gyōsei no shikumi (So sieht es in Japan aus. Die Verwaltungsstruktur), Tōkyō.

Sasaki Takeshi 1993: Seiji wa dokoe mukauno ka? (Wohin zielt die Politik?), Tōkyō.

Sasaki-Uemura, Wesley 2001: Organizing the Spontaneous. Citizen Protest in Postwar Japan, Honolulu.

Satō Atsushi 1972: Gendai no chihō seiji (Die moderne Lokalpolitik), Tōkyō.
Sato Michio 1997: Soul-Searching Time for Bureaucrats. In: Japan Quarterly, April-June 1997, S. 4 ff.

Schraa, Joahim 1994: Soziale Pflegeversicherung. Die lange Geschichte. Im: Bundesarbeitsblatt, 8-9/1994, Köln, S. 5 ff.

Seifert, Wolfgang 1977: Nationalismus im Nachkriegs-Japan. Ein Beitrag zur Ideologie der völkischen Nationalisten, Hamburg.

Shakyō (Shakai fukushi kyōgikai) 1977: Zenkoku shakai fukishi kyōgikai. Kaigo hoken no shikumi (Nationalverband der Sozialenwohlfahrtkommission, sog. „Shakyō": Die Struktur der Pflegeversicherung), Tōkyō.

Shibukawa Tomoaki 2001: Fukushi NPO (Wohlfahrt-NPOs), Tōkyō.

Shindō Muneyuki 1996: „Chihō bunken" (Dezentralisierung). In: AERA, Mook 17, Asahi Shimbun. Extra Reports & Analysis, Special, Number 19, 1996, Seiji gaku ga wakaru (Politikwissenschaft verständlich gemacht), Tōkyō, S. 130 ff.

Sugiyama Mitsunobu 1996: Masumedia to seiji (Massenmedien und Politik). In: AERA Mook. Asahi Shimbun. Extra Reports & Analysis, Special, Number 19, 1996, Seiji gaku ga wakaru (Politikwissenschaft verständlich gemacht), Tōkyō, S. 120 ff.

Sutor, Bernhard 1994: Politik. Ein Studienbuch zur politischen Bildung, Paderborn.

Takeuchi Ikuo; Okada Naoyuki und Kojima Kazuto (Hrsg.) 1987/1997: Rīdingusu. Nihon no shakaigaku. Masu komyunikēshon (Lesebuch zur Soziologie Japans, 20. Massenkommunikation), Tōkyō.

Tawara Kōtaro 1992: „Asahi" to "Yomiuri" no kasenka ga mushiro shinbun no shitsu o tamotte iru (Das Monopol von "Asahi" und „Yomiuri" hält doch die Qualität der Zeitungen aufrecht). In: Bungei Shunjū (Hrsg.) 1992: Nihon no ronten (Diskussionspunkte in Japan), Tōkyō, S. 620 ff.

Thayer, Nathaniel B. 1975: Competition and Conformity. An Inquiry into the Structure of Japanese Newspapers. In: Vogel 1975, S. 284 ff.

Thränhardt, Anna Maria 1995: Sozialstaat als Sparmodell: Staatsentlastung durch Delegation. In: Foljanty-Jost und Thränhardt (Hrsg.) 1995, S. 69 ff.

Tōkyō Metropolitan Government 2000: Supporting Nurse Care Through Society. Long-term Care Insurance System, Tōkyō.

Tominaga Kenichi 1991: Nihon no kindaika to shakai hendō (Modernisierung Japans und sozialer Wandel), Tōkyō.

Tominaga Kenichi 2001: Shakai hendō no naka no fukushi kokka (Der Wohlfahrtstaat in gesellschaftlichem Wandel), Tōkyō.

Uchikawa Yoshimi und Arai Naoyuki 1983/1997: Nihon no jānarizumu (Journalismus in Japan), Tōkyō.

Victoria, Brian 1997: Japanese Corporate Zen. In: Moore, S. 117 ff.

Van Wolferen, Karel 1989: Vom Mythos der Unbesiegbaren. Anmerkung zur Weltmacht Japan, München. Übersetzt aus dem Englischen: The Enigma of Japanese Power, New York.

Vollmer, Rudolf J. 2003: Die „nahtlose“ Pflege als Leitmotiv der japanischen Pflegeversicherung. In: Im Dienst der Sache. Liber amicorum für Joachim Gaertner, Herausgegeben von Ricarda Dill, Stephan Reimers und Christopf Thiele, Sonderdruck, Peter Lang, Frankfurt am Main usw., S. 697 ff.

Watanabe Tsuneo 1996: Rinne tenshō o kangaeru (Gedanken über Reincarnation), Tōkyō.

Weber-Schäfer, Peter 1984: Verspätete Demokratie. Parlamentarismus in Japan und Deutschland. In: Kracht, Klaus; Lewin, Bruno; Müller, Klaus 1984: Japan und Deutschland im 20. Jahrhundert, Wiesbaden, S. 137 ff.

Yamamoto Akira und Fujitake Akira (Hrsg.) 1987/1993: Nihon no masu komyunikēshon (Die Massenmedien Japans), Tōkyō.

Yamamura, Kōzō und Yasuba, Yasukichi (Hrsg.) 1987: The Political Economy of Japan, Stanford.

Yamashita Kunitsugu 1996: Nihon gata jānarizumu – kōzō bunseki to taishitsu kaizen no mosaku – (Journalismus japanischer Prägung. Strukturanalyse und Suche nach Wesensverbesserungen), Fukuoka.

Yawata Kazuo 1997: „Ein Lebewohl an Kasumigaseki". In: Japan Echo, 24, Jahrgang 4, 1997, Tōkyō, S. 41 ff.

Yoshida Katsuji 1998: The Administrative Reform Debacle – Hashimoto's Nemesis. In: Japan Quarterly, January-March 1998, S. 30 ff.

Zeitungen: Asahi Shimbun, Tōkyō
Die Zeit
International Business Week, New York
Mainichi Shimbun, Tōkyō
Nihon Keizai Shimbun, Tōkyō
The Economist, London
The Japan Times, Tōkyō
The Nikkei Weekly, Tōkyō
Yomiuri Shimbun, Tōkyō

Peter Lang · Internationaler Verlag der Wissenschaften

Sang-Cheol Kim

„Unternehmenszentrierte Gesellschaft" und Sozialstaat in Japan

Frankfurt am Main, Berlin, Bern, Bruxelles, New York, Oxford, Wien, 2006.
266 S., zahlr. Tab.
Europäische Hochschulschriften: Reihe 5, Volks- und Betriebswirtschaft.
Bd. 3173
ISBN 978-3-631-54809-7 · br. € 45.50*

Die Arbeit zielt darauf ab, das System der sozialen Sicherung im Zusammenhang einer Gesamtanalyse der japanischen Gesellschaft zu erklären. Der Schlüsselbegriff ist die „unternehmenszentrierte Gesellschaft" bzw. „Firmaismus". „Firmaismus" bedeutet im engeren Sinn die in einzelnen Unternehmen gebildete Gesellschaft, in der das Beschäftigungssystem im Zentrum steht, und im weiteren Sinn die auf dieser beruhende „unternehmenszentrierte zivile Gesellschaft". Das Konzept der „unternehmenszentrierten Gesellschaft" erlaubt es, den japanischen Kapitalismus und den Sozialstaat der siebziger bis neunziger Jahre umfassend zu begreifen.

Aus dem Inhalt: Das Ende des japanischen Beschäftigungssystems als Kern des Systemwandels der japanischen „unternehmenszentrierten Gesellschaft" · Die Sozialreform im Kontext der „Zweiten Strukturreform" Anfang des 21. Jahrhunderts

Frankfurt am Main · Berlin · Bern · Bruxelles · New York · Oxford · Wien
Auslieferung: Verlag Peter Lang AG
Moosstr. 1, CH-2542 Pieterlen
Telefax 0041(0)32/3761727

*inklusive der in Deutschland gültigen Mehrwertsteuer
Preisänderungen vorbehalten

Homepage http://www.peterlang.de

FSC
www.fsc.org
MIX
Papier | Fördert
gute Waldnutzung
FSC® C083411

Kolibri 360 GmbH
Ferdinand-Jühlke-Straße 7
99095 Erfurt, Deutschland
produktsicherheit@kolibri360.de

Druck:
CPI Druckdienstleistungen GmbH
im Auftrag der
Kolibri 360 GmbH
Ferdinand-Jühlke-Str. 7
99095 Erfurt